工业品设计知识产权保护中的"非功能性"原则及其适用

GONGYEPIN SHEJI ZHISHI CHANQUAN BAOHU ZHONG DE
"FEIGONGNENGXING" YUANZE JIQI SHIYONG

高　阳◎著

中国政法大学出版社

2023·北京

图书在版编目（ＣＩＰ）数据

工业品设计知识产权保护中的"非功能性"原则及其适用/高阳著. —北京：中国政法大学出版社，2023.8
　　ISBN 978-7-5764-1058-7

　Ⅰ.①工… Ⅱ.①高… Ⅲ.①工业产品－设计－知识产权保护－研究 Ⅳ.①D923.49

中国国家版本馆 CIP 数据核字 (2023) 第 169967 号

出 版 者　　中国政法大学出版社
地　　 址　　北京市海淀区西土城路 25 号
邮寄地址　　北京 100088 信箱 8034 分箱　邮编 100088
网　　 址　　http://www.cuplpress.com (网络实名：中国政法大学出版社)
电　　 话　　010-58908285(总编室) 58908433（编辑部）58908334(邮购部)
承　　 印　　北京旺都印务有限公司
开　　 本　　720mm×960mm　1/16
印　　 张　　13.25
字　　 数　　218 千字
版　　 次　　2023 年 8 月第 1 版
印　　 次　　2023 年 8 月第 1 次印刷
定　　 价　　62.00 元

摘要
Abstract

　　工业品设计以产品非功能性为基础，追求多元化美学性设计。然而，工业品非功能性设计能否获得法律保护，特别是在知识产权法领域，功能性技术发明、创造与工业品设计间的界限并非那么泾渭分明。不管是理论研究，还是国际条约，以及不同国家和地区的立法和司法实践，工业品设计的非功能性问题都没有得到普遍关注和深入研究。对工业品设计非功能性基本理论进行的研究注意到了工业品设计非功能性理论完善的必要性，而最迫切要解决的是工业品设计非功能性理论在不同知识产权单行法中的适用。本书认为，非功能性是工业品设计能否获得知识产权保护的基础，其本质是在知识产权法视角下认定工业品设计是否具有非功能性，是否可获得知识产权不同单行法的保护。本书通过对具有代表性的国家和地区立法及司法实践中不同类型的工业品设计非功能性条款及其判定标准进行比较法研究，归纳其中的共性和差异之处，分析总结出不同语境下工业品设计非功能性理论的适用。本书认为，我国现行法中虽不同程度上规定了非功能性禁止要件，但由于工业品设计功能理论研究不够，不同单行法中的立法规定和司法适用均存在诸多问题。因此，在我国，从知识产权视野下完善工业品设计非功能性的理论不仅具有理论价值，也具有立法和司法实践的现实意义。本书除导论和结语外，正文部分包括五章。

　　第一章"工业品设计的非功能性理论探析"。本章界定了工业品设计非功能性的本质，梳理了工业品设计非功能性的法律渊源，提出工业品设计非功能性的区分是决定其是否可获得知识产权法保护及获得何种保护的关键。本章主要论述了三个方面的内容：第一，在比较现有研究中关于工业品设计非功能性本质定义和不同称谓的基础上，指出工业品设计非功能性认定不仅是事实问题，更是法律价值的体现。事实上，物理层面上判断工业品设计是否具有非功能性并不重要，从法律层面认定该设计是否落入不可保护的功能性设计之范围才有意义。第二，现有对工业品设计保护的研究多是针对工业品设计满足何种要件时可获得何种单行法保护，本书则从工业品设计本身的属性出发，分析功能性与非功能性设计区分之必要，并指出以知识产权保护工业品设计之根本在于其具有的装饰性，而装饰性的设计与产品功能实现间的关系决定了其能否获得知识产权法保护，该装饰性设计在满足不同单行法要件时又可获得不同单行法的交叉保护。第三，工业品设计非功能性区分之目的在于确保发明与实用新型专利保护的功能性技术发明是真正有价值的技术。未达到发明、实用新型专利实用性要求之设计，不可获得其他专有权保护，需留在公有领域供社会公众自由使用。由此，维护创新者、竞争者与社会公众间的利益平衡。

第二章"工业品设计实用功能性排除要件的发展沿革"。本章结合工业品设计发展初期的"功能决定形式"的设计理念，对工业品外观造型及结构的选择多依附于产品实用功能。为避免与发明、实用新型专利冲突，此时，工业品设计排除了实用功能性设计的知识产权法保护。商标法中认定实用功能性以"四因素判断法"为标准，替代性设计为考量因素之一具有非决定性，需综合四因素整体衡量。外观设计专利实用功能性排除在司法实践中适用与商业外观相同还是不同的标准，曾经引起不少争议。最终，外观设计专利中认定实用功能性时仅排除完全由产品功能决定之设计，替代性设计存在可证明该设计并非完全由产品功能决定。而在著作权法中则是需要判断美学性设计是否可以与工业品物理性分离，作为装饰部分的美学性设计，如果物理性上可脱离实用性工业品独立作为作品存在，则能获得著作权法的保护。

第三章"工业品设计非功能性理论差异的产生"。基于工业革命带来的技术进步和社会的飞速发展，工业品设计可以很容易地实现产品功能。设计师为了掩饰粗拙的机器构造或外观，开始追求美学性设计形成的产品区分，满足消费者视觉美感的追求。由于美学设计融入工业品实用功能性之中，对于美学性设计是否保护，不同的知识产权单行法产生了分歧。以维护标识的显著性和正当竞争秩序为宗旨的商标法与反不正当竞争法认为，若非实用性美学设计是竞争者竞争必需之设计时，对其保护将使竞争者陷于与商誉无关的竞争劣势，故拒绝为其提供保护。外观设计专利在侵权认定时，排除对实用功能性设计的保护，仅保护运用于工业品之上的美学性设计。由于工业品设计追求美学性设计与产品非功能性的融合，著作权法中适用物理性分离标准已经不能将美学性设计与工业品实用功能性物理分离，此时，工业品美学性设计在概念上与工业品非功能性分离并作为作品单独存在时，可获得著作权法的保护。由于工业品设计获得商标法或反不正当竞争法保护的唯一要件为该标识可以指示来源，而非实用美学性设计可能是竞争必需之设计，商标法或反不正当竞争法需明确规定对其排除保护。外观设计专利和著作权法除审查工业品设计非功能性外，还需审查工业品设计的创造性或独创性，因此，竞争必需性之设计一般情况下会因为不具有创造性或独创性而不能获得外观设计专利或著作权法的保护。

第四章"不同语境下工业品设计非功能性理论的适用"。本章分析了不同的知识产权单行法下工业品设计非功能性理论的适用问题。近年来，随着商标权的扩张，可获得商标保护的要素逐渐增多，工业品设计非功能性要件不仅可适用于工业品设计的商标法或反不正当竞争法的保护，在其他非传统标识获得商标法或反不正当竞争保护时，也需认定是否具有实用功能性或美学功能性，满足任一类型功能性的非传统标识均不能获得商标法或反不正当竞争法的保护。此时，非功能性条款作为商业标识获得保护的授权要件，目的是防止以显著性为授权要件的商标法或反不正当竞争法对标识保护的无限扩张。外观设计专利仅排除保护完全由产品功能性决定之设计，对于同时包含功能性与美学性的设计，仅保护使用于工业品之上的美学性设计。而著作权法中实用艺术作品的实用性与艺术性的物理性分离或概念上分离的重点不在于"分离"二字的字面含义，而是在思想与表达混合原则的基础上，考察工业品不使用该设计是否会影响产品功能的实现或批量生产，以此保证实用艺术作品中使用的设计应是与产品功能无关的表达形式。

第五章"我国对工业品设计知识产权保护中非功能性原则的引入及其适用"。本章分析了我国商标法与反不正当竞争法、专利法和著作权中对工业品设计非功能性的规定，提出了在不同语境下工业品设计非功能性理论适用与完善的建议。本书主要提出了三个方面的建议：第一，明确非功能性要件在商标法与反不正当竞争法中的地位，非功能性条款是标识获得商标法或反不正当竞争法保护的授权要件。在商标法与反不正当竞争法中增加非功能性条款，适用于商品包装、装潢，立体商标，颜色组合商标，声音商标等非传统商标。在司法认定非功能性时，实用功能性的判断需以"四因素"综合考虑，替代性设计存在只是证据链中的一环。非实用功能性美学性设计是工业品竞争必需之设计时不可获得保护，此时，替代性设计的存在可证明其并非竞争必需之设计。第二，在专利法中针对外观设计引入非功能性条款，增加功能性设计排除保护的禁止要件，明确工业品外观完全由产品功能决定之设计为功能性设计，不可获得保护。司法实践中，替代性设计的存在可证明设计并非完全由功能性决定。非完全由功能性决定之设计是指功能性与美学性同时存在的设计，仅保护设计中的美学性特征。第三，著作权法中明确实用艺术作品的独立客体地位，增加实用艺术作品是指应用于实用性工业品之上的美学性作品的规定。司法实践中认定实用艺术作品不应局限于物理性分离或概念上分离所追求的"分离"的字面含义，而应认定应用于实用性工业品之上的美学性作品是否影响工业品功能或批量生产的实现，即该美学性作品应是与工业品实用功能性无关的任意性设计。虽然实用艺术作品不同于美术作品，对其独创性的要求可低于美术作品，但是实用艺术作品仍需达到一定的独创性要求。

目 录
Contents

一、现有文献综述

根据检索，在知识产权专业的博士论文中，尚未有以工业品设计非功能性理论为题的博士论文。现有研究成果中多是对非功能性理论的分散研究，如立体商标非功能性的研究，实用性艺术品分离原则的研究和外观设计专利非功能性特征的排除保护，并未从工业品设计这一体系入手作系统的研究。因此，对于工业品设计非功能性理论的研究不够系统，有必要从工业品设计交叉保护现状出发进行体系化研究。

（一）现有成果及不足之处

国内学界对于工业品设计非功能性理论展开了一定的研究，但通常是分散性的研究，工业品设计可以获得商标法或反不正当竞争法、著作权法和外观设计专利法的保护，但需为非功能性设计。现有研究通常是针对某一领域的非功能性理论，如立体商标非功能性的研究，有学者建议我国应以竞争论为非功能性判断标准的依据，采用内涵加外延的定义方式，将市场竞争必需之形状认定为具有功能性而不能获得商标法的保护。[1]非功能性理论并非仅适用于立体商标，立体商标作为商业外观的一种，非功能性理论应适用于所有类型的商业外观。虽然有关于商业外观非功能性的研究，指出实用功能性与竞争必需性间的不同，及美国司法判例中适用不同非功能性判断标准的演

---

[1] 参见凌宗亮："论立体商标的非功能性——兼谈我国《商标法》第 12 条的完善"，载《电子知识产权》2010 年第 3 期。参见袁博："论立体商标的注册条件："非功能性和显著性"，载《中华商标》2013 年第 3 期。

变过程[1]，由于未分析商业外观在我国的保护现状，而未能指出商业外观非功能性理论如何移植适用于我国。还有对商业外观保护的法律制度研究，以期在我国建立同美国一样完整的商业外观保护体系，其中指出我国应引入商业外观非功能性理论，明确商业外观"非功能性"为授权要件[2]，却未涉及商业外观非功能性判断标准的司法适用问题。

然而，国外学者对商业外观非功能性理论研究相对深入，有适用垄断经济学原理分析非功能性理论的法理基础，并提出商业外观作为一种产品区分手段，通过对产品外观的垄断建立与同类产品区分之能力而产生了市场控制力，从而认为商业外观非功能性理论基础建立对竞争者充分竞争之影响。[3]还有其他学者从不同角度论证，围绕商业外观非功能性理论产生之初至近现代的司法沿革的发展，分析法院裁判思路的变化，最终得出竞争必需性理论才是商业外观非功能性理论之基础。[4]

但是，McCarthy 教授指出实用功能性与竞争必需性均是商业外观非功能性理论的基础，实用功能性理论的目的是防止与发明、实用新型专利冲突，避免未得到专利法授权的实用性特征获得专有权的保护，竞争必需性理论的目的是从竞争角度出发衡量非实用性特征对竞争的影响。[5]McCarthy 教授肯定了商业外观的两大基础理论，却质疑美学功能性理论，认为不需要美学功能性，通用设计的认定即可替代其作用。Gilson 教授回应了美学功能性的质疑，认为问题出现在"美学功能性"这一称谓上，从语义学角度"美学"与"非功能性"并不搭配，通常认为"美学性"的设计不具有"非功能性"。然而，探究"美学功能性"理论的法理基础是为了防止对竞争必需性非实用性特征的垄断而影响正当竞争，在非实用性设计并非通用设计时，需要用非功

---

〔1〕 参见杜颖：《社会进步与商标观念：商标法律制度的过去、现在和未来》，北京大学出版社2012年版，第219页。

〔2〕 参见罗传伟：《商业外观保护的法律制度研究》，知识产权出版社2011年版，第192页。

〔3〕 See Apostolos Chronopoulos, "Trade Dress Rights as Instruments of Monopolistic Competition: Towards a Rejuvenation of the Misappropriation Doctrine in Unfair Competition Law and a Property Theory of Trademarks", *Marquette Intellectual Property Law Revies*, Vol. 16, No. 1., 2012, pp119-179.

〔4〕 See Mark Alan Thurmon, "The Rise and Fall of Trademark Law's Functionality Doctrine", *Florida Law Revies*, Vol. 56, No. 2., 2004, p. 22.

〔5〕 See J. Thomas McCarthy, *McCarthy on Trademarks and Unfair Competition*, Clark Boardman Callaghan, 1966, p. 231.

能性理论阻却取得第二含义的非实用性特征的商标法保护。[1]因此，"美学功能性"理论的本质是分析非实用性特征的竞争必需性。德国马克斯·普朗克研究所研究员近期的调查报告中指出，非功能性理论不仅是商业外观获得保护的禁止性要件，更是随着可商标事项的扩张，作为一项基本原则适用于非传统商标的授权要件。

外观设计专利非功能性理论的研究多是从司法实践入手，分析实务中非功能性判断标准的适用，有学者提出在认定侵权时，并不能直接认为非功能性特征对整体设计不具有显著影响，而是应该分析功能结果导致的设计差异对整体视觉效果是否具有显著影响。[2]也有学者肯定了在侵权认定时，权利解释范围的重要性，因为专利文件中一般包括图片，并没有指出设计中哪些特征是功能性特征，因此需要法院在侵权认定时，解释权利要求范围排除对功能性特征的保护。[3]还有学者比较美国侵权认定时排除功能性特征的做法，提出了侵权认定时的具体操作方法。[4]但是，未从外观设计非功能性理论基础出发，研究我国现有侵权认定中"显著影响"判断方法的不足之处。虽然，有学者从立法层面指出外观设计专利授权要件"非功能性"条款的缺失，现有的"富有美感"之规定并不能承担起将功能性特征排除外观设计专利保护的作用。[5]然而，由于外观设计专利非功能性理论基础研究的缺失，始终未解释清楚外观设计非功能性理论的应有之意。

国外学者对外观设计专利非功能性理论的研究结合设计学的发展史，从外观设计专利保护的历史探究非功能性理论的基础，如英国在 1842 年和 1843 年将外观设计保护分为《装饰性外观设计法》与《实用性外观设计法》，致力于将装饰性外观设计与专利进行区分[6]，直到后来选择适用独立的外观设

---

　〔1〕　See Anne Gilson Lalonde，*Gilson on Trademarks*，Matthew Bender and Company 2015，p.123.

　〔2〕　参见李秀娟："外观设计中的功能特征分析兼评最高人民法院'风轮'案"，载《电子知识产权》2012 年第 7 期。

　〔3〕　参见王鹏等："功能性外观应排除在外观设计专利保护范围之外"，载《人民司法》2009 年第 16 期。

　〔4〕　参见吴大章主编：《外观设计专利实质审查标准新讲》，知识产权出版社 2013 年版，第 26 页。

　〔5〕　参见张晓都："专利法外观设计定义中'富有美感'含义的修正及具体适用的建议"，载国家知识产权局条法司编：《专利法研究（2012）》，知识产权出版社 2013 年版，第 126 页。

　〔6〕　参见［澳］布拉德·谢尔曼、［英］莱昂内尔·本特利：《现代知识产权法的演进：英国的历程（1760-1911）》，金海军译，北京大学出版社 2012 年版，第 105~107 页。

计法保护外观设计正是说明外观设计与发明、实用新型专利的区别在于其是装饰性而非功能性。还有学者通过比较美国与欧盟在外观设计非功能性判断标准的不同，指出各非功能性理论的优缺点。美国以装饰性间接规定了外观设计专利需为"非功能性"设计，而欧盟直接规定功能性设计排除保护条款，更直接回应了外观设计需为非功能性设计这一问题。[1]

由于工业品设计的著作权法保护一直是备受争议的问题，各国的态度分歧较大。欧盟如德国、英国避免著作权法与设计法的交叉保护，美国、意大利并不排斥著作权法与外观设计法的交叉保护，适用分离原则判断工业品设计的美学性是否能与实用功能性相分离而独立存在。我国著作权法未明确规定实用艺术作品的独立客体地位，通常在实用艺术作品符合美术作品的要求时适用美术作品进行保护。有学者提出美术作品与实用艺术作品并不相同，实用艺术作品是美学性设计应用于实用性产品之上，因此其美学性创作自由受限于产品的实用功能，不能创作出华而不实不可以用的设计，认为实用艺术作品不能归类于美术作品，而应作为实用艺术作品独立保护。[2]也有学者认为现行的美术作品对实用性艺术作品的保护足够，无需引入实用性艺术作品作为著作权法的独立客体。实用艺术作品的艺术性与实用性相分离且符合美术作品独创性要求时才可获得著作权法的保护。[3]现有研究多是讨论实用艺术作品独创性认定标准，未有在著作权对实用性艺术作品保护的立法基础上分析实用性与美学性分离标准的规定与适用。

实用艺术作品的实用性与美学性分离原则研究较为深入的应是美国，不同于欧盟的独立设计法保护工业品设计，我国与美国同样适用外观设计专利保护工业品设计，同样地承认外观设计专利与著作权法的交叉保护。但不同的是，实用艺术作品在美国作为独立客体获得著作权法保护，在我国仅是适用美术作品保护。版权法的分离原则作为工业品设计获得著作权法保护的禁止条款，防止著作权法对实用性特征的保护。Goldstein 教授指出分离原则是

---

[1] See Jason J. DuMont, Mark D. Janis, "Functionality in Design Protection Systems", *Journal of Intellectual Property Law*, Vol. 19, No. 2., 2012, p. 56.

[2] 参见郑成思：《版权法》，中国人民大学出版社 2009 年版，第 117~121 页。参见丁丽瑛："略论实用艺术品独创性的认定"，载《法学评论》2005 年第 3 期。

[3] 参见管育鹰："实用艺术品法律保护路径探析——兼论《著作权法》的修改"，载《知识产权》2012 年第 7 期。参见王迁：《知识产权法教程》，中国人民大学出版社 2011 年版，第 74~78 页。

指在实用性产品不采用此艺术性设计时，产品的实用功能性不会受到任何影响，此时该艺术性设计可获得著作权法的保护。[1]除此之外，法院在司法实践中采用不同的分离标准，有学者指出分离原则不能仅局限于"分离"二字的字面含义，应从著作权法思想与表达分离原则及对实用性艺术作品保护的立法原则出发确定分离原则的真实含义。[2]

上述研究仅是拘囿于某个领域研究工业品设计受到单行法保护时的非功能性理论，未适用体系化方法研究工业品设计非功能性理论。从而造成了适用于某单行法的非功能性判断标准可移植适用于另一单行法的错误认识。国外有学者体系化研究工业品设计的知识产权保护，通过对工业品设计落入不同单行法保护时需满足条件的分析，为不同语境下工业品设计的授权要件提出改进意见。[3]Paul Goldstein 教授在 Copyright, Patent, Trademark and Related Stated Doctrines 一书中将工业品设计的知识产权保护单列为一章，从著作权法，外观设计专利，商标法与反不正当竞争法三方面分析工业品设计获得不同部门法保护时需符合的要件，其中包括非功能性要件。[4]更有学者提出不管工业品设计落入哪部单行法保护都无需判断其是否具有非功能性，直接提供保护，后经司法程序在侵权中认定其是否具有非功能性特征。[5]还有学者提出著作权法虽然适用分离原则排除对功能性特征的保护，但其与商业外观的非功能性判断如出一辙，均应适用严格于外观设计专利的非功能性判断标准。[6]此外，学者意识到商业外观与外观设计专利立法目的的不同，保护期

---

〔1〕 See Paul Goldstein, *Copyright*, *Patent*, *Trademark and Related State Doctrines*, Foundation Press, 2016, pp. 581-592.

〔2〕 See Sepehr Shahahahani, "The Design of Useful Article Exclusion: A Way out of Mess", *Journal of the Copyright Society of the U. S. A*, Vol. 57, 2010, pp. 903-905.

〔3〕 See Jerome H. Reichman, "Design Protection and the New Technologies: the United States Experience in a Transnational Perspective", *Universiey of Baltimore Law Review*, Vol. 19, No. 1., 1989, pp. 136-147.

〔4〕 See Paul Goldstein, *Copyright*, *Patent*, *Trademark and Related State Doctrines*: *Cases and Materials on the Law of Intellectual Property*, Foundation Press, 2016, pp. 938-978.

〔5〕 See Orit Fischman Afori, et al., "The Global Contours of IP Protection for Trade Dress, Industrial Design, Applied Art, and Product Configuration", *Fordharn Intellectual Property*, *Media and Entertational Law Journal*, Vol. 20, No. 3., 2010, pp. 791-794.

〔6〕 See Orit Fischman Afori, et al., "The Global Contours of IP Protection for Trade Dress, Industrial Design, Applied Art, and Product Configuration", *Fordham Intellectual Property*, *Media and Entertational Law Journal*, Vol20, No. 3., 2010, pp. 800-810.

限不同等，提出应区分适用不同的非功能性判断标准。[1]总而言之，国外学者意识到单从某一部法角度研究非功能性理论的不足，应从工业品设计保护的体系出发，探讨不同语境下非功能性理论的构建与适用。

（二）工业品设计非功能性的焦点

目前国内研究对工业品设计获得知识产权保护时，需适用非功能性理论判断该设计特征是否具有非功能性已达成了共识。多数研究也提到不同单行法中非功能性理论的构建与适用，但是未从工业品设计知识产权保护体系入手分析非功能性理论。工业品设计不同类型的知识产权保护并非孤立无联系，在遵循非功能性理论基础上，还需符合不同单行法的立法目的。

1. 非功能性理论的法律基础

知识产权为工业品设计提供保护的同时，也担负着防止私权扩张损害公共利益与正当竞争秩序的任务。从法理学角度分析，非功能性的工业品设计获得知识产权保护的原因在于其装饰性、艺术性价值，可与功能性设计进行区分，功能性设计关系技术进步、社会发展，适用严格的审查标准和相对较短的保护期限。而装饰性工业品设计具有特殊性，满足不同条件时可获得不同知识产权单行法的交叉保护的需求。由于不同单行法立法目的的不同，设定的授权要件不同，但均要求需为非功能性设计。

现有研究中对非功能性理论多拘泥于特定单行法领域，如在商标法与反不正当竞争法领域认为，无论是实用功能性还是竞争必需性，均应从竞争角度分析授予某设计以专有权保护是否影响正当竞争。[2]然而，对实用功能性排除并非出于对竞争秩序的维护，而是为了防止与专利法的冲突以及商标法与反不正当竞争法的立法目的决定其不保护任何具有实用性特征的设计。与著作权相似，著作权法不保护实用功能性的思想，在美学性表达与思想混合时，该表达亦不得获得保护。相比之下，同样排除实用功能性保护的外观设计专利却仅排除完全由产品功能性决定之设计，换言之，设计若是功能性与美学性同时存在之设计则可获得外观设计专利法之保护。

可以发现，工业品设计的知识产权保护以排除实用功能性特征为基础，确保未得到发明、实用新型专利授权之设计留在公有领域供公众自由使用，

---

〔1〕 See Anne Gilson Lalonde, *Gilson on Trademarks*, Matthew Bender and Company, 2015, p. 58.

〔2〕 参见罗传伟:《商业外观保护的法律制度研究》，知识产权出版社 2011 年版，第 66~68 页。

还需维护各方利益主体的利益平衡。而利益平衡需结合不同单行法立法目的，在工业品设计落入该单行法保护时，依据该单行法的立法目的确保对工业品设计的保护不破坏该单行法的利益平衡。由此可知，工业品设计非功能性理论需有知识产权基本理论的指导，还需符合各单行法的立法目的。

　　2. 不同语境下非功能性理论的适用

　　虽然非功能性理论的法理学基础很简单，但是当产品外观设计是产品功能实现的原因时，需要法律明确识别出此种设计并排除对其的保护。由于产品设计不仅可以获得商标法的保护，还可获得外观设计专利法、著作权法的保护，对比各权利保护期限可知商标权可以无限延续，对于商标法上如何适用"非功能性"标准确定商标法的保护范围就显得至关重要。由此可避免将具有实用功能性或者美学功能性的产品设计纳入保护范围，造成永久的垄断。著作权虽不能提供无期限保护，但由于著作权权利自作品完成之日起获得，授权方法相比较简单，并且著作权不保护实用功能性思想，当表达与思想混合时此种表达亦不可获得保护，因此，著作权法与商标法及反不正当竞争法相似，不保护任何形式的功能性设计。然而，以保护工业品装饰性设计为立法目的外观设计专利关于功能性定义的范围应该宽于二者。换言之，存在其他可以实现同样或类似功能的外形设计，不构成外观专利保护的障碍，但该外形可能构成著作权法、商标法和反不正当竞争法意义上的功能性外观而不能获得保护。

　　商业外观非功能性判断标准，应秉承商标法仅对提供"指示来源"功能的标志提供保护的立法目的，功能性与装饰性共存的设计，应该交由外观设计专利法提供保护。然而，随着商标权的扩张，非功能性应转变为一项商标法基本原则适用于所有类型的非传统商标。现有研究未能意识到商业标识领域非功能性理论地位的转变，需要通过历史方法进一步研究。在著作权中，著作权不保护功能性思想这一原则就决定了非功能性理论的适用基础，不需认定设计是否具有功能性，而是判断作品的艺术性与产品功能性间的关系，正是著作权促进文学艺术创作这一立法目的决定非功能性理论在著作权法中的演变适用。然而，非功能性理论在外观设计专利法中适用需考虑外观设计专利促进装饰艺术发展之立法目的，相比著作权法与商标法及反不正当竞争法而言，适用相对宽泛的非功能性标准。由此达到划清各自的保护范围的目的，避免对工业品设计的过度保护。

二、选题背景及意义

(一) 问题的提出

工业品设计作为美学性与实用性的结合体，在保持实用物品的功用的同时，以其独特的美学性外观吸引着消费者。工业品设计既可以指纯粹或高品质的艺术外观，也可以是具有实用性的工业品。因此，工业品设计是艺术品和工艺品必不可少的组成部分，也存在于大多数消费品和工业品之中。长久以来，对工业品设计保护的政策目的，始终围绕着解决商业活动中保护和促进竞争与促进艺术创新之间的紧张。

由于工业品设计的特殊性，全球范围内未形成对工业品设计统一的保护机制。不同于其他类型的知识产权客体，工业品设计在国际范围基于不同的国家提供不同的保护。一些国家通过著作权、专利权、设计权或商标权为工业品设计提供保护，而另一些国家则为工业品设计提供双重或多重保护。之所以会形成对工业品保护的多样性一方面是对于工业品设计采取分散保护基本原理的反映，另一方面是由于实践中确实很难将工业品设计的保护归于某一类知识产权。在不同的知识产权领域，工业品设计位于各知识产权权利的边界，从而容易形成对工业品设计的交叉保护。

《保护文学和艺术作品伯尔尼公约》(以下简称《伯尔尼公约》) 中实用美术作品 "works of applied art" 和工业品设计 "industrial designs" 作为同一类作品可以获得保护，但是，公约中未规定统一的保护方式，各成员国对于工业品设计可以选择不同的保护方式，或著作权，或设计权，或模型。不同于著作权其他客体，《伯尔尼公约》未规定工业品设计获得著作权保护需要满足的要件。成员国可以根据各国的法律决定实用艺术品、工业品设计和模型的适用，并且决定实用艺术作品，设计和模型获得保护的要件。在实用艺术作品最初仅作为设计和模型保护的国家，在其他成员国可以获得在该国授予的设计和模型保护，然而，如果成员国未提供此种保护，实用艺术作品可以作为艺术作品获得保护。[1]由《伯尔尼公约》的这段表述可以发现，工业品设计在各国可以作为实用艺术作品获得著作权的保护，或作为设计权获得专利法或单独保护，或作为模型保护。但是，不管成员国对于工业品设计采取

---

〔1〕 See Berne Convention for the Protection of Literary and Artistic Works, Article 2 (7).

何种保护方式，对于工业品设计仅保护其美学性或艺术性，排除其功能性工业品设计或形状的保护。

《与贸易有关的知识产权协定》（TRIPs 协议）将工业品设计列为保护对象，协定中规定了对工业品设计的最低保护标准及权利保护的限制[1]。其中，工业品设计授权要件规定"成员国对工业品设计的保护不得给予由技术或功能性因素决定的设计"。[2]而设立"非功能性"授权要件一方面是为了防止与发明、实用新型专利冲突，另一方面是为了维持权利保护与自由竞争之间的平衡。

（二）实践意义

事实上，现有的知识产权法如著作权法、专利法和商标法均可以为工业品设计提供保护。外观设计专利为具有新颖性和创造性的装饰性设计提供保护，不保护功能性的设计；商标法与反不正当竞争法为具有显著性可以指示商品来源的商品外观设计提供保护，不保护功能性的设计；著作权法为应用于实用性产品的美学性设计提供保护，亦不保护功能性的设计；而具有功能性的工业品设计在满足专利法授权要件时可获得发明或实用新型专利的保护。因此，依据 TRIPs 协议保护工业品设计时，著作权法、外观设计专利法、商标法及反不正当竞争法均不可保护功能性的工业品设计。需要指出的是，上述法律对于工业品设计的保护仅针对产品外观的设计，并不延及产品自身的功能。换言之，对于影响产品自身功能的设计，上述法律均不提供保护。

在现代知识产权法中，管理法律范畴的任务实际上是自动根据行业特定化之特征的立法，来确定必要的四至和界限。然而，由于工业品设计的特殊性，法律不能够消极地依赖于行业领域作为区分不同保护形式的方法。相反地，法律发现它有必要开发出划定法律界线的方法，以划分各个法律范畴的界限，并确保某些对象包含其中而另一些对象则被排除在外。[3]

由于工业品设计可获得知识产权法的多重保护，以非功能性为保护要件，但是具体适用各个知识产权法保护工业品设计时，"非功能性"的含义、立法地位与判断方法却不尽相同。工业品设计是否具有"非功能性"不仅是判断，

---

〔1〕 See Laurence R. Helfer, "Adjudicating Copyright Claims Under the TRIPs Agreement: The Case for European Human Rights Analogy", *Harvard International Law Journal*, Vol. 39, 1998, pp. 357-230.

〔2〕 Argreement on Trade-Related Aspects of Intellectual Property Rights, Article 25 (1).

〔3〕 参见［澳］布拉德·谢尔曼、［英］莱昂内尔·本特利：《现代知识产权法的演进：英国的历程（1760-1911）》，金海军译，北京大学出版社 2012 年版，第 100~101 页。

更是法律价值取向的体现。"非功能性"作为授权要件一方面与发明、实用新型专利划清界限，防止未满足发明、实用新型专利授权要件的功能性设计获得知识产权专有权的保护，另一方面明晰著作权法、外观设计专利法、商标法与反不正当竞争法对工业品设计保护的界线，防止过分保护。

当前，正是反不正当竞争法、著作权法、专利法修改之际，明确工业品设计的立法保护地位及授权要件，可防止对工业品设计的过度保护或保护不力。同时，不同单行法通过非功能性理论可划清对工业品设计的保护界限，尽可能明晰保护边界。非功能性理论的构建有利于司法裁判标准的完善，在不同语境下适用不同的司法裁判标准。

三、研究目的和方法

（一）研究目的

1. 促进对不同语境下工业品设计非功能性理论的研究。从非功能性理论的基础出发，结合工业品设计获得不同单行法保护的不同，并对不同表现形式的工业品设计非功能性判断标准进行归类，进一步完善和丰富我国工业品设计非功能性理论。

2. 促进我国工业品设计保护的立法完善和非功能性标准的司法适用。工业品设计的特殊性决定了其可受到不同知识产权单行法交叉保护的现状，由于非功能性判断是工业品设计获得知识产权保护的先决条件，囿于不同单行法对工业品设计保护的目的不同，不同语境下非功能性认定标准不相同。结合我国工业品设计非功能性理论立法和司法实践，推动我国工业品设计非功能性理论的立法完善及在侵权诉讼中的适用问题的解决。

（二）研究方法

1. 比较法研究

（1）不同立法经验的比较借鉴

他山之石，可以攻玉。工业品设计非功能性理论在美国、欧盟及其成员国等知识产权制度较为发达的国家规定相对比较完善，其立法及司法经验可以供我们学习和借鉴。通过比较研究方法，分析不同国家和地区相似制度间的差异及原因，能够从中借鉴经验为我国工业品设计非功能性理论的完善提供思路。

（2）不同单行法相似制度之间的比较研究

工业品设计非功能性理论是工业品设计获得知识产权保护的首要前提，更是肩负着避免与发明、实用新型专利冲突，确保未得到专利法授权的非功能性设计可被自由模仿以维护正当竞争之任务。但由于不同单行法立法目的及工业品设计受到的保护不同，通过比较可以总结出不同语境下工业品设计非功能性判断的特点，让非功能性理论的构建和完善更有针对性。

2. 案例分析

（1）国外典型判例分析

工业品设计非功能性理论在美国、欧盟国家中的体现不尽相同，大陆法系国家较多是通过制定法进行规制，而例如美国这样的英美法系国家则多是通过判例法抽象出基本的裁判原则。因此，通过相关典型判例的分析，理解法官判决的理由和法理依据，梳理不同类型的工业品设计非功能性判断标准涉及的法律问题和解决思路，可以更好地学习和借鉴国外经验。

（2）国内典型案例分析

他山之石虽可攻玉，但法律移植更需分析受体的排异度，我国工业品设计非功能性理论的构建，更多需要结合我国司法实践的经验和法院裁判思想。通过对我国典型、具有指导意义的工业品设计非功能性认定案例的分析和解读，对理解法院意见和司法政策导向具有积极意义，也为立法及司法建议的合理性和可行性奠定良好的基础。

3. 历史分析方法

19 世纪工业革命带来技术的发展和设计理念的转变，从而导致工业品设计保护方式的不断改变。从历史角度出发，探究不同阶段工业品设计保护方式转变的基础及原因，才能更好地认识工业品设计保护的特殊性。工业品设计落入不同知识产权单行法保护的前提须为非功能性设计，然而，正是由于工业品设计的特殊性，加上知识产权不同单行法立法目的之不同，使其在不同语境下非功能性判断的重点会有所不同。通过历史性梳理，对不同阶段不同单行法中工业品设计非功能性判断的分析，可为我们复活工业品设计非功能性历史变迁背后的真实图像。

4. 体系化研究

工业品设计知识产权保护是一个体系，在工业品设计符合不同授权要件时可获得不同单行法交叉保护。功能性理论作为禁止性规定可将工业品设计排除于知识产权保护之外，这一理论作为工业品设计获得知识产权保护的基础需适用于不同的单行法，才能保证未获得发明、实用新型专利授权的实用性特征不会得到专有权的保护而留在公有领域供社会公众自由使用。

四、研究重点、难点和创新点

（一）研究重点和难点

1. 工业品设计知识产权保护的发展历史。由于工业品设计的特殊性各国和地区对其采取的保护方式不尽相同，欧盟采用独立设计权保护，其中英国和德国采用限制设计权与著作权的交叉保护，但是美国和我国并不排除设计权与著作权的交叉保护。不管是对工业品设计采取独立设计权保护的欧盟还是适用专利法保护的美国，均不排斥与商标法的交叉保护。反观我国对工业品设计保护的现状，我国对工业品设计保护的体系同美国相似，采用外观设计专利法、商标法与反不正当竞争法和著作权法的交叉保护。通过对各国和地区采取保护方式不同的比较，可以更好地反映出我国应该采取何种路径保护工业品设计，如何才能达到各部门法的协调一致。补足方式是通过阅读大量立法历史文件，期望弄清楚立法背后的原因，才能明白选择不同保护方式的缘由。

2. 知识产权基础理论基础下对非功能性理论的探讨。虽然工业品设计非功能性认定是事实认定，但更是价值认定，不同部门法立法目的的不同就导致非功能性认定标准的不同，由此可能发生在某部门法中认定为具有非功能性的设计，在另一部门法中可能就不被认定为具有非功能性的情况。所以，应立足于各部门法立法目的之法理进行分析和研究，从而弄清楚在不同语境在非功能性的含义到底指什么。补足方法是通过阅读和学习基础理论书籍，立足法理，从法价值角度入手讨论工业品设计非功能性问题。

（二）创新点

1. 现有研究均是针对工业品设计获得不同单行法保护时构建的非功能性理论，由于未在宏观层面上探讨非功能性理论，不同单行法呈现或明确排除对实用性特征的保护，或未有规定，或未置可否态度不一的情况。本书认为，工业品设计获得知识产权保护的前提条件须为非功能性设计，这一基本原则作为一项禁止性要件须在知识产权不同单行法中明确规定，以保证立法层面的平衡，并进一步防止未得到发明、实用新型专利授权的实用性特征获得专有权的保护而被垄断，从而使社会公众自由模仿之权利得到保护，以维护各方的利益平衡。

2. 在遵循工业品设计的知识产权保护须为非功能性设计的原则下，非功能性理论适用不同知识产权单行法时须满足各单行法的立法目的。本书认为，工业品设计获得商标法与反不正当竞争法保护时并非仅排除对实用性特征的保护，非实用性特征是竞争者竞争必需之设计时，出于对竞争秩序的维护，防止授予非实用性特征以专有权保护使竞争者陷于与商誉无关的竞争劣势。又由于商标权的扩张，可商标事项不断扩张，非功能性理论需要承担起防止商标法无限扩张之作用。

3. 外观设计专利中非功能性理论的研究最为缺乏，致使现有"富有美感"规定形如虚设未能担负起将非功能性设计排除保护之任务。本书认为，在对非功能性理论适用的基础上，考量外观设计专利本是对装饰性工业品之保护，排除完全由产品功能决定之形状即可，并不排除对功能性与装饰性同时存在之设计。在非功能性理论适用上稍微宽松于商标法与反不正当竞争法，存在替代性设计时即可认定设计之非功能性，在侵权判定时，仅保护设计中的装饰性特征。

4. 实用艺术作品的著作权法保护地位在我国并不明确，阻止实用性艺术作品获得著作权保护很重要的原因在于分离原则这一疑难问题。然而，由于实用艺术作品的特殊性，实用艺术作品不同于美术作品。本书认为，实用性产品的美学性设计与实用性功能分离并非指文字意义上的分离，而是指该产品在不采用此美学性设计之后不影响产品功能的实现和大规模生产。基于著作权法不保护功能性思想，在美学性表达与思想混合时，即使存在替代性设计可实现同一功能，该表达亦不能获得著作权法的保护。同商标法非功能性理论相似，排除对任何形式的实用功能性的保护。由于非实用性设计获得著作权保护还须满足著作权法独创性之要求，即使不明确规定美学功能性，亦不会将竞争必需之美学性设计纳入保护范围。

5. 本书从理论基础入手，分析知识产权基础理论层面非功能性理论的价值与地位，又结合不同单行法的立法目的及特征，从而确定不同语境下工业品设计非功能性理论的应有之意，并通过对美国与欧盟司法实践的案例的分析与研究，指出不同语境下非功能性判断的标准，以期为解决司法实践中的难题提供思路。

工业品设计的非功能性理论探析

一、工业品设计非功能性的学理界定

（一）工业品设计非功能性的含义

最早，工业品设计非功能性的问题出现于外观设计领域，工业品外观、结构和外形能否获得外观设计法保护，需认定其是否完全由工业品的实用功能性所决定。随着工业品设计的商标法与反不正当竞争法保护的出现，工业品设计非功能性问题日益凸显。不同于外观设计法，在证明工业品外观造型具有显著性时，该设计可获得商标法或反不正当竞争法的永久保护。然而，工业品自身形状或设计的商标法或反不正当竞争法保护等同于对工业品本身的垄断。文字、图形标识的商标法保护，并不能阻止竞争者在同类产品上使用其他的标识。工业品外观设计的商标法或反不正当竞争法保护，等同于对工业品形状或设计的垄断，可阻止竞争者对于同类竞争性产品的生产。因此，在工业品外观造型商标法与反不正当竞争法保护之始，工业品设计非功能性的认定便成为不可忽视的问题。

工业革命的发展带来了工业技术的飞速发展，使对工业品设计不再仅限于实用功能性的追求，原本"功能决定形式"的设计理念开始被美学性工业品外观的设计理念所取代。逐渐地，应用于工业品之上的美学性设计开始受到著作权法的重视。同样地，著作权法不保护工业品设计的功能性，而是对于达到一定美学高度的美学性设计提供保护。然而，著作权法并不直接分析工业品设计的功能性，而是从侧面讨论应用于工业品之上的设计是否可以与工业品的实用功能性分离。事实上，工业品设计非功能性反映于著作权法中的分离标准的认定亦是困扰著作权法的一大难题。

美国联邦巡回上诉法院将功能性分为事实功能性（de facto functionality）和法律功能性（de jure functionality）。这种分类起源于海关和专利上诉法院在 In re Morton-Norwich Prods. Inc. 案中对功能性的解释，为了说明"功能性"这一名称被用来指示的法律后果，将功能性分为事实功能性和法律功能性。前者表明尽管产品的设计，容器或者一个直接发挥功能的特征，从这一层面讲具有的功能性，但也可以指示来源。[1]而法律功能性是指某项特征在法律的视角下具有的功能性，对其垄断将不可避免地影响竞争，这样的设计不能授予商标法保护。最经典的例子，如可口可乐瓶子提供盛装饮料的功能（事实功能性），但是瓶子的形状可以指示来源作为商业外观受到保护。正如大多数的具有实际用途和功能的产品设计和包装，虽然具有事实功能性，但这不同于法律功能性，因此并不受到功能性条款的限制。

"de facto/de jure"这一分类最早出现于商业外观的功能性认定中，随后在美国外观设计专利功能性认定时也采取这一分类方法，排除对法律功能性设计的保护。事实功能性与法律功能性的分类是为了更好地说明功能性认定不仅是事实认定的问题，更重要的是法律价值的体现。授予或不授予专有权并不由事实功能性决定，而是由法律价值取向决定。知识产权各项专有权具有垄断性的特点，要求在授予专有权时考虑对竞争的影响，防止权利过度保护而不利于正当竞争。

自知识产权各项权利产生之初所形成的法理学表明，诸如机械的工作、原理、设计或者应用，以及特定产品的利用、目的或者结果之类的事项由专利法保护，而基于此法理学，人们形成了共识，即专利保护的定义性特征是发明的实用功能性问题，而所谓的琐细（trivial invention）如万花筒、剪蜡烛烛芯用的剪刀、马镫、软木螺丝等其他家用物品，它们被称为"对公众没有重大价值"的发明，而不能获得发明专利法的保护，[2]可通过实用新型专利保护。因此，发明与实用新型专利的定义性特征与实用性是同一概念，即对工业品功能性的利用，而工业品的式样、形态和外形可获得外观设计的保护。但是，由于工业品外观设计的特殊性，商标法与反不正当竞争法和著作权法

---

〔1〕　See In re Morton-Norwich Products, Inc., 671 F. 2d 1332 (1982).

〔2〕　参见［澳］布拉德·谢尔曼、［英］莱昂内尔·本特利：《现代知识产权法的演进：英国的历程（1760-1911）》，金海军译，北京大学出版社 2012 年版，第 101~104 页。

均可以为工业品外观设计提供保护。工业品设计的式样、形态和外形经过长期使用获得显著性后，可以作为商业标识获得商标法或反不正当竞争法的保护，而具有一定美学高度的工业品设计又可获得著作权法的保护。

虽然，从法理学角度可以清晰地划分出功能性工业品设计属于专利法保护范畴，非功能性工业品设计获得外观设计专利、商标法与反不正当竞争法或著作权法的保护。但是，法律所面临的特定难题是，在某些情形中，工业品的实用性来源于该工业品设计所呈现的特定形式。特别是如桨轮、船尾的螺旋桨、铁道围栏、椅子、枕木以及木头路面，这些对象的特定外形或结构也就是它们实用功能性的来源。此时，需要从法律层面识别出工业品外形或结构的设计产生该产品实用功能性的情形，并将其列为发明或实用新型专利的专属领域。

最后，工业品设计获得不同单行法保护时的立法目的不同，使工业品设计非功能性理论需要适应不同单行法的价值而做出调整。在排除对实用功能性特征保护的基础上，商标法或反不正当竞争要求考虑设计的竞争必需性，防止使竞争者陷入与商誉无关的竞争劣势；著作权法需考虑对文学艺术作品的保护，以及对功能性思想的排除，可与功能性思想分离的美学性表达需达到一定的独创性高度；然而，外观设计专利正是为了促进装饰性工业品设计的发展，仅排除完全由功能性决定之设计即可。

(二) 工业品设计非功能性原则的法条表述

工业品设计交叉保护的现状，导致了工业品设计非功能性认定标准分散规定在各部门法之中。"非功能性"条款设计之初是为了排除对实用功能性设计的保护，防止未经发明、实用新型专利严格授权要件的审查而获得专有权的保护。但是，各部门法对于工业品设计非功能性的定义多有不同。现有法律中，多从非功能性的反面，即规定什么是功能性的设计，进而规定功能性的设计不能获得知识产权法的保护。

外观设计排除对功能性工业品设计保护，此时功能性工业品设计是指工业品的外观中仅仅基于实现产品功能性的需要而做的设计，并非装饰性美学所需的设计。美国专利法中规定外观设计专利须是装饰性设计[1]，专利审查指南中进一步明确功能性（缺乏装饰性）作为装饰性设计的反面不能获得外

---

[1] See 35 U.S.C. 171.

观设计专利法的保护。工业品设计的目的是实现装饰性，而不能是工业品功能性或机械考虑的结果。工业品设计整体是由工业品实用功能性决定时，可被认定为具有功能性而不可获得外观设计专利的保护。[1] 不同于美国，《欧盟设计指令》中直接规定功能性设计不能获得设计法的保护。设计指令中规定（1）由技术功能唯一限定，或者（2）产品实现功能必需的技术连接。[2] 不含有上述排除条件的特征，不管其是事实功能性还是装饰性，或者是二者的组合，均可作为保护对象。匈牙利《外观设计法》第1条规定："下列外观设计不受保护：（A）该外观设计损害了产品的正常使用；（B）该外观设计只是技术解决方案的结果或产品的效果。"可见，完全由产品技术或实用功能决定的外观不属于外观设计专利的保护范围。

商标权争议由早期围绕生产者享有的具有显著性可指示来源的字词商标或二维徽标逐渐扩展至产品自身或包装、容器等类型商业外观的保护，一方面为了防止对实用性特征的垄断，与专利法发生冲突；另一方面为了确保竞争者可以使用影响自由竞争的设计特征，各国通过不同的方式规定了"功能性"禁止要件。美国《兰哈姆法》中指出非功能性商业外观才可获得商标法注册或反不正当竞争法保护[3]，并经过一系列司法案例确定商业外观功能性判断的两个标准：（1）这项设计特征对产品用途必不可少或者影响产品成本或质量；（2）该项设计特征是竞争必需的。商品的外观特征满足任一项标准，便不能获得商业外观的保护。《欧盟商标指令》7（1）（e）条规定，仅仅由商品本身性质决定的形状、为获得技术效果所必需的形状、为商品带来实质性价值的形状被视为具有功能性而不能获得注册。该条款仅适用于立体形状标识的功能性认定，而不可适用于其他非文字标识。波兰《反不正当竞争法》第13条规定，模仿产品的功能性特征，特别是保障其实用性的内外结构和形状，不构成不正当竞争。

美国1976年《版权法》规定，任何情况下著作权保护对原创性作品的保护不延伸至任何思想、步骤、流程、系统、操作方法、概念、原则或发现，

---

　〔1〕　See L. A. Gear, Inc. v. Thom McAn Shoe Co., 988 F. 2d 1117, 1123, 25 USPQ2d 1913, 1917 (Fed. Cir. 1993).

　〔2〕　See Council Regulation (EC) No 6/2002 of 12 December 2001 on Community designs, Article 8.

　〔3〕　See Lanham Act 15 U. S. C. 1125, (a) (3).

不管其在作品中被描述、解释、说明或包含在作品中的形式。[1]正如法条所述，著作权法区分思想和表达，仅对表达提供保护。而当一些思想只能通过一种或有限形式表达时，对该种表达的保护等同于对思想的保护，此时该表达不能获得著作权法的保护。[2]实用艺术品的实用性可以被视为思想，而其美学性外形则是其的表达，当对表达的保护延伸至思想时，这样的物品不作为著作权的客体。同美国一样，意大利著作权法也适用工业品艺术性设计与产品实用功能性分离标准，认定应用于工业品之上的设计能否作为作品独立存在。著作权法中虽然未直接判断工业品设计的非功能性，但是追求独立于工业品实用功能性的艺术作品就意味着对功能性特征的排除保护。

发明、实用新型专利明确规定保护符合专利审查要件的实用功能性特征，著作权法、外观设计专利法、商标法与反不正当竞争法对于未经专利授权的实用性特征应排除保护。一方面避免与专利法冲突，使专利制度形同虚设；另一方面确保社会公众对未经专利授权的实用性特征的自由模仿之权利的实现。

二、工业品设计的知识产权分类保护

（一）工业品设计知识产权保护方式的决定因素

现代设计在工业革命之后诞生，其目的就是美化批量生产的工业品，从而达到美化人们生活之效果。工业品设计的载体是工业品，具有实用功能是大多数工业产品得以存在的前提，设计产品的审美离不开创新、便利和实用。因此，产品的外形即使构成外观设计专利保护客体的要素之一，又与实用功能有着密不可分的联系，即产品外形的装饰功能与实用功能往往是"纠缠"在一起的，两种价值的重叠引发了一项工业品外观设计中功能性特征与装饰性特征之间的关系决定该项设计落入哪个法律保护范围的问题。

1. 工业品设计的非功能性

一般而言，人们生产和消费产品的目的是，用户期待使用产品实现某种功能，以满足相关的需求。实现功能，达到帮助使用者解决问题的目的，是

---

〔1〕 17 U. S. C. Article 102（b）.

〔2〕 See Baker v. Selden, 101 U. S. 99（1879）; See Nichols v. Universal Pictures Corp., 45 F. 2d 119（2d Cir. 1930）; See Morrissey v. Procter & Gamble Co., 379 F. 2d 675（1st Cir. 1967）.

产品承担的首要任务。人类通过产品的各种功能实现人与自然界、人与社会、人与外界环境的协调发展。功能体现产品与人之间的关系，是人类认识与改变社会的工具。产品作为功能的载体，体现了产品的用途、使用价值和目的。

工业品设计将功能实用性与设计美学性融入人们生活的各个方面，进而改善人们生活环境和人类自身。工业品设计的核心是满足消费者需求，其存在的价值是为人所用，包括物质和精神两个层面。消费者对产品的使用和体验过程，是人类视觉、听觉、嗅觉、味觉、触觉满足的过程。随着社会进步，科技发展和物质生活的极大丰富，产品的功能出现了极大的延伸和发展，不仅指实用功能，还包括认知功能和审美功能。"美国心理学家马斯洛在他的'需求等级学说'中将人的需求自低至高分成 5 个层次：生理需求、安全需求、社交需求、自尊需求和自我完成需求。5 个层次的需求可以划分为物质需求和精神需求，对应人的需求层次，功能的分类可简单分为物质功能和精神功能，物质功能可分为实用功能、技术功能，精神功能可分为审美功能和认知功能。"[1]

设计者和使用者最为关心的是产品的物质功能，即设计对象的实际用途或使用价值。实用功能（或使用功能）是指产品与人的直接接触，能满足使用、维护及安全等方面的要求，具有实际生产的可行性及较强的实用价值。产品的使用功能涉及人的物质需要，但不是纯粹的生理需要，又增加了安全、卫生、方便、舒适等需求。技术功能，也称物理功能，指产品形态本身所具有的结构性能、理化性能、工作精度、工作效率以及可靠性和有效度。它从生产者角度出发，考虑如何通过工业生产制造的方式满足消费者的需求。

工业品设计产品中关于美的体验建立在产品的良好功能基础之上，需与实用性紧密结合，这也是工业品设计产品与艺术品区别之所在。艺术品可以不考虑实际应用功能，纯粹满足人们审美享受。而工业品设计产品是遍布人们生活各方面的实用产品，是经过批量生产符合市场营销特性的设计，它不仅带给人们美的享受，还可提供实用性价值。

2. 工业品设计的装饰性

19 世纪 30 年代到 60 年代，工业品设计发展的初期，第一代设计师强调科学技术和工程技术在工业品设计师作品中的重要地位。通过充分发挥工程技术

---

〔1〕　杨凤云："谈外观设计中功能与装饰的关系"，载《知识产权》2012 年第 12 期。

在设计中的价值和功能改进，设计师寻求对销售经理和消费者的吸引力。[1]在工业品设计师建立的艺术世界中，设计师强调非功能性和工程技术蕴含于美学性之下。现代建筑设计运动根基于 19 世纪晚期和 20 世纪早期，严格地遵守"形式跟随功能"的理念，依据实用主义的哲学思想"任何产品的视觉特征"最好由"产品内部构造和机械原理"决定。[2]毫不奇怪，实用主义者倡导机械应是合理设计的最终表达。如 1934 年的由现代艺术博物馆主办的"机械艺术"展，陈列出作为艺术品的船舶螺旋桨，滚珠轴承，弹簧和齿轮。[3]20 世纪 50 年代，实用主义在"全球的现代艺术"中取得胜利，优秀的设计是"功能高效性，目的合适性，材料真实性和方法节约性"。[4]

但是，认为工业品设计应该表达工程技术和实用主义是指实现某种功能的观念在艺术史学家看来都是错误的。与之相反，史学家认为工业品设计不由功能所决定，而是以美学性为主导决定产品的销售量。另外，实用主义美学对于产品的功能仅做"表面文章"，有时仅是表达出非功能性的图像或思想，很少关注现实中是否具有非功能性。

依据艺术史学家的说法，工业品设计在发展初期的首要任务便是通过主导美学性增加销售和制造商的盈利。20 世纪设计领域的显著发展，正是这一任务的结果。[5]19 世纪 20 年代晚期，经济危机和大萧条带来的"市场饱和，强迫制造商将其产品同其他制造商相区分"或者面临破产的威胁。工业品设计师通过改变功能完全一样产品的外观，使其形成区分。这样的区分使制造商通过具有吸引力的设计可以吸引不同的人群，提高销售量。

事实上，工业品设计并不会降低产品的功能性。早期的吸尘器像搅拌器一样，所有的机械装置成分均显露在外。面对市场销售量不景气时，吸尘器的机械功能没有任何改进，吸尘器制造商转而寻求改变外观的方式与对手竞争。工业品设计师采用可以表现清洁和现代理念的图像，把产品包装成"光

　　〔1〕　See Jeffrey L. meikle, *Twentieth Century Limited：Industrial Design in America 1925—1939*, Temple University Press 1979, p. 73.

　　〔2〕　See Terence Conran, *The Conran Directory of Design*, Octopus Conran Press, 1985, p. 33.

　　〔3〕　See Generally Museum of Modern Art, New York , Machine Art：1934 年 3 月 6 号—30 号 (1994).

　　〔4〕　See Kathryn B. Hiesinger, Design Since 1945, Phila delphia Museum of Art Press, 1983.

　　〔5〕　See Adrian Forty, *Objects of Desire：Design and Society Since* 1750, Thames & Hudson 1992, p. 7, p. 87.

滑，整洁的合金外壳。[1]类似的改革同样地发生于汽车行业，从简单实用性到外形时尚。汽车行业采用了"计划过时"的理念，新的设计并没有带来技术创新而是反映为"视觉设计"的改变，每年进行一次目的是使先前的模型过时。至 19 世纪 50 年代晚期，美国汽车演变成巨大的铬合金球形体设计和垂直尾翼。[2]

设计师的首要目的是通过他们的能力使产品呈现出不同的形式，从而改变人们看待日用品的方式。"设计可以被描述为总是需要伪装或改变我们认为是现实中理所应当形状的活动，使之产生不同于平庸设计的结果。"工业品设计的"伪装""隐藏""改变"能力无关于产品的功能性，反而依赖于设计师的艺术技巧，每一件工业品设计均是设计师艺术的表达。

工业品设计追求实用性的同时也关注于造型的美化，从而实现精神功能、情感体验和使用功能的需求性紧密结合。精神功能是指产品的外观造型及产品的物质功能所表现出的审美、象征、教育等特征效果；审美功能是指产品通过它的外观即产品的造型、色彩、肌理和装饰诸要素能够满足人们的审美需求、唤起审美感受的能力，即外观形式上体现产品的合目的性，它与由功能实现带来的美感相适应。设计产品的使用者，在产品使用过程中产生丰富的体验和情感积累，不同于一般艺术纯感觉和精神思索，设计之美，可以仅仅是造型、质感、色彩对器官的愉悦，也可以是一种隐喻的如同文化符号一般代表身份象征和自我的确认。

美学设计的装饰性作为授权要件写入法律条款中，工业品设计在各国授权要件中虽均未要求达到一定的美学质量，但是大多规定具有装饰性，如美国外观设计专利，欧洲设计指令。装饰性的认定不是根据装饰性特征的大小定量分析，而是依据这些特征对设计整体装饰性的贡献。需要根据设计整体认定某个设计的首要目的是否具有非功能性，并且特定设计元素的设计目的必然要被考虑。[3]"特定元素组合的原因和在市场中传递出的信息是首要装饰

〔1〕 See Adrian forty, *Objects of Desire: Design and Society Since 1750*, Thames & Hudson 1992, p. 178.

〔2〕 See Jeffrey L. Meikle, *Twentieth Century Limited: Industrial Design in America 1925-1939*, Temple University Press, 1979, pp. 13-15.

〔3〕 See Power Controls Corp. v. Hybrinetics, Inc., 806 F. 2d 234（Fed. Cir. 1986）.

性的考量。"以此证明设计的装饰性。[1]

3. 工业品设计中功能性与装饰性的关系

德国哲学家弗里德利希·德苏瓦尔（1881年~1963年）于1927年出版的《技术哲学》一书中提到，日用产品、机器、工具和桥梁等技术产品，一方面满足使用目的，另一方面又给人们带来精神上的快感。要使这两方面达到和谐，就必须实现产品形态的精神化。技术产品唤起审美感受的原因正是在于这种两重性，即"精神向物质形态的渗透"。"一旦产品的意义贯穿于产品形态中，那么技术产品就具有了激发审美经验的客观根据。"[2]

对于美的追求是人的天性，是反映人类精神需求的重要体现。相对于功能，美的追求或美感的体现虽然不是工业品设计首要考虑的因素，但同样占有十分重要的地位。工业品设计的美感产生于使用者与产品之间，通过观察而得到的亲身体验，在合乎视觉、触觉感知的状态下，以达到心理上舒适和愉悦的感受。

功能美与审美功能相对应，它是指通过产品外在造型表现产品的功能而给予人的心理感受，它存在于产品的功能与产品的外观之间的关系中，比如鞋子的美感是视觉上看起来的美，不是穿在脚上的感觉，给人以看起来穿着它很舒适的视觉感受。[3]产品的非功能性建立在产品与使用者之间适用与否的关系上，产品的使用能够给人带来物质上的满足和精神上的愉悦，正是由于产品的功能使产品与人建立了联系。

设计之美可以归纳为人工性、实践性、科技性、创新性、非功能性、生活性、感官与精神结合、人文主义等。工业品设计除了需含义丰富的感官感受，传达的更多的是功能信息，还有一少部分的情感、精神、文化的含义。[4]工业品设计的美是产品整体体现出来的全部美感的综合，工业品设计必须是功能美与装饰美的交融统一。既不能简单地理解为"功能即美"，也不能将产品的功能与美完全割裂开来。产品的功能性是产品存在之价值，不能离开产品的

---

[1] See Smith v. M & B Sales and Manufacturing, 13 USPQ2d 2002, 2004 (N. D. Cal. 1990).

[2] 徐恒醇："现代产品设计的美学视野——从机器美学到技术美学和设计美学"，载《装饰》2010年第4期。

[3] 参见杨凤云："谈外观设计中功能与装饰的关系"，载《知识产权》2012年第12期。

[4] 参见邱景源："现代设计美学要探索的几个问题"，载《艺术与设计（理论）》2013年第6期。

功能而对产品盲目地装饰。工业品外观装饰必须是适当的，以产品功能实现为目的，装饰性必须与功能性建立一种和谐关系。

产品使用过程中，外观造型是消费者对产品功能认知的主要途径，是产品创新的主要途径。装饰性与功能性和谐并非指装饰性设计由产品功能决定，而是指产品设计摆脱实现相同功能的惯常设计，是可以体现设计师风格、特点，具有创新性的设计。工业品外观装饰性与功能性的统一是指工业品采用的设计不能破坏或影响产品功能的实现，可以是与产品功能无关的任意性设计，但需保证在该设计之下，产品的有用性不受到影响。

工业品外观造型的选择纯粹是为了实现产品功能时，此设计只是依据产品功能作出的设计不具有任何美感。完全由产品功能决定的设计应受到发明、外观设计专利的审查，满足实用性要件时才可获得保护。工业品设计通过色彩、形状、线条、结构等设计元素，赋予技术性机器新的美学含义：精美、适当、简易和经济，从而美化人们的日常生活，此时的设计并非完全由产品非功能性决定，其虽受限于产品功能的实现，但更是追求美感外形的结果。

（二）功能性与非功能性设计的区别保护

1. 功能性技术发明的保护

早在 15 世纪中期的威尼斯为了激励新技术和工业的发展，实用性发明适用专利制度保护。1474 年，专利制度写入法典，授予专利权人 10 年到 15 年内实施该项发明的专有权。除实用性发明人可以专有权保护外，将新技术从其他国家引入威尼斯的引进者也可申请专利权。早期英国专利制度效仿威尼斯专利制度，于 1623 年颁布《垄断法》，授予新技术或新设备的引进者和发明、创造者以有限期限的垄断。同时修订专利制度将专利权保护限制于工业领域的销售、购买、制造、生产或者使用，以防止专利保护延及如醋、淀粉等日用品的生产领域。国王授予真正的第一位发明者在新的制造业或相关领域实施该项专有技术等于或少于 14 年的专利权，而权利的授予不得违背法律或州法，或通过提高日用品价值的方式损害贸易或影响日常生活。[1] 为了与日常生活必需的普通生产工艺相区分，英国专利制度限制对不涉及技术领域的发明授予专利权，以保证专利制度的目的是促进技术或工业领域的进步。

---

〔1〕 See Paul Goldstein, R. Anthoy Reese, *Copyright*, *Patent*, *Trademark and Related State Doctrines*, *University Casebook Series*, 4th Edition, p. 382.

随后，专利制度逐渐在美国被接受，1790 年颁布了第一部《美国专利法》，授予任何具有实用性技术，制造工艺，工具，机械，设备，或者任何从未被知晓或被使用的技术改进。在证明发明具有实用性和意义重大（sufficient useful and important）之后，可以获得最多长达 14 年的专利权。为了可以获得专利权，专利申请人总是竭尽所能地论证其专利的重要性，以争取获得议员们的认可进而获得专利授权。[1]由于专利授权要件中证明责任过于沉重，1793 年修改后的专利法实行简单的注册程序。但是，专利必须有益于经济发展，实用性和意义重大这一要件未改变。直到现行的《美国专利法》，实用性依旧是发明获得专有权保护的授权要件之一。

我国古代社会厌技，将技术视为"奇技淫巧"，从事技术创造的人员未得到应有的重视。这一偏念在近代太平天国运动中得以改观，《资政新篇》中曾记载"首创之巧者，赏自以专其利，限满准他人仿做"，[2]但终因太平天国运动失败，这一规定未实施。直到 1912 年辛亥革命后，政府颁布了《奖励工艺品暂行章程》并经过多次修改。1984 年，《中华人民共和国专利法》（以下简称《专利法》）获得通过，此后经过三次修改，形成现行的专利法。专利制度形成及修改过程无不围绕着激励创造者创造有价值的技术，以利益刺激更多的人进行有利于社会进步的发明创造活动。

专利制度的作用在于鼓励发明创造和技术的推广应用，激励更多的发明创造活动，以产生有益于社会进步的新技术。专利法意义上的"发明"是指一种"技术方案"，此种"技术方案"是指为解决较为重大技术问题而对产品、方法和改进提出的新的技术方案。正是为了促进社会的技术进步，专利制度对于技术方案实用性的要求便是应然之意。如果技术方案根本不能投入实际应用并解决实际问题，对其的专利权保护不仅不利于技术进步，更会损害公众自由使用之权利。因此，在专利审查时，审查委员会首先会对实用性进行审查。如果申请的技术方案不具有实用性，便无须再审查其他授权要件。

然而，实用性发明不仅存在于理论范畴，还需要是切实可信具有"特定实用性"或"具体实用性"的发明创造。20 世纪 50 年代以来，有机化学和

---

〔1〕 参见杨德桥："美国专利法上的专利实用性判断标准研究"，载《知识产权》2015 年第 5 期。

〔2〕 参见王迁：《知识产权法教程》，中国人民大学出版社 2011 年版，第 262 页。转引自汤宗舜：《专利法教程》，法律出版社 2003 年版，第 17 页。

生物技术的迅速发展，带来发明与发现界限的逐渐淡化，科学与技术日趋接近，出现颇多将不具有直接产业应用性本应属于发现范畴的"发明"申请专利的情况。此时，专利权的授予将会使专利权人垄断未知领域的所有发明，妨碍科学研究的进展。因此，美国联邦巡回上诉法院在 In re Fisher 中指出，发明专利的实用性应指"特定实用性"，相对于发明创造笼统概括性具有的"一般用途"而言，"特定实用性"中对于实用性的界定应该是非常清晰具体的，是可以为公众提供特定的益处的发明。[1]不仅如此，该发明中所述的实用性需是现实可信的，不是潜在的实用性。专利申请需是对公众有现实意义的，而不是对将来的研究有用。简言之，申请人所宣称的权利要求在目前状况下可以为公众提供立即可得的利益，促进社会进步意义重大。总而言之，实用性的发明创造以其技术创新点为社会公众提供现实意义的益处，即专利技术的运用可以带来直接的便利或利益，且在技术上具有可行性。

实用性要件是专利制度存在的基础，以促进技术创新带来的社会进步。具有实用性的发明或实用新型可以在产业上制造或使用，以解决技术难题，达到积极和有益的效果。发明或实用新型所属领域的技术人员依据申请文件中描述的技术内容，可以稳定重复地实施技术方案并得到相同实施效果，从而实现在产业上制造或使用。正如美国最高法院在 Brenner v. Manson 一案中所述，"专利并不是一张狩猎许可证，它不是对探索过程本身的奖励，而是对其取得成功结果的报偿。专利制度必须联系于商业世界（the world of commerce）而非思想王国（the realm of philosophy）"。[2]如果专利制度保护的技术方案根本不能被投入实际应用解决实际问题，对其的授权便失去任何实际意义。因此，实用功能性设计的保护乃是专利制度的范畴。

2. 工业品设计的商业标识保护

工业品设计的形状或构造，或商业外观，在具有固有显著性或获得第二含义后可以获得商标法或反不正当竞争法的保护。工业品自身的形状或颜色组合可以获得商标法注册，工业品包装、装潢设计的整体外观作为未注册商标可以获得反不正当竞争法的保护，防止未经授权的仿冒使用行为。

---

〔1〕　See In re Fisher, 421 F. 3d 1365, 76 USPQ2d 1225（Fed. Cir. 2005）.

〔2〕　See Brenner v. Manson, 383 U. S. 519（1966）. 参见崔国斌：《专利法：原理与案例》，北京大学出版社 2012 年版，第 144 页。

商标法或反不正当竞争法在商业活动中可以为特定类型的工业品设计提供保护，但是并不能为所有工业品设计提供全面的保护。工业品设计的商标保护并不能完全适用于以艺术创作为主旨而不具有显著性的工业品设计，毕竟商标存在的价值是对其蕴含的商誉的保护。但是，不可否认，工业品设计的商标保护有其独特的优势。事实上，多数工业品设计的目的是广告宣传或品牌塑造，而工业品外观设计变化主要是为了产生产品区分的作用，以降低价格竞争。[1]与此同时，商品的市场流通加之广告宣传的影响使商品独特的外观设计可以指示商品来源，此设计获得了第二含义。以保护商品来源指示标识为主旨的商标法，目的在于降低消费者的搜索成本。

装饰性商业外观设计获得商标法或反不正当竞争法保护是因为其可以向消费者传播实用性信息。通常商标法保护的标记多数为文字或二维图形标记，商业外观则以产品的外观为保护对象。产品包装和产品外形设计，如凯迪拉克车尾鳍的设计具有显著性，使消费者看到这样设计的车尾鳍便知道其是凯迪拉克的车。在商标保护的语境中，该特征需要通过长时间商业使用可以与特定的生产者产生关联，获得第二含义。其他竞争者未经许可在其生产的车中使用该特征，存在混淆可能性时，凯迪拉克可以依据商标侵权防止他人不正当地利用其商业外观。不同于商标法的其他客体，商业外观要求产品外观是可以满足消费者视觉审美的装饰性外观。因此才促使设计师设计出不同于同类产品的美学性工业品，极大地丰富了日用产品的多样性。

工业品设计获得商标法或反不正当竞争保护的前提是具有显著性和非功能性，显著性要件的目的在于考察工业品设计是否满足商标指示来源之基本要求，非功能性要件一方面为了防止商标法或反不正当竞争法对于具有功能性设计特征的垄断，另一方面为了维护正当的竞争秩序。然而，功能性的工业品设计即使被证明获得第二含义，由于功能性设计属于专利法保护范畴，商标法或反不正当竞争法也应排除对其的保护。

3. 工业品设计的外观设计保护

具有新颖性，创造性和装饰性的工业品设计可以获得外观设计专利的保护，授权的外观设计专利禁止未经许可的复制行为和独立创作。通常，外观设计专利保护并不保护纯粹装饰性的设计，而是可以应用于功能性产品的设

---

[1] See discussion in Australian Law Reform Commission Designs，Report No. 74（1995）[3.19].

计。外观设计专利对于创新性要求较高，并且需要审查或注册。然而，获得授权的设计，在有效期间内可以对抗复制和独立创作的行为。由于获权时需要审查和权利产生的延迟，专利权保护的适用于价值较高，市场上生命周期较长的产品。提供外观设计专利权保护的国家一般要求工业品设计需要达到一定的形式标准，完全由产品功能决定的设计或不满足授权要件对于创新性要求的设计，不可获得外观设计专利权的保护。因此，外观设计专利仅保护具有创新性、创造性和非功能性的设计。

适用专利制度保护工业品设计的国家如我国和美国，虽然将外观设计纳入专利法，但是明确区分外观设计专利与发明与实用新型专利授权要件的不同。对于外观设计专利适用新颖性与创造性要件，排除实用功能性设计的保护。外观设计审查授权中，美国明确规定外观设计需是装饰性设计，装饰性相对应的功能性设计，不可获得外观设计授权。实用功能性属于发明与实用新型专利的领域，审查发明，创造的实用性之目的是判断授权技术是否可以为社会技术进步创造价值，以此促进技术发展，提高社会生产力。因此，外观设计专利对于实用性的排除一方面是由于外观设计立法之目的是促进艺术创作，另一方面是为了防止与发明、实用新型专利的冲突。

欧盟及其各成员国意识到外观设计与发明、实用新型专利的不同，对其采取单独保护，通过注册设计权与未注册设计权保护工业品设计。注册设计需要审查是否具有新颖性和个性特征，排除对技术功能决定的设计和连接设计的保护。而未注册的设计可不经过审查自完成时获得保护，不考虑设计是否具有非功能性。与注册设计相比，未注册设计仅是为设计提供临时性保护，自设计完成之日起获得 3 年的保护期间，可对抗未经授权的复制行为。注册设计可获得长达 25 年的保护期限，未经权利人许可不得为生产经营目的制造、许诺销售、销售、进口获得保护的设计。[1]因此，注册设计才可为工业品设计提供更好的保护。然而，工业品设计获得注册需经过审查其是否是技术非功能性或连接装置设计。

未注册设计之所以存在是由于在许多领域如时尚产业，设计更新周期迅速，通常为成功的时尚系列提供 2 年到 3 年的保护周期。由于无需经过形式

---

〔1〕　See Council Regulation（EC）No 6/2002 of 12 December 2001 on Community designs（OJ EC No L 3 of 5. 1. 2002, p. 1）.

化的审查降低了申请成本，亦无如著作权作品独创性的要求，设计公开后的 2 年到 3 年内在欧盟成员国内获得保护。而对于生命周期较长的产品，2 年到 3 年的非正式保护作为过渡期可以使设计者充分考虑产品的市场效应，从而决定是否采取注册的形式保护工业品设计。[1]因此，未注册设计无需审查，即使设计中包含有非功能性的特征，产品不断更新和市场的淘汰并不会造成对于非功能性设计的垄断。

注册设计对于功能性特征的排除同美国外观设计专利相近，如果某一技术效果只能由特殊的形状完成，则这样的设计不能获得保护，但是如果可以通过不同的形式达到同一技术效果，则这样的设计可以获得保护。欧共体委员会和马克思·普朗克研究所的研究指出，对于设计中美学性特征和功能性特征的保护并不是彼此排斥。基于以市场为主导的方法分析，现代产品的外观设计在保持视觉吸引力的同时也适应了产品功能的实现。[2]因此，工业品设计中功能性特征排除的目的在于，对于实现技术功能所必需的不能由其他替代性设计完成的特殊形式，排除对其的保护。正是由于技术功能限制了设计自由，不能采取任意特征实现同样的技术功能。多数情况下设计中某项特殊特征是由非功能性决定，不存在可行的替代设计[3]，而依据功能决定形式的设计理念完成的整体设计，致使整个设计不受保护的情况很少存在。

除了判断设计整体的非功能性，对用于连接不同产品间的连接部件的设计，由于其正是出于产品构造中必需之确切形状和尺寸或者产品连接、安装中必需应用机械技术而为的设计，尽管其可以采取任意的形状，亦不可获得保护。

4. 构成实用艺术品的工业品设计

工业品设计落入著作权保护时被称为实用艺术作品（works of applied art），是应用于实用性产品之上的艺术性或美学性的设计。实用艺术品起源于美术作品，著作权从最初仅保护平面作品如图书、绘画，到对于雕塑、建筑

---

〔1〕 See Audrey A. Horton, "Industrial Design law: the Future for Europe", *European Intellectual Property Review*, Vol. 13, No. 12., 1991, p. 5.

〔2〕 See Audrey A. Horton, "Industrial Design law: the Future for Europe", *European Intellectual Property Review*, Vol. 13, No. 12., 1991, p. 3.

〔3〕 See Audrey A. Horton, "European Design Law and the Spare Parts Dilemma: the Proposed Regulation and Directive", *European Intellectual Property Review*, Vol. 16, No. 2., 1994, p. 5.

作品的保护，虽然这类作品是应用于实用物品之上的设计，但是不可否认其艺术或美学元素，对于作者的艺术创作行为，著作权应该提供保护。

19 世纪启蒙思想倡导"艺术性"与"功能性"的分离，为反对古希腊哲学奉行的实用第一主义奠定了理论基础，反对者认为应用于实用性产品之上的艺术依旧为艺术。但是这一论述使工业品艺术的经济目标最小化，其产生于工业革命可以大规模连续生产实用物品的时代，从而显著地提升了工业品市场的销售能力。[1]伯尔尼公约国在 1908 年修订会议中第一次提到"应用艺术"，但是，拒绝依据文学艺术产权授予实用性产品中的艺术性装饰以全面保护。随后，经过多次修订，伯尔尼公约承认了实用艺术作品的著作权法可保护性。

《伯尔尼公约》第 2 条第 7 款规定，考虑到本公约第 7 条第 4 款的规定，本联盟成员国得以立法规定涉及实用美术作品及工业品设计和模型的法律的适用范围，并规定此类作品，设计和模型的保护条件。在起源国单独作为设计和模型受到保护的作品，在本联盟其他成员国可能只得到该国为设计和模型所提供的专门保护。但如在该国并不给予这类专门保护，则这些作品将作为艺术品得到保护。[2]可见《伯尔尼公约》在实用艺术品规定方面主要有以下几个特点，第一，实用艺术品是《伯尔尼公约》明确要求成员国提供保护的客体之一；第二，公约没有给出具体的保护办法，只是提供了著作权和外观设计权两种保护模式以供参考，同时也没有排除著作权与外观设计的双重保护；第三，公约要求对于实用艺术品的保护期限不得低于 25 年。

实用艺术作品可以作为美术作品获得著作权法的保护，与工业产权相比，实用艺术作品对于独创性要求较低。自作品完成之时自动获得保护，无需注册或形式要求。在著作权有效期间内，著作权人可防止任何人未经允许地复制该设计，但是不能对抗其他人的独立创作。换言之，同样的设计侵权者证明是其独立创作完成之作品时，可阻却侵权行为的成立。

著作权保护工业品设计的优势在于设计完成之时即可提供保护，无审查成本，满足较低要求的独创性，却可获得保护时间较长的期限。因此，对于

---

〔1〕　See J. H. Reichman, "Design Protection in Domestic and Foreign Copyright Law: from the Berne Revision of 1948 to the Copyright Act of 1976", *Duke Law Journal*, Vol. 1983, No. 6. , p. 2.

〔2〕　See Berne Convention for the Protection of Literary and Artistic Works Article 2 (7).

市场上产品周期较短，价格较低的工业品，著作权的保护无疑是不错的选择。例如，时尚、纺织品、家具和玩具产业。以保护美术作品为主旨的著作权仅保护工业品设计中的美学性特征而不保护功能性特征，如机械设备零配件的纯粹功能性设计不适用著作权法的保护。对于这些功能性特征，允许竞争者生产该设计产品对消费者而言的意义重于对该设计的保护。而实用艺术作品中功能性特征的排除，不同国家采取不同的机制，或排除纯粹功能性的作品，或排除美学性与功能性结合的作品。然而，工业品设计著作权保护中不可避免的难题是基于著作权法基本原理设计出实用艺术作品中功能性特征排除机制，从而可以明确地区分可获得保护的设计与不可保护的设计。

　　正是这一难题成为工业品设计著作权保护的劣势。对于创作者/作者而言，需证明其作品被复制，并且不仅仅是作品中实用功能性的思想被复制方可认定侵权行为的成立。著作权登记机制的缺失意味着无需公开登记，无需查询是否存在在先作品或确定作品真正的所有人，作品便可获得著作权保护，从而给竞争者和后来者带来了不确定性。[1]除非著作权明确规定排除对纯粹功能性设计的保护，较低独创性的要求意味着纯粹功能性的设计依旧可能获得著作权法的保护。独创性较低的作品获得著作权的保护较弱，如果不是依样画葫芦的模仿，在认定侵权时，通常需要较高程度的相似性。[2]而作品独创性较高的作品，在认定侵权时，通常会认为之后的作品是对该作品模仿产生的相似性作品。因而，随后的创新者会受限于此种情况。著作权保护权限并不像外观设计权一样清晰，哪些特征是不受保护的功能性，哪些特征是对于抽象思想的表达，换言之，可以自由模仿的功能性特征与不能被模仿的表达之间没有明确的界限。因此，在著作权诉讼中，特别是改编作品案件[3]的可预测性受到影响，这种不确定性对于作品的再创新产生了负面作用，再创新者很难预知其创作的作品是否是可以获得著作权保护的非功能性的作品。

　　因此，实用艺术作品的著作权保护应该划清功能性设计与美学性设计之间的界限。依据著作权仅保护思想的表达，实用功能性的创新不能获得著作权法的保护，对于功能性与表达混合时，功能性只能由个别有限的表达完成，

---

　　〔1〕　See discussion in UNCTAD-ICTSD, *Resource Book on TRIPs and Development*, Cambridge University Press, 2005, pp. 346-347.

　　〔2〕　See Glogau v Land Transport Safety Authority of New Zealand〔1999〕1 N. Z. L. R. 257.

　　〔3〕　See discussion in Designer Guild Ltd v. Russell Williams (Textiles) Ltd〔2001〕F. S. R. 113.

此时的表达亦不能获得著作权法的保护。非功能性特征的区分正是著作权法所追求的目的和效果的体现，法律赋予作者著作权的目的不是奖励作者的创新，而是鼓励创作。而作品的创作无不是在前人作品的基础上受到启发或者感染而产生，不可能完全脱离已有成果，凭空想象。因此，"公共政策要求著作权法允许人们自由使用他人作品中所蕴含的思想，用以创作出在表达上具有原创性的作品"。[1]然而，属于思想范畴的富有创新性和实用性的技术方案，从著作权立法目的出发，技术方案本身不能获得著作权保护。

三、功能性与非功能性设计区分之理论基础

（一）发明和实用新型专利激励创新之要求

专利法赋予发明人以有限期限的专有权，任何人未经专利权人许可不得以任何方式实施该专利，以换来发明人专利技术的公开。在专利有效期限经过之后落入公有领域，公众可以任意自由使用该专利技术。专利制度的存在，不仅是为了促进发明人的创新，更是为了技术的发展，提高社会生产力水平而在发明人与公众之间利益平衡的结果。言外之意，可以授予专利权保护的技术应该是能够促进社会进步，解决技术难题，可以带来社会福利的发明。

正如 Peter Drahos 教授所指出，知识产权与针对有体物的利用所设定的所有权并不相同，其并没有物理性的限制等概念上的约束，对于权利的扩张，缺乏一种类似于刹车阀的机制。[2]因此，需设计明确的授权要件，划清权利边界。在专利法中，发明的可专利性，产业上的实用性价值（utility）、创新性（unobviousness）等专利授权要件，这些规则整体看待时，作为专利法的掌舵者，引导专利法不偏离航行主线误入基本原理思想的发现中，或发明、创造出与在先技术相比不具有创新性和新颖性的技术。专利授权要件本质上定义了专利法客体对象的范围，描述出专利激励机制的简单轮廓。

通常，国家或科研单位/个人付出大量的精力、财力、时间进行科学研究和探索，对于科研成果中解决的技术难题，有益于社会进步的新发明，专利法授予其专有权垄断，以作为奖励鼓励科研人员在发明、创新道路上的付出。

---

〔1〕 参见王迁：《知识产权法教程》，中国人民大学出版社 2011 年版，第 45 页。
〔2〕 参见 ［日］田村善之：《田村善之论知识产权》，李扬等译，中国人民大学出版社 2013 年版，第 93~94 页。

但是，为了确保科学技术的进一步发展，专利法只授予权利人有限期间内的垄断，有效期经过后，专利权便落入公有领域供社会公众自由使用。专利法鼓励专利申请文件的早期公开，以防止同一项技术的重复开发，浪费社会资源。而涉外专利的保护促进了专利技术的国际传播，新技术、新发明可以跨越国家间的界限传播到其他国家或地区，提高全人类的生活质量。

由此，现代专利法在促进科技发展及创新上扮演着极其重要的角色，专利制度的设计应以专利功能实现为基础。专利制度的立法目的就要求通过审查技术、发明的实用性确保获得专有权保护的新技术、新发明是对人类社会真正有益，能够促进社会发展，人类进步的发明。未得到专利授权的实用功能性特征应留在公有领域供社会公众自由使用，不可通过其他方式获得专有权法保护。

（二）自由模仿的公共利益维护之追求

未得到专利授权的实用功能性特征不能通过其他方式获得专有权保护，应留在公有领域供社会公众自由使用。换言之，除专利法外，其他类型的知识产权专有权不得为实用性特征提供保护，避免架空专利制度。但是，知识产权作为一项民事权利，不可避免的具有私权属性，受利益主体追求自身权益最大化心理的驱使，势必竭尽所能寻求权利保护。为了防止公共利益遭受来自权利滥用的侵害，阻遏权利滥用的倾向，应该在法律制度上进行遏制。

但是，公共利益是一个没有确定边界的法律概念，或者说无法准确描述其边界，其本身呈现一种开放性状态，但也需指出，这种开放性并非无限扩展，而是限于支撑公共利益的思想价值的作用范围之内。这里价值是对待事物的思想态度，价值选择是对思想态度的确定，公共利益既是价值选择的结果，又是价值选择的目标。[1] 公共利益定义的不确定性很难明确其具体含义，通过对公共利益中价值取向的讨论，可以认识到保护公共利益的本质。

从权利义务角度，公共利益可以被理解为，一个特定社会群体存在和发展所必需的、该社会群体中不确定的个人都可以享有的权利。公共利益面向的是社会上所有的人而不是个别和少数成员。因此，公共利益与个人利益不

---

〔1〕 参见胡鸿高："论公共利益的法律界定——从要素解释的路径"，载《中国法学》2008 年第 4 期。

同，它是不特定的个人都可以同时享有的一种权利。[1]因此，对于公共利益的保护是对不特定个人同时享有一种权利的保护，不受非权利人的侵害。当公共利益与个人利益发生冲突时，知识产权法还承载着维护权利人权利和社会公共利益均衡、防止权利滥用的职责，即不断地寻求权利人与社会公众之间的平衡点，确保各方利益得到充分维护。

在知识产权领域，尽管 TRIPs 协议非常重视知识产权的私权属性，该协议也同时规定了确保公共利益的重要性："承认保护各成员国中以保护公众利益为目的，包括发展的目的与技术目标"，"知识产权的保护与权利行使，目的在于促进技术的创新、转让和传播，以有利于社会经济发展的方式促进技术知识的生产者与使用者的互惠互利，并维护权利与义务的平衡"。[2]

知识产权法需要保证公共利益的实现，这在长期的知识产权司法和立法实践中已经不断地得到肯定。知识产权的未来模式必然是以权利范围的扩张为表征，其私权属性得到进一步延伸；同时，面对公共产品供应不足的客观现实，基于不断高涨的公共利益需求，对于权利的限制与制约也会逐步完善，使得知识产权在以私权性为主体的同时，伴随着公共利益的不断增长，呈现出权利构成复杂化的态势。[3]对于落入公共利益范围的知识产品，不得通过任何方式剥夺社会公共对于该知识产品的权利。

商人贪婪的本性就注定了其势必通过知识产权圈地运动不断扩大专有权范围，对于专利权不授权保护的实用性特征，不管商人试图通过专利权以外的任何权利获得保护，均应予否定。此时，该实用功能性特征只能供社会公众自由使用而不得授予专有权保护。保持社会个人的私人利益与社会公共利益的平衡与协调，既是整个社会公共利益目标实现的必需之意，也是社会成员的个人利益最终实现的必然之势。这种协调要求对个体利益的追求应有所限制和约束，不能以损害社会公共利益的方式实现。

（三）创新者、竞争者与公众利益平衡之必然

知识产权法从创始之初，即是统治阶级在公权和私权之间寻求平衡的产物，它既关乎权利人自身的权益，同时也关乎整个社会的进步和普罗大众的

---

〔1〕　参见冯晓青："知识产权法与公共利益探微"，载《行政法学研究》2005 年第 1 期。

〔2〕　分别参见 TRIPs 协议第 7 条。

〔3〕　参见肖志远：《知识产权权利属性研究——一个政策维度的分析》，北京大学出版社 2009 年版，第 194 页。

福祉——在保障知识产权创设者私权权益的同时，还要考虑知识的广泛传播以及推动社会文明持续发展进步。正因为如此，各知识产权专门法竭力通过对保护客体的定义、保护期限的限制来尽可能地界定清楚各类知识产权的保护客体，维护各知识产权法体系间的平衡。[1]

利益平衡也称为利益均衡，是在一定的利益格局和体系下出现的利益体系相对和平共处、不分伯仲的状态。利益平衡既是一项立法原则，也是一项司法原则。法律、规则和制度都建立在利益平衡的基础上。在法律层面上，利益平衡尤指"通过法律的权威来协调各方面冲突因素，使相关各方的利益在共存和相容的基础上达到合理的优化状态"。[2]就利益而言，在国家、社会和个人的层面上是一个有机的整体。其中，各部分并不是孤立存在的，而是有机联系、相互影响。而且，在一定的时间和条件下，以国家利益、社会利益和个人利益组成的有机整体的利益总量是特定的，不同利益间存在此消彼长的关系。同时，这些利益之间也存在着各种各样的冲突，通常利益冲突被视为社会矛盾和冲突的根源。利益冲突的解决需要通过利益协调和均衡的途径实现，即通过利益的协调寻求国家、社会和个人利益间的平衡，实现法律的秩序、自由和公平的价值。这也是利益平衡在法律适用上的应有之意。

就知识产权法而言，利益冲突既可以表现为不同的知识产权人之间的利益冲突，也可以表现为知识产权人与知识产权的使用者、传播者之间的利益冲突。知识产权法基于平衡理论得出最基本的结论：知识产权法的立法目的、功能以及整个制度设计应着眼于平衡知识产权人的专有权利和社会公众公有权利、相关个人利益与社会公共利益等社会多元利益之间的关系。以知识产权私权保护为基础，利益平衡作为私权保护的制约机制，在立法上进行权利义务的合理配置，并且利益平衡原则贯穿整个知识产权法的解释和适用过程。[3]

知识产权保护应以充分、有效为基础保持适度与合理，这就要求知识产权权利的授予不仅应该充分、有效，而且应适度、合理。知识产权作为一种规范知识产品归属、市场流转、利用以及保护知识产品的法律制度，其直接

---

[1] 参见白志昀等："失效的外观设计是否可自由使用——当外观设计遇到实用艺术品"，载《专利代理》2015年第1期。

[2] 陶鑫良、袁真富：《知识产权法总论》，知识产权出版社2005年版，第17~18页。

[3] 参见任寰："论知识产权法的利益平衡原则"，载《知识产权》2005年第3期。

目的是充分保护知识产权人的合法权益。适时扩大知识产权保护范围，严厉制裁知识产权侵权者，从而使知识产品可以有效产生，促进社会的进步与发展。然而，知识产权保护也应适度和合理。依据法理学的基本原理，权利是法律设定一定范围内的自由，任何权利都是有边界的。对知识产权的保护既不能过度，也不能严重不足，而是应当维持一种适当的水准。[1]知识产权的授权与保护不能超越知识产权法需要保护的利益目标。

权利的授予意味着社会财富知识的权利义务在知识产权体系下的重新分配，知识产权法通过平衡知识产权人与其他相关利益主体的权利义务关系以达到分配正义。著作权法中的思想与表达的"二分法"，使包含在作品中的思想与创意，可以被社会公众自由使用，而作者可以阻止的是他人对这些思想的表达形式的占有。这一原则旨在于作者的利益和促进教育、研究和文化发展中蕴含的更广泛的公众利益之间实现平衡。

发明、实用新型专利授予延及思想，需是具有创造性、新颖性和实用性的思想，从而保障从事发明创造的竞争性利益平衡的实现。然而，外观设计专利作为促进装饰性设计发展的专利权，不同于发明、实用新型专利。外观设计专利为避免与发明、实用新型专利的冲突，避免实用性技术未经发明、实用新型专利审查而获得专有权保护，外观设计专利排除对完全由产品技术决定之设计的保护。这使未得到专利授权的实用性技术最终进入公有领域，成为公共财富。

商标法，在调整权利与义务关系上，需处理好商标权人、消费者和竞争者之间的利益关系。商标法以维护商标信誉与质量稳定为立法目的，保障商标权人利益的同时，需分辨出不能授予商标权保护的情形，对于产品实用性特征应排除保护，使其落入公有领域，供竞争者与消费者自由使用。以此维护产业秩序，保障消费者的利益。

---

〔1〕 参见冯晓青：《知识产权法利益平衡理论》，中国政法大学出版社 2006 年版，第 63～64 页。

工业品设计实用功能性排除要件的发展沿革

一、工业品设计实用功能性排除要件之形成

（一）"功能决定形式"的设计理念

设计作为包含人类生物性与社会性的生存方式，源自"制造工具的人"的出现。设计的开端，便是人类造物之开始。然而设计在产生之初期与美术、建筑学、科技史和发明史不可分离，直到 20 世纪初期，随着"工业品设计"逐渐被使用并获得自身独特的意义，设计学才独立成为一门学科。德国建筑师 Peter Behren 被誉为第一工业品设计师时，工业品设计作为专业术语出现。

毋庸置疑，工业品设计是工业革命的产物。当"工匠停止对制造工艺从构思到销售每一阶段负责"，工业化在各个领域生产工艺中广泛传播，"设计开始成为生产活动中独立的一环"。[1]20 世纪兴起的包豪斯设计理念最早肯定了机械作用，并倡导实现艺术和技术在设计中的真正统一，从此工业品设计如雨后春笋般蓬勃发展。

爱迪生发明唱机、贝尔发明电话机、克里斯托弗发明第一台打字机，美国在工业品设计上取得了一系列重大的突破。同时，借鉴建筑设计芝加哥学派的信条——"形式决定功能"，美国工业品设计在 20 世纪初期完成了迅速的飞跃，秉承功能第一，形式第二的设计原则，使美国成为同时期的工业品设计强国。这一设计理念将技术的目的性形式作为基础，虽然其强调的"功能形式优先"具有其合理性，但是对功能的概念不能作单一（实用）的理

---

〔1〕 See Adrian Forty, *Objects of Desire: Design and Society Since 1750*, Thames & Hudson, 1992, p. 6.

解，另外材料的工艺性也会影响形式的选择，所以这一口号具有简单化和片面性之虞。[1]人类的需求是多层次的，用以满足人类需求和使用意向的产品功能亦应是多层次的，产品功能、结构与形式之间存在多对一的对应关系。

传统上，知识产权保护体系基于不同类型创造、创新结果提供不同的保护。简而言之，在专利保护创新时著作权保护创造性的表达。但是，这种区分在设计的保护方式的适用时受到了挑战。2005年英国政府创新性报告中将工业品设计描述为"连接创造性和发明"的方法。这一定义充分地说明工业品设计保护方式之复杂。[2]

因为工业品设计往往关系到创造性和非功能性产品的美学性，很难被归类于专利或著作权的保护机制。设计首要目的是美学性还是机械功能性，或者两者均有，工业品设计师都很难分清。当产品设计被设计师用来指示来源时，落入知识产权另一保护范围——商标法或反不正当竞争法的保护。对于工业品设计的保护方式，国际上未形成统一的标准。美国将设计作为专利权的一种授予专利法保护，其他国家适用著作权法提供有限的类著作权的保护，或者适用设计专门立法保护。

（二）避免与发明和实用新型专利产生冲突

产品或装置的功能性由发明、实用新型专利法提供保护，为了平衡公共利益与激励创新以促进技术的发展，发明、实用新型专利实行严格的授权要件和审查机制。然而，外观设计法的立法目的不是鼓励新技术的发展，而是鼓励外观设计的发展。因此，工业品设计的保护若不考虑设计的非功能性将会破坏发明、实用新型专利法所建立的平衡机制。言外之意，未得到专利法保护的技术性特征，可以被自由地模仿、使用，有利于维护公共利益。

专利法传统意义上保护新颖性、创造性和鼓励新工业方法的创造。工业产权赋予符合授权要件的发明一定期限的垄断权以鼓励在保护期限经过之后，可以使公众自由使用此发明。但是，工业品设计保护的是产品美学性设计而不是整个产品的创造性。设计师不同于发明人，他们的工作是创造出具有美学吸引力的产品外观而不是发明一项新产品或实现产品的某种功能。发明和

---

[1]　参见徐恒醇：《设计美学》，清华大学出版社2006年版，第56页。

[2]　See George Cox, "Cox Review of Creativity in Business: Building on the UK's Strengths", London: Hm Treasury 2005, 载 http://www.hm-treasury.gov.uk/coxreview-index.htm, 最后访问时间：2015年11月2日。

实用新型专利保护发明的功能性，授予发明人控制他人对其发明的使用。而工业品设计保护美学性改进的设计，若保护功能性特征则会限制竞争。

设计的专利法保护，是通过"量身定制"的"外观设计专利权"。[1]外观设计专利立法目的是促进装饰艺术的发展，为达这一目的，装饰性设计除了需符合专利法的授权要件——新颖性和创造性外，还需证明"装饰性"并不是出于非功能性的考量。与此同时，弃用专利法强制性要件——实用性。[2]因此，不同于"通常"的发明，专利法所保护的设计是由美学性特征组成，如"装饰性外表面"[3]，其他的授权要件仍旧适用。由此，外观设计专利仅保护装饰性特征而不保护设计的非功能性特征。同时，商标法或反不竞争法以保护标识的"指示来源"作用为立法目的，亦排除对功能性设计的保护。著作权的授予是为了促进文学、艺术的发展，技术、实用功能性作为一种思想不能获得著作权法的保护。

未经发明、实用新型专利授权的实用性特征不可获得任何专有权保护，一方面为了保证受到专有权保护之技术是对真正有益于社会公众之技术，可促进科学技术发展，社会进步之发明。另一方面保证公众自由模仿之权利，不符合发明、实用新型授权的实用性技术应留在公有领域供社会公众自由模仿。因此，工业品设计的实用功能性的排除保护是为了避免与发明、实用新型专利冲突，致使发明、实用新型专利制度形如虚设。

二、工业品商业外观中实用功能性的排除

(一) 非功能性条款之目的

非功能性条款为了防止以保护商人商誉促进竞争为职能的商标法，若允许生产商控制产品的实用性特征，相反地将抑制合法竞争。通过赋予发明人对新的产品设计或功能以有限时间的垄断来激励发明创造，属于专利法的职能。但是，有效期间经过后竞争者便可自由使用该项发明。如果产品的功能性特征可以作为商标使用，对该项特征垄断权的获得便不需要考虑是否符合专利

---

〔1〕 See 35 U. S. C. Article 171.

〔2〕 See Donald S. Chisum, *Chisum on Patents*, Matthew Bender Elite Products, 2015.

〔3〕 See Peter S. Menell, Mark A. Lemley, Robert P. Merges, *Intellectual Property in the New Technological Age*, Aspen Publishers, 2009, p 357.

法的授权要件并且可以无限期延续（因为商标法可以无休止地延续）。[1]

美国早期的《兰哈姆法》中商标权的争议通常是围绕生产者享有的具有显著性可指示来源的字词商标或者二维徽标，随着商标保护范围的扩大，逐渐延伸至产品的包装和容器等类型商业外观的保护。美国最高法院在 Qualitex 和 Wal-Mart 案，更加说明了这一趋势，正是这种扩张加剧了处于知识产权交叉边缘的联邦商标法与专利法关于非功能性判定的紧张关系。一方面是为了防止公众对来源于不同生产者却拥有相似外观的产品，或者服务由不相关的商业实体提供却有着相似的环境而产生的混淆可能性。另一方面是早在 1623 年写入宪法，禁止对实用性产品的垄断除非是赋予发明于有限时间垄断的竞争政策。[2]

"非功能性"一词来源于普通法，其正当性的基础源于法院为了保证自由且充满活力的市场竞争秩序，确保竞争者可以自由模仿竞争必要性的特征。[3]商标法排除对非功能性设计的保护目的是识别这些赋予排他性权利造成的反不正当竞争结果的实例，对其排除保护重于保护具有显著性的工业品设计中的公众或私人利益。[4]

1968 年在 In re Honeywell[5]案中，Honeywell 为其生产的圆形自动恒温器外表面申请联邦商标注册。Honeywell 拥有 2 项发明专利和 1 项将在 1970 年过期的外观设计专利。海关和专利上诉法院在第二次上诉中引用商标审判和上诉委员会关于拒绝注册的理由：自动恒温器的形状可能有很多，它的外表面可以是正方形的，三角形的，矩形的，或者圆形的。但是，圆形可能是所有形状中最实用的一种形状。多年来广泛使用的家用器械或相似设备的圆形控制装置，正好反映了这一事实。事实上，自动恒温器可以制作成其他形状并不能减损圆形构造的非功能性特征。总而言之，申请人申请注册的自动恒温器的构造是非功能性的，不符合商标注册的基本要件。

1986 年，Honeywell 轻微改动了自动恒温器的圆形构造，再次提出注册申请。审查员以申请注册的设计是功能性首要决定的设计，并且该案已是已决

---

[1]　See Qualitex Co. v. Jacobson Products. Co., 514 U. S. 159（1995）.

[2]　See Robert C. Dorr, Christopher H. Munch, *Trade Dress Law*, Aspen Law & business, 2001.

[3]　See Two Pesos, Inc. v. Taco Cabana, Inc., 505 U. S. 763, 120L. Ed. 2d 615（1992）.

[4]　American Law Institute, *Restatement of the Law（3d）of Unfair Competition*, 1995.

[5]　See 532 F. 2d 180, 181, 189 U. S. P. Q（BNA）343, 343（C. C. P. A. 1976）.

案件为由拒绝注册。上诉中，商标审判和上诉委员会认为申请人在前述案件中没有机会提出的额外证据已在最初的申请审结之后的 17 年中在市场上得到了体现。因为，申请人放弃了对自动恒温器透明窗口的权利，此次是不同于前述申请的新的申请，新的申请缺少了温度控制和显示机制的可视性问题。因此，商标审判和上诉委员会认为新申请并不是已决案件。虽然海关和专利上诉法院在 1968 年的案件中已经说明圆形构造是最实用的一种，但是审查员并没有在本案中采用这一理由，一方面是因为本案的申请不同于前述案件，申请已经放弃整个设计最能体现实用性部分的权利，另一方面因为审查员在案件中需要审查申请的设计是否具有非功能性，而不是由申请人承担严格的"非功能性"的举证责任。因此，拒绝注册被撤销。

1993 年 Kohler Co. v. Moen Inc.[1]案中，第七巡回法院认为 Moen 生产的水龙头及水龙头手柄的设计可以获得《兰哈姆法》的保护。Moen 向专利商标局申请将其水龙头及水龙头手柄的设计注册为商标，Kohler 提出异议认为 Moen 的产品设计不能获得商标法保护。商标审判和上诉委员会（Trademark Trial and Appeal Board）驳回 Kohler 的异议，Kohler 向区法院提起诉讼，区法院作出了不利于 Kohler 的简易判决。区法院认为，依据 1988 年参议院关于修订商标含义原因的报告，该报告指出，商标的含义应该包括颜色、形状、声音和产品构造。而商标审判和上诉委员会依据立法历史驳回 Kohler 的诉讼，认为将产品构造纳入商标法保护的做法是适当的。区法院更进一步陈述了产品构造的商业外观保护是否与专利条款相冲突的问题，商标权和专利权是两项不相同的基本权利，第一，专利权的保护期限是有限的，然而只要商标处于使用期间便可无限期延续；第二，专利权提供绝对的专有权时，商标权仅是防止他人对商标的使用产生消费者混淆的可能性。因为，商标法和专利法本质上的不同，一项产品构造可同时获得商标法和专利法的保护。

法院同时反驳了对产品构造的保护不利于正当竞争，出于竞争政策的考量，不应该对产品构造提供商业外观保护的论断。区法院认为，只要市场上存在可替代的设计，且此替代设计的使用不会引起消费者混淆，就可以对产品构造提供商业外观的保护。专利法赋予发明以有限时间的垄断权，而商标法仅仅是防止消费者混淆。区法院的观点在 Two Pesos 案中得到了支持，最高

---

〔1〕 See Kohler Co. v. Moen Inc. , 12 F. 3d 632 (7th Cir. 1993).

法院拒绝接受产品构造的商业外观保护本身即是不正当竞争的观点，最高法院认为，商业外观仅在对竞争者来说是唯一的设计，具有功能性时才不可受到商业外观的保护。同样的，Kohler 一案的法院用非功能性条款解决了商标法和专利法明显的冲突。

法院经过很长时间才接受产品特征的实用性本质和包装不能阻止其作为来源标识符，指示来源与提供实用或装饰作用并不矛盾。然而，正是因为产品特征具有实用功能使其不容易成为来源标识符。[1]作为限制商业外观授权的要件，非功能性条款承担着与其他类型的知识产权划清界限的任务。[2]商业外观为实用性设计提供保护引起两大疑虑：特定类型产品对市场竞争的影响没有解决商标法对专利法完整性的干预。正是这些疑虑需要商标法来解决非功能性的问题。工业品设计实用性本质意味着需要非功能性条款抵消对"实用功能垄断"的担忧，从而可以与知识产权保护的正当性保持平衡。[3]

1998 年，美国国会将非功能性规则法典化并修改《兰哈姆法》，明确表明非功能性：（1）单方驳回的理由；（2）注册商标异议和撤销的诉由；（3）不可争议的注册商标的法定抗辩。[4]2010 年，最高法院评述道，商业外观的保护不延伸至非功能性的产品特征是一条已经确定下来的规则。[5]

（二）传统或实用功能性的排除

1. 传统或实用功能性概述

美国上诉法院，特别是联邦巡回上诉法院将非功能性分为事实非功能性（de facto functionality）和法律非功能性（de jure functionality）。这种分类起源于海关和专利上诉法院在 In re Morton-Norwich Prods., Inc. 案中对功能性的解释，为了说明"功能性"这一名称被用来指示的法律后果，将功能性分为事实功能性和法律功能性。前者表明尽管产品的设计，容器或者一个直接发挥

---

[1]　See GraemeB. Dinwoodie, *Trade Dress Protection and the Functionality Doctrine*, 5 Int'l Intell. Prop. L. & Pol'y 16-1 2003.

[2]　See American Dental Ass'n v. Delta Dental Plans Ass'n, 126 F. 3d 977, 980 (7th Cir. 1997).

[3]　See Masquerade Novelty, Inc. v. Unique Industries, Inc., 912 F. 2d 663, 669 (3d Cir. 1990).

[4]　See J. Thomas McCanthy, *McCarthy on Trademarks and Unfair Competition*, Clark Boardman Callaghan.

[5]　See Traffix Devices, Inc. v. Marketing Displays, Inc., 532 U. S. 23, 121 S. Ct. 1255, 149 L. Ed. 2d 164, 2001.

功能的特征，从这一层面讲具有功能性，但也可以指示来源。[1]而法律功能性是指某项特征在法律的视角下具有的功能性，对其垄断将不可避免地影响竞争，这样的设计不能授予商标法保护。最经典的例子，如可口可乐瓶子提供盛装饮料的功能（事实功能性），但是瓶子的形状可以指示来源作为商业外观受到保护。正如大多数的具有实际用途和功能的产品设计和包装，虽然具有事实功能性，但这不同于法律功能性，因而并不受到功能性条款的限制。

然而，在最高法院解决非功能性问题的三个著名案例中[2]，均未提到"de facto/de jure"这一分类。商标法修改时，也未使用这一术语作为商标具有"功能性"拒绝注册的事由。[3]商标专利局的审查员在进行商标审查时，不再使用这一分类作为商标具有功能性而拒绝注册。这一分类，在联邦巡回法院的判例中继续出现。如专为自行车骑行者设计的水瓶案[4]中，第九联邦巡回法院认为水瓶不仅仅具有事实功能性，它的作用不只是盛装水，它的形状增加瓶壁的摩擦力和容易手握，可以很好地适应自行车水瓶的持有人，因此不能授予商业外观保护。

2. 传统功能性的起源与发展

虽然法院经过很长时间的挣扎，依旧将产品设计纳入了商标法及反不正当竞争法的保护。从产品包装到产品自身的形状或构造的扩张保护，法院意识到过于扩张保护产品设计一方面可能会不利于市场竞争，因为即使是具有显著性的产品设计，可能也是竞争者竞争必需的设计；另一方面是对实用性产品特征的保护，将会与专利法产生冲突，法院拒绝授予实用性产品特征于商标法或反不正当竞争法永久性的权利保护。而法院早期仅关注于与专利法的冲突，也即当具有实用性的产品特征对自由竞争同样重要时，冲突如何解决的问题。

早期的关于非功能性的判例多是关于产品设计中含有处于有效期或者过

〔1〕 See In re Morton-Norwich Products, Inc., 671 F. 2d 1332 (1982).

〔2〕 See TrafFix Devices, Inc. v. Marketing. Displays, Inc., 532 U. S. 23, 58 USPQ2d 1001 (2001). Wal-Mart Stores, Inc. v. Samara Brothers, Inc., 529 U. S. 205, 54USPQ2d 1065 (2000). Qualitex Co. v. Jacobson Products. Co., 514 U. S. 159 (1995).

〔3〕 See Technical Corrections to Trademark Act of 1946, Pub. L. No. 105-330, § 201, 112 Stat. 3064, 3069 (1998).

〔4〕 See Talking Rain Beverage Co. v. South Beach Beverage Co., 349 F. 3d 601. 605 n. 2. 68 U. S. P. Q. 2d 1764 (9th Cir. 2003).

期的专利。在《兰哈姆法》颁布之前，商标法对产品构造不能提供保护。对于未获得专利法保护的产品构造，模仿者只要不把其产品仿冒成由原告所生产时，可以自由模仿。1904 年，美国第二巡回法院在 Marvel Co. V. Pearl 一案中提出，产品实际使用所必需的一些特征或者用于实现产品效能的特征不能授予商标法保护。[1]这是对商业外观传统功能性最早的概括：在未有专利权保护的情况下，任何人不能垄断或专有使用可以成功实现产品实用性或者主要提高产品专用目的效能的元素。不能通过证明形状，尺寸或者外观的相似建立反不正当竞争的诉求。当这些相似是因为实现产品经济利益必不可少的物理性要件时，以及不是设计用来虚假陈述产品来源时，反不正当竞争法不能被运用来阻止自由竞争。在处理与专利权的关系时，法院使用了"未有专利权保护时不能存在垄断"。在不产生虚假陈述来源于原告所生产的产品时，拒绝提供保护。

同样地，早期法院开始衡量适用反不正当竞争法来解决非功能性问题的利与弊。Pope Automatic Merchandising Co. V McCrum-Howell Co.[2]中，第七巡回法院撤销了阻止被告使用与原告吸尘器外观相似的产品外观的禁令。法院认为：原告所使用的机械组合是最有效和最经济的制作方法，两个吸尘器金属外壳均是未上漆的，如果被告被迫将其吸尘器涂上显著的颜色，不仅影响被告的制作成本而且失去了这一金属同样对于原告的优势。如果拒绝被告模仿最有效设计的权利等于给予原告垄断权，由此不正当地加剧了其他人与原告竞争的困难。法院发现被告在其生产的产品上附着有名字明显可以和原告的产品区别开来，因此，法院认为被告不构成不正当竞争，被告仅是模仿了不受保护的对象。法院考虑到原告所使用的制作方法是最有效且最经济的方法，虽然未正面回答"非功能性"问题，但是"功能性"特征的垄断影响竞争的观点正是"功能性"条款的最初含义。

1938 年，美国法学会颁布了侵权法重述的反不正当竞争法法规。重述中包括在"无特权的模仿"条款下仿冒的普通法诉求。为证明被告的模仿构成这一条款所规制的行为，原告需证明，被复制或模仿的特征是非功能性的，或者，如果是功能性的，原告需证明被告未采取有效措施提醒未来的消费者

---

〔1〕　See Marvel Co. v. Pearl, 133 F. 160, 161-62（2d Cir. 1904）.

〔2〕　See Pope Automatic Merchandising Co. v. McCrum-Howell Co., 191 F. 979, 982（7th. 1911）.

市场中的产品不是原告生产的。[1]功能性特征是指，如果它影响产品的目的，使用或者功效，或者是优化或者节约操作或使用它们的过程；如果未产生这些影响，则是功能性的。

In re Deister Concentrator Co. [2]和 In re Shakespeare Co. [3]两个案例均是拒绝依据 1946 年《商标法》（《兰哈姆法》）注册产品构造为商标的上诉案，海关和专利上诉法院发现两个案子的设计均是功能性的，确认了拒绝注册的审查结果。在 Deister 案中，同其他影响案例一样，如何定义非功能性是一个难题。实践中，法院常从非功能性的反面，认定某设计具有功能性而排除保护。许多法院依据侵权法重述：产品的特征是功能性的，当它影响产品的目的，使用和功效或者优化或者节约操作或使用它们的过程。并且法院发现除接受重述外，还接受了功能性另一定义：产品特征是功能性的，如果它有助于产品的实用性，耐久性或者效能或者更容易能实现产品的功能。这些均是对功能性广义的定义，意味着以任何方式与产品实用性相关的任何特征均是功能性的，因此不能获得商标法的保护。原告长菱形的摇动工作台的形状通过增加"槽沟"的面积来提供更多有效的表面以帮助更加有效地将固体分类，很明显地落入了功能性的广义定义中。法院认为，并不是要求摇动工作台的外形没有任何的实用性才能获得注册，一个完全由"功能性"决定的特征（dictated solely by）不能作为商标受到保护，但是仅仅拥有某种功能并不足以否定对其的保护。摇动工作台的轮廓是功能性的，因为它的实用性决定了它的形状。原告长菱形摇动工作台的形状具有功能性，因为它是由功能或实用性首要或主要决定的。法院将功能性宽泛的定义限缩为只适用于特征是出于实用性目的设计或形成的。如果某特征是与实用性无关的任意性的选择，这样的特征可能受到商标法保护。

在 Deister 案审结的同一天，海关和专利上诉法院判决了 Shakespeare 案。申请人试图将钓杆的旋转末梢的螺纹申请为商标，而旋转末梢的螺纹是使用原告享有的专利方法的制作结果。Gile Rich 法官[4]认为，原告的专利方法和使用专利方法的产物，终究有一天会落入公有领域。螺纹作为商标受保护是

---

〔1〕 See Restatement of Tort § 741 (1938), Elements of Unprivileged Imitation.

〔2〕 See In re Deister Concentrator Co., 289 F. 2d 496 (C. C. P. A 1961).

〔3〕 See In re Shakespeare Co., 289 F. 2d 506 (C. C. P. A 1961).

〔4〕 Gile Rich 法官是美国最具影响力的专利法官。

否对于商标所有权人产生永久垄断的权利将限制他人使用商标中所含的制作方法。这一判决结果与 Deister 案相比适用了更加宽泛的功能性的定义，螺纹本身并不是 Deister 案要求是出于实用性的，仅仅是实用性过程的后果。但是，同时分析这两个案例时发现，海关和专利上诉法院的判决是产品的特征是任意选择的结果，则可以获得注册。但功能性的特征是实用性制造工艺的结果则不能注册，即使不使用这一特征，存在其他方式制作这一产品也不能获得注册。

在随后案例中，海关和上诉法院与 Rich 法官详细地论述了功能性的定义。如在 Best lock Corp. V. Schlage Lock Co.[1] 中，法院支持了拒绝注册申请人基于功能性的八字形锁的设计。该构造正在申请专利的文件中公开了八字形的形状可以使锁的外壳使用最少数量的金属，正是专利文件中的信息已构成此设计具有功能性的充分证据，因此不能获得注册。法院引用 Deister 案中关于功能性的定义[2]，并对其作出了解释：作为 Deister 中的例外，如果一些产品仅仅是完全出于任意性选择的构造，但是可能具有非功能性，如果该功能可以使用其他的形状起到同等的作用，则该附带非功能性的形状可以获得注册。海关和专利上诉法院并根据这一定义建立可注册性的测试。如果产品特征是由实用性目的决定的或出于实用性目的的意图，并不是与实用性目的无关的任意选择的结果则不能获得商标注册。而专利权的存在可以作为证明申请注册的形状具有功能性的有力证据。

1982 年，海关和专利上诉法院在 In re Morton-Norwich Product[3] 中关于功能性问题的观点，对商标审判与上诉委员会和联邦法院处理认定商业外观具有非功能性可以获得商标注册，极具影响力。本案中，法院认为用于房间清洁的喷壶的外形不具有功能性可以获得注册。在 Rich 法官撰写的意见书中，详细地分析了认定非功能性的必需步骤。

其一，法院重新回顾了功能性排除条款和它的正当性，在处理公众模仿的权利与防止消费者混淆时，法院做出了有趣且微妙的转变。虽然对于实用性产品公众享有自由模仿的权利，但是法院开始越来越关注仿冒的问题。法

---

〔1〕　See Best Lock Corp. v. Schlage Lock Co. , 413 F. 2d 1195（C. C. P. A 1969）.

〔2〕　一个完全由"非功能性"决定的特征（dictated solely by）不能作为商标受到保护，但是仅仅拥有某种功能并不足以否定对其的保护。

〔3〕　See In re Morton-Norwich Products, Lnc. , 671 F. 2d 1332（1982）.

院认为，如果设计是功能性的，在平衡标识发起人阻止他人侵犯其已建立的指示商业来源标记的权利与自由模仿的权利时，自由模仿的权利需要让步。但依据 Rich 法官在 Deister 案中的判决，公众模仿的权利胜于防止消费者混淆。并不是这种趋势与 Deister 案不符，而是比起 Deister 案，从法院的判决书中发现法院开始渐渐地尊重对标记所有人防止他人模仿其设计权利的维护。

其二，法院发现并不是每一个实用性产品的每一个设计都不能获得注册，也不是每一个实用性的设计都不能注册。法院认为将对实用性产品的设计定义为功能性是不正确的，鉴于这样的设计可能是事实上功能性，并不一定是不能获得注册的法律上功能性的设计。证明具有法律上功能性不能获得注册的设计必须是优化于其他的设计，其他竞争者需要模仿这种设计才能有效的竞争。Rich 法官开始不依据公众自由模仿的权利作为非功能性条款的基础，而是限于对充分竞争有实际影响的情况。对"优化"和"充分竞争所必需"因素的考量说明法院在限缩功能性的定义，法院认定 4 种证据可以证明功能性：（1）过期专利的存在说明设计的实用性；（2）广告宣传以设计的实用性优势为卖点；（3）对于潜在的竞争者不存在可适用的替代性设计；（4）与其他可行的替代设计相比，原告的设计是比较低成本的制作方法。原告的塑料喷壶形状可以有多种设计，在不损害实用性的基础上由其他设计来实现，原告的设计不具有功能性。

在 Morton-Norwich 案过后，最高法院在 Inwood 中论述，如果一项产品的特征（1）对于产品的使用或目的必不可少，（2）或者对产品的成本或质量有影响，则该项产品特征具有功能性。[1]一项特征是必不可少的，如果它是由产品实现的功能所决定；对产品的成本或质量有影响是指该项设计是"节约成本的制造工艺"或者"产品功能的改进"。[2]Inwood 案中比 Morton-Norwich 案中关于功能性的定义更为严格，证明是优化的设计时可以不仅出于产品的目的或使用的考量。而对以后的法院来说，在适用 Inwood 的功能性定义时通常会面对 Morton-Norwich 中的定义与其是否一致，适用哪一个的问题。20 世纪 80 年代，许多巡回法院在处理这些问题时经常会出现不一致。如第七巡回法院在处理功能性问题时，从未依据或解释 Inwood 的定义分析案中所争

---

〔1〕 See Inwood Labs. v. Ives Labs. , 456 U. S. 844（1982）.

〔2〕 See Warner Bros. , Inc. v. Gay Toys, Inc. , 724 F. 2d at 331.

议的设计。而是适用了比 Inwood 更为宽泛的功能性的定义：使用某项特征价格昂贵，还是不使用更昂贵，由此可以使更多的潜在竞争者模仿原告的设计。[1]

其他巡回法院如第五巡回法院虽然没有引用 Inwood 的定义，但是依据 Morton-Norwich 认定原告的果汁瓶因为存在替代的设计和果汁瓶并不是优化的设计，因此不具有功能性。第十巡回法院几乎否定了 Inwood 的定义，考量对竞争的影响而判断功能性，并认为其同样可以适用于对产品使用必不可少的特征。[2]第二巡回法院却关注于 Inwood 定义，在引用并解释了 Inwood 定义后，依据可行的替代性设计来判定某项特征是不是手提包必不可少的或者影响产品的成本和质量[3]，第二巡回法院将 Inwood 定义与 Morton-Norwich 中替代性设计因素协同考虑。

在 Stormy Clime，Ltd. V. ProGroup，Inc 案中，第二巡回法院重新审视了功能性问题，法院同时引用了 Inwood 和 Morton-Norwich，对功能性做出了更为详细的定义：一方面，纯粹功能性特征的独特排列组成的具有功能性的设计。另一方面，产品由装饰性为主导的特征任意和有特色排列组成，在不影响潜在竞争者的不同外观的产品进入同一市场时，具有非功能性可以受到商业外观的保护。而在两者之间，对于显著性的特征服务于产品目的（包括保持低廉成本），特别是竞争者模仿这样的特征需要重要的步骤来区分其产品时，对其的保护更弱一些。法院解释了不能将功能性定义的过窄而由此扩大商业外观保护范围的重要性，回顾前述的 Sears 和 Deister，法院唤起了限制对产品设计的商业外观保护来维持未得到专利法授权的设计可以被自由模仿的权利的需求。第二巡回法院提醒法院在衡量模仿产品而自由竞争与防止来源混淆之间的关系时，应该非常谨慎。[4]

而在 Inwood 与 Morton-Norwich 之后，对于功能性的确切含义依旧会产生困惑。尽管对设计提供商业外观的保护对竞争影响的考虑始终存在，法院通常依据可行性替代设计的存在作为对竞争影响的证据，不同的法院对于非功

---

〔1〕　如在 W. T Rogers Co. v. Keene Manufacturing 案中，第七巡回法院虽然引用了 Inwood 的定义，但未根据该定义分析案中原告的设计。

〔2〕　See Brunswick Corp. v. Spinit Reel Co.，832 F. 2d 513，519（10th Cir. 1987）.

〔3〕　See LeSportsac v. K Mart Corp.，754 F. 2d 71（2d Cir，1985）.

〔4〕　See Stormy Clime，Ltd. v. ProGroup，Inc. 809 F. 2d 971，978（2d Cir. 1987）.

能性测试依旧适用不同的标准。其至同一巡回法院在衡量自由模仿的权利与保护公众不被混淆的需求时，会有不同的偏重。[1]一些法院侧重于根据实用性定义功能性，另一些法院侧重于依据可行性替代设计认定对竞争的影响。

1995 年法院在 Qualitex Co. V. Jacobson Products Co. [2]案中，更加直接地回应了如何定义"功能性"。虽然在 20 世纪 80 年代巡回法院可能很少重视 Inwood 案中对功能性的定义，但是在 Qualitex 之后，法院很难再忽视 Inwood 的影响。虽然 Qualitex 中的核心问题是颜色是否能被注册为商标，而非产品本身是否具有功能性的问题，但是因为最高法院在本案中不仅引用了 Inwood 的定义，而且适用这一定义对产品颜色的功能性进行了分析，使得本案尤为重要。在讨论为什么功能性排除条款不能阻止颜色注册为商标时，法院审视了功能性排除条款的正当性。也就是保护自由竞争和防止对未授予专利权保护的特征通过商标法予以垄断。因为颜色在不是对于产品的使用和目的至关重要或者不影响成本和质量时，法院认为功能性排除条款不能阻止颜色注册为商标。[3]因此，法院在 Qualitex 案中对 Inwood 定义的引证，说明该定义正是非功能性应有之意。[4]

3. 传统或实用功能性的证明因素

非功能性问题是事实判断，每一个不同的案件都会呈现出一系列不同的证据，并不能很容易地适用概括或者精确的法律规则。如何认定功能性需要对比衡量相关证据，证明争议的设计特征是否是出于实用性目的。

（1）实用性优势

商业外观经常会同专利法发生冲突，尤其是产品构造或设计寻求商业外观的保护时。为平衡与专利法的关系，未得到专利授权的实用性设计不能受到商业外观的保护。功能性特征早期的判例，多是处于专利有效期的专利权或者专利有效期已过的设计，试图通过外观设计延长保护期间。此时，专利

---

[1] See Amy B Cohen, *Following the Direction of Traffix: Trade Dress Law and Functionality Revisited*, Social Science Electronic Publishing, 2011.

[2] See Qualitex Co. v. Jacobson Products Co. , 514 U. S 159 （1995）.

[3] See Amy B Cohen, *Following the Direction of Traffix: Trade Dress Law and Functionality Revisited*, Social Science Electronic Publishing, 2011.

[4] 参见高阳："美国商业外观与外观设计专利的功能性判定——以苹果公司诉三星公司的智能手机纠纷案为视角"，载《中国知识产权法学研究会 2015 年年会论文集》，中国知识产权法学研究会 2015 年 9 月。

权的存在可以作为商业外观功能性的证据。如果商业外观中含有发明或实行新型专利，则专利权的存在是商业外观具有功能性强有力的证据。〔1〕最高法院在 TrafFix 中指出产品特征中包含专利权，则意图通过商业外观保护该特征的一方需要承担沉重的举证责任证明该特征不具有功能性。

虽然专利权的存在可以作为功能性的有力证据，但是设计特征不包含专利权时是否就不具有实用性？第九巡回法院适用更为严格的判断标准并将该因素改为是否产生实用性优势，专利权存在仅是实用性优势的一种情况。联邦巡回上诉法院在苹果手机商业外观案〔2〕中引用了这一观点，针对苹果公司未注册的商业外观，要求其证明苹果智能手机的外观不具有功能性。原告苹果公司声称其未注册的外观设计不是为了设备不同寻常的可用性和提升更好的性能，而上诉法院认为这些均不是考量因素，要证明不具有功能性的一方负有举证责任证明其产品特征除了指示来源外不具有任何其他作用。

三星公司引用大量的证据证明苹果公司所诉求的未注册商品外观的每项权利要求都具有非功能性。如圆角的设计可提升可装入口袋性和耐久性和矩形外形可以使容纳的显示屏最大化；平整清晰的表面覆盖在手机的前面可以帮助手指在大面积显示屏上点触操作；遮光板可以在手机掉落时为玻璃提供保护；显示屏的边界在最小化产品整体尺寸的同时容纳其他成分……苹果公司对上述证据未反驳。因此，联邦巡回上诉法院认为，苹果公司未注册商业外观的设计具有实用性优势，不能获得商业外观的保护。〔3〕

然而，寻求商业外观保护的一方可以通过证明其特征的设计仅仅是"任意的，偶然的或者装饰性"。"仅仅装饰性"在一些非功能性假定的案例中抗辩成功。原告的兔子品牌的红酒开瓶器，市场受众是针对红酒的狂热爱好者，因而将开瓶器设计成兔子外形。法院认为尽管兔子开瓶器与包含专利权的部分重合，但是因为整体外观具有装饰性，因而不具有功能性。〔4〕曾经受有专利权保护的设计，随着技术的发展可能仅具有装饰性。1963 年 Zippo 打火机

---

〔1〕 See TrafFix Devices, Inc. v. Marketing. Displays, Inc. , 532 U. S. 23, 58 USPQ2d 1001 (2001).

〔2〕 See Apple Inc v. Samsung Elecs Co. , 2015 WL 5449721, 2015.

〔3〕 参见高阳："美国商业外观与外观设计专利的功能性判定——以苹果公司诉三星公司的智能手机纠纷案为视角"，载《中国知识产权法学研究会 2015 年年会论文集》，中国知识产权法学研究会 2015 年 9 月。

〔4〕 See Metrokane, Inc. v. Wine Enthusiast. , 160 F. Supp. 2d 633 (S. D. N. Y. 2001).

的外形因为便宜和容易制造被商标委员会认定为具有非功能性，随着竞争者在市场上引入了替代性设计，Zippo 打火机便不具有功能性。[1]

（2）广告宣传吹捧产品设计的实用性优势

生产者在广告宣传中以产品的实用性优势为卖点吸引消费者，就构成了可以证明具有功能性的有力证据。法院和商标审判与上诉委员会通常将对广告宣传中是否吹捧产品构造的实用性优势作为证明功能性的参考因素之一。在包含专利权的产品设计中，法院和委员会通常会依据这一证据来支持其具有功能性的结论[2]。

在未包含专利权的案例中，法院和委员会在认定非功能性问题时，主要依据广告宣传中是否在吹捧产品设计的实用性优势。如在商标申请人的广告宣传中宣扬它的小瓶瓶型设计的目的是适合于年幼的和娇小的婴儿手握，因此，瓶型形状具有功能性不能被注册为商标。[3]同样地，申请人促销的材料中宣传其生产的用于车用机油呈肋状瓶子的外形可以在倾倒汽油时提供稳定性，此外形具有功能性不能得到商标注册。[4]

这一证据并不需要在广告宣传中明确指出商业外观特征的实用性，仅需要广告宣传中暗示商业外观的实用性优势就已足够，并且必须是诉称需要受到保护的商业外观特征中实用性优势。[5]

（3）可行性替代设计

在 TrafFix 之后，是否需要证明可行性替代设计的存在受到了怀疑。最高法院明确指出在产品特征具有功能性时，不需要考虑是否存在替代性设计，即使市场上存在可行性替代设计亦不能否定功能性的判定。特别是产品设计中包含专利权时，很难依据可行性替代设计的存在否定产品具有功能性。

在 In re Howard Leight 案中，商标委员会依据申请商标中包含专利权而判定其具有功能性不能获得注册。委员会认为适用 TrafFix 案中的规则，不需要

---

〔1〕 See In Zippo Manufacturing Co. v. Zippo Dot Com, Inc. p52 F. Supp. 1119（WD. Pa. 1997）. Corp. v. Target Corp. , 282 F. Supp. 3d 1020, 67 U. S. P. Q. 2d 1835（D. Minn. 2003）.

〔2〕 如 In re Woodlink, 2009 TTAB LEXIS 507；In re Karsten, 2009 TTAB LEIXS 256；In re Tash, 2008 TTAB LEXIS 101.

〔3〕 See In re Babies Beat, Inc. , 13 U. S. P. Q.

〔4〕 See In re Witco Corp. , 14 U. S. P. Q. 2d 1557（T. T. A. B. 1989）.

〔5〕 See J. Thomas McCanthy, *McCarthy on Trademarks and Unfair Competition*, Clack Boardman Callagham, 1996.

考虑是否存在替代性设计，仅是专利权存在便可以作为认定具有功能性的充分证据。然而，法院在判决书中写道：申请人的耳塞设计是仅有的可以提供此种功能特征的设计。[1]法院虽然未以可行性替代设计作为证明非功能性的证据，但是以其作为支持其功能性判断的证据。

　　类似地，在 In re Richemont International, S. A 中，商标委员会考虑到原告可翻转手表的设计存在的事实，支持其非功能性的判定。[2]申请人介绍 3 种采用不同机械方法翻转手表的构造，法院则认为手表翻转的变化空间很小，只有水平和竖直翻转这两种基本的翻转方法，而原告的水平翻转的机械方法替代性设计是为数不多的优化设计。因此，委员会认定申请人的设计具有功能性而不能注册。

　　第九巡回法院将最高法院在 TrafFix 中关于是否需要证明替代性设计解释为：替代性设计的存在并不能否定功能性的判定，但是依旧可以表明商标是否包含非功能性或者仅仅装饰性的产品特征。替代性设计可以作为分析价格质量的参考因素，来证明某种特征是否是产品必需的或是否会显著影响产品的成本或质量。

　　重新审视 TrafFix 中关于替代性设计的陈述，最高法院指明在适用 Inwood 测试证明具有功能性时，仅仅证明存在可行性替代设计并不能否定功能性的判定。换言之，替代设计的存在与否并不能作为判定受诉商业外观功能性或非功能性的独立标准。然而，这并不等于否定替代性设计不能同其他考量因素在 Inwood 测试中作为最初判定功能性的证据，替代性设计的存在与否应该作为判定设计是否事实上"必不可少"或者是否影响"产品的成本或质量"证据链中的一部分。[3]

　　替代性设计具有证明力的关键在于替代性设计是否具有可行性、实用性和有效性，是否可以提供与争议设计同样的竞争优势。商标委员会认为并不是要求替代性设计提供一样基本的功能，而是替代性设计是否能同等的运行。[4]产

---

〔1〕　See In re Howard Leight Indus. LLC, 80 U. S. P. Q. 2d（BNA）1507, 1518（T. T. A. B 2006）.

〔2〕　See No. 76413157, 2006 TTAB LEXIS 251（T. T. A. B. June 22, 2006）.

〔3〕　See J. Thomas McCanthy, *McCarthy on Trademarks and Unfair Competition*, Clack Boardman Callagham, 1996.

〔4〕　See Kistner Concrete Products, Inc. v. Contech Arch Technologies, Inc. , 97 U. S. P. Q. 2d 1912, 1930, 2011 WL481339（T. T. A. B. 2011）.

品设计如果仅是有限的优化设计其中的一个，该设计仍旧具有功能性。[1]例如，椅子尽管存在很多的替代性设计，每一种替代性椅子设计只不过是对一个问题的多种解决方案，并且每一个替代性设计都可以被认为具有功能性。

（4）设计是比较节约或简便的制造方法

证据表明申请人或争议的商业外观是优化设计中的一个或者是最优的设计时，就构成法院或商标委员会认定该设计具有功能性的有力证据。[2]这一证据考量的重点在于低廉或简单的制造方法代表了优化的设计，可以节约生产成本或使制造工艺变的简单易行。作为节约的对立面昂贵的制造方法，并不会被认定为具有非功能性。如申请人引入其他的竞争者的宠物玩具比申请人的成本更低廉的证据，商标委员会认为这样的证据并不有说服力，即使申请人比通常的宠物玩具制造方法更昂贵，原告产品在同类产品中具有实用性优势重于其成本的增加。因此，申请人的设计具有功能性。[3]

在 TrafFix 中，法院引用专利实施例中对双轴设计的描述："双轴的设计是单轴设计的优化并且使用三轴的设计会增加成本。"法院认为该证据是证明原告设计具有非功能性的有力证据。[4]

商业外观实用功能性的认定需综合考虑上述 4 个因素，没有任一因素是决定性的，在具体案件中，依据 4 个因素整体判断商业外观的实用功能性。具有实用功能性的设计并不能因替代性设计的存在而否定其具有的功能性，替代性设计仅是证据链中的一环，不能起决定性作用。

三、工业品外观设计中实用功能性的排除

（一）非功能性要件之地位

外观设计专利法的立法目的是促进装饰艺术的发展，这一目的要求设计不能仅仅是多个具有非功能性特征的组合。虽然并不要求装饰性到达艺术品的等级，但是装饰性亦或是制造品整体外观形状，亦或使用于制造品的外表面，均必须是设计师为创造出某种特殊的视觉外观而做出的设计。从家用家饰和个人日常用品到电子设备和交通工具的形状和外观，几乎所有大批量生

---

[1] American Law Institute, *Restatement of the Law（3d）of Unfair Competition*, 1995.

[2] See TMEP § 1202.02（a）（v）（c）.

[3] See No. 78259826, 2006 TTAB LEXIS 854（T. T. A. B. 2006）.

[4] See TrafFix Devices, Inc. v. Marketing. Displays, Inc., 532 U. S. 23, 58 USPQ2d 1001（2001）.

产的工业产品均是工业品设计的结果。因为这些产品是实用功能性与美学表达的结合，呈现出"客体混合性"的特点，很难明确划分适用某种知识产权保护机制。因此，工业品外观设计难以适用单一的知识产权部门法予以保护。

工业品设计保护的终极目标为设计提供权利保护以此鼓励产品设计的创新，在产品进入市场时应该受到保护以防止剽窃行为将设计者的付出和成果占为己有。为产品设计者的创新而授予权利保护作为激励创新的经济机制，是知识产权法的基础。产品外观的剽窃虽然不像数字时代版权剽窃，计算机程序、音乐文件和其他的数据信息可以非常容易地复制和毫不费力地传播给其他人。但是，新产品的图片可以瞬间被传送给世界上任一个生产商，产品的外观便可通过现代制造技术如模型工艺，被迅速复制出来。所有新技术带来的影响，需要更加有效的机制保护工业品设计。

然而，实用性工业品外观设计的法律保护授权的核心要件是设计的非功能性特征。"工业品外设设计的保护不能阻碍实现某功能形状特征在未获得专利法授权时可以被公众自由地使用。"这一要件基于公共利益的主观考量，是工业品设计受到法律保护的基本原则，在不同部门法中均有所体现。但是，非功能性要件在各部门法中的法条表述却不尽相同。

维护公共政策是不同类型知识产权权利划分界限的基础，反映出维持促进创新与避免垄断破坏竞争秩序影响科学技术与实用性艺术发展之间的平衡。实用性专利保护是通过将功能性，技术性的创造、发明授予专有权保护，以维持促进发明与自由创新之间的平衡。因此，未经过实用性专利严格审查标准而授予功能性设计以垄断权的保护，与实用性专利的利益平衡政策背道而驰。

非功能性条款主要目的是区别适用于工业品保护的两种不同的类型专利——发明、实用新型专利和外观设计专利。发明、实用新型专利为产品的功能性特征提供保护，外观设计仅保护装饰性特征，权利人不能防止任何单位或者个人制造、许诺销售、销售、进口其外观设计专利产品中不满足获得实用性专利授权要件的功能性要件。非功能性条款的适用，目的是维持实用性专利和外观设计专利间的界限，也即对外观设计的分析应该基于为什么该设计会选择特殊的外观。非功能性条款的理论基础：第一，非功能性构造所决定的设计中含有美学创造性，由此外观设计专利授予设计以垄断权以促进装饰艺术的繁荣发展。第二，允许外观设计赋予非功能性特征垄断权保护，则该特征不需满足通常实用性专利对于产品或发明的授权要件。

如果某项设计是由实现产品功能决定或必需的结果，则该功能包含的设计可能受到实用性专利法保护，当然不能受到外观设计专利法保护。发明人最初目的是实现某种功能，这决定了其设计的类型。与之相反，若设计之初除了为实现特定功能，又为了创造出吸引人的外观，则具有新颖性、装饰性和创造性的设计可以获得外观设计专利的保护。而具有新颖性、实用性、创造性和功能性工业品可以获得实用性专利法的保护。在这一原理之下，非功能性条款被视为评估发明人创造动力的工具。

海关和专利上诉法院和其他法院建立了功能唯一限定（solely dictated by）标准作为评估发明人创造动力的公式化测试。这一测试目的是考察发明人的创造动力的唯一目的是否是获得功能性产品。如果发明人是出于功能性产品的考虑而改变产品的形状或外表面以提高产品的性能，发明人便跨越了功能唯一限定的界线，不能获得外观专利授权。相应地，如果发明人最初目的是混合形式（外观）和功能，作为结果的产品并不是由功能唯一限定，因此可以获得外观设计专利授权。

在工业品设计保护方式最复杂的欧盟，特别是在英国，可以通过国内立法对注册设计，未注册的设计进行保护，也可以通过欧盟外观设计指令保护注册或未注册设计。所有这些保护共同的原则是功能性特征不能获得保护。如，英国设计指令中规定："设计不应该授予由技术功能唯一决定的产品的外观特征"，禁止对功能性元素提供保护类似的规定被引入国家立法中。[1]欧盟共同体设计指令中同样有类似的规定，尽管各国规定相似，但是实务操作中会稍有不同。

TRIPs协议第25条规定：1、各成员国应该为独立创作的、新颖性和原创性的工业品设计提供保护。设计不具有新颖性和原创性是指其与已知的设计或现有设计特征的组合并没有形成明显的区别。成员国需确保对工业品设计的保护不延伸至本质上由技术或功能性考量而决定的设计。2、成员国可以自由选择适用工业品设计法或者著作权法保护工业品设计。[2]

（二）法定要件中非功能性的界定

美国外观设计专利法中虽没有明确规定"非功能性"，但是法院和美国

---

〔1〕 See Registered Designs Act 1949, 12, 13 & 14 Geo. 6, c. 88, § IC (1) (Eng.).

〔2〕 See TRIPs Agreement art. 25.

《专利审查指南》中通常将装饰性要件解释为"非功能性"要件。"非功能性"在外观设计中可以被区分为两种：一种为外观设计专利获权的法定要件非功能性。外观设计专利保护的权利要求必须是"装饰性为首要目的"，设计整体外观不能是功能性的（缺乏装饰性）。一个设计是"功能性首要目的"还是"装饰性为首要目的"取决于将设计的权利要求视为一个整体，最终的问题不是每一个独立的特征是功能性还是装饰性的，而是产品的外观来决定产品的设计是否致力于实用性的目的。[1]另一种从"非功能性"的反面，确定权利解释的范围（确定保护范围），目的是确定和排除设计权利要求中被视为功能性的方面。这种语境下的功能性被称为"权利要求解释中的功能性"。[2]并且，还需要区分产品或产品包含的某项特征的功能性与为实现某种功能的产品或特征的特殊设计的功能性。[3]即具有实用性功能的产品设计并不因为产品本身的功能性而否定该设计的可保护性。但是，若该设计是由功能唯一限定，产品设计整体具有功能性而非装饰性，则不能受到外观设计专利的保护，应排除授权。"包含局部功能特征的设计而整体非功能唯一限定的设计应具可专利性，可以获得外观设计授权。"[4]再之，不同于在先设计的创新点和创造性的特征是由功能性决定而带来的改进或改变，不能获得外观设计专利权。[5]

1. 实用性产品的设计

在讨论非功能性条款的适用时，应当区分设计与设计应用的工业品。外观设计专利存在的产品载体或产品本身包含的外观设计专利，通常具有一定的实用性功能。产品的实用性功能是产品与使用者之间最基本的关系，每一件产品均具有不同的功能。功能类似的产品却可以有多种差异化的设计。以汽车为例，为满足不同消费需求，汽车外形设计形式多种多样，不同风格的

---

〔1〕 See Maual of Patent Examining Procedure（MPEP）Ninth Edition, 1504.01（c）, March 2014.

〔2〕 See Christopher V. Carani：Design Patent Functionality A Sensible Solution, 7 Landslide 19 2014-2015.

〔3〕 See Brett Ira Johnson, "Trade Dress Functionality：A Doctrin in Need of Clarification", *Campbell Law Review*, Vol.34, No.1., 2012, p.125.

〔4〕 李秀娟："外观设计中的功能特征分析兼评最高人民法院'风轮'案"，载《电子知识产权》2012年第7期。

〔5〕 参见高阳："美国商业外观与外观设计专利的功能性判定——以苹果公司诉三星公司的智能手机纠纷案为视角"，载《中国知识产权法学研究会2015年年会论文集》，中国知识产权法学研究会2015年9月。

设计具有可专利性。但是，功能类似的产品——体育器材中的球类：篮球、乒乓球、排球、足球等，尽管它们有着不同的游戏方式和规则，但是，它们均需具备打、投、滚、弹的特点，所以，它们的形状不可能是"方"形或其他形状，只能是"球"形。这里的"球"形便是由产品功能唯一限定的形状，"球"形的设计不具有可专利性。[1]

1957年第九巡回法院支持了汽车车牌架外观设计的有效性，认为原告的设计不是"首要功能性和实用性"。国会授予外观设计是为了促进装饰艺术的发展，这样设计并不像其外观所表现的具有非功能性，也不是除装饰性之外还包含实用性特征的设计便不能授予外观设计专利保护。[2]工业品设计是对实用性产品的设计，设计对象的实用性并不能等同于设计是出于功能性目的的选择。

对于实用性产品的任意性设计并不能因为该设计在具有实用性功能的物品中使用而否定其的可专利性。在蓄电池室一案中，因为蓄电池室的设计必须与手机和充电器匹配，被告辩称原告的设计是由功能性所决定的，法院不支持被告的理由认为，蓄电池室的设计目的就是使用于便携手机之中。蓄电池室的设计并不是由电池充电器的设计决定，因为在设计蓄电池室时充电器并不存在。而手机的设计与蓄电池室的设计同时完成，因此，蓄电池室的设计并不是由手机的设计所决定。[3]

在 Hupp v. Siroflex of America, Inc. 案[4]中，授予专利的设计是一个模拟石头路的模型。"模型的螺纹设计与混凝土石和石头间隙相匹配"，陪审团认为该设计不具有装饰性，而联邦巡回法院撤销陪审团认定专利无效的裁决。联邦巡回法院认为：第一，"事实上，制造品具有功能性是设计可专利性的先决条件，并不是抗辩事由。产品本身具有的功能性与对该物品的设计的功能性不能混淆，也即产品本身具有的功能性并不代表对该产品的设计具有功能性"。第二，证据证明设计并不是由模型的功能决定，其他设计同样可以达到相同的效果。"判断设计是否符合设计需具有'装饰性'要件，需要考虑功能性是否只能由该特殊的设计满足或者是否存在其他的设计可以被使用，如此的设计是否首要出于美学性，功能性的目的。""模型的设计可以作为设计专

---

〔1〕 参见吴大章主编：《外观设计专利实质审查标准新讲》，知识产权出版社2013年版，第30页。

〔2〕 See Barofsky v. General Elec. Corp., 396 F. 2d 340, 158 USPQ 178 (9th Cir. 1968).

〔3〕 See Motorola Inc. v. Alexander Mfg. Co., 786 F. Supp. 808, 21 USPQ2d 1573 (N. D. Iowa 1991).

〔4〕 See Hupp v. Siroflex of America, Inc., 122 F. 3d 1456, 43 USPQ2d 1887 (Fed. Cir. 1997).

利的客体对象，在提供产生模拟石头路的功能的同时这一特殊的模型设计是首要装饰性设计。正如在先设计表明，存在多种结构和工具包括模型，被用来制作具体形状的不同设计，包括人行道。"

虽然，物品本身的实用性不能成为对其设计构成设计专利的限制条件，但正是物品功能性的存在将会使设计空间受到限制。产品实现所需功能的技术方案通过发明和实用新型保护，但受其制约较大的产品部位，外观设计空间[1]相对较小，较难形成新的设计。[2]

2. 整体功能唯一决定

尽管现实生活中多数制造品的构造和外观由功能性需求决定，但通常这样的设计一样具有吸引力。如果某一产品外观主要是功能和技术需求必不可少的设计，该设计不能作为外观设计专利的客体对象。法定要件非功能性的目的在于判断外观设计的权利要求是否符合 35 U. S. C. § 171 条规定的法定客体"装饰性"要件，该条也被称为"非功能性抗辩"，更精确的讲是"缺乏装饰性抗辩"。美国海关和专利上诉法院和联邦巡回法院经过一系列判例演变出区别法定非功能性的最好方法即排除对"功能性"设计的保护，通过"完全由功能性决定"测试判断外观设计的有效性。

针对功能限定的外观设计是否应受外观设计保护，美国有两种看法。最初认为包含功能特征的设计应排除授权，但在 In re carbon 案之后认为外观设计包含功能特征并不必然排除授权，澄清"功能唯一限定"的设计才不具可专利性，应排除授权。早期美国对包含功能特征的设计获得外观设计授权持否定意见。1869 年的 Ex parte Crane 案中，审查员认为外观设计法仅保护装饰性设计。1871 年的 Ex Parte Parkinson 案中，审查员认为功能特征不能构成设计专利的任何组成部分，而拒绝授予锤子外观设计专利权。[3]

1961 年，美国对含有功能特征设计的授权态度发生了转变。海关和专利上诉法院在 Garbo 案中，法院提出虽然"设计可能会包含功能性的特征，仍

---

〔1〕　设计空间是指设计人员对工业产品进行外观设计创作时能够自由创作的自由度。具体而言，是指产品实用功能、技术条件、现有设计等因素制约下，设计师可进行设计的范围，即允许产品外观发生设计变化的设计内容。

〔2〕　参见吴大章主编：《外观设计专利实质审查标准新讲》，知识产权出版社 2013 年版，第 31 页。

〔3〕　参见李秀娟："外观设计中的功能特征分析兼评最高人民法院'风轮'案"，载《电子知识产权》2012 年第 7 期。

可获得专利权"。但是，法院明确声明为了获得保护"设计必须是不同于完全由功能性决定的非显而易见的外观"。改变了最初认为包含功能特征的设计应排除授权的观点，澄清不同于功能唯一限定的设计具有可专利性，外观设计虽然包含功能特征并不必然排除授权。[1]随后，在 In re Carletti 案中海关和专利上诉法院最著名的判定功能性的意见，被联邦巡回法院广泛引用。此案中争议的设计是用于 55 加仑木桶螺纹桶口的垫圈，而垫圈的设计正是为了符合木桶的确切规格。[2]法院引用了 Garbo 案中的结论认为：产品的外形是功能性唯一决定（solely dictated by）的结果，则不能作为装饰性设计获得专利权。[3]

联邦法院一些上诉案件援引了 Carletti 案的结论，如第七巡回法院在 Hueter 案中阐明："完全地功能性设计或者基于机械或功能性需求的设计是不能被授予专利权"，本案中争议设备的设计是为满足功能性需求的结果因为设备的形状和构造未展示创造性的艺术特征。然而，曾经联邦巡回法院在适用 solely dictated by functional 或 primarily functional 一度出现了混乱，联邦巡回法院在 Power Controls Corp. v. Hybrinetics 案[4]中未使用 solely dictated by 转而使用 primarily functional，用语的不同表示联邦巡回法院在判断是否侵权时态度可能不同于海关和专利上诉法院。因为前者在设计整体缺乏装饰性特征时拒绝提供保护，而后者是基于元素对元素的比较分析设计中的主要部分是装饰性（非功能性）还是功能性。因此，对于侵权行为实施者很容易适用 primarily functional 标准证明设计专利无效。[5]

海关和专利上诉法院在判定外观设计的可专利性时适用的唯一功能性（solely functional）标准，联邦巡回法院如果意图推翻这一标准会以实际行动明确表示不支持，但是在 Lee 案中联邦巡回法院为论证外观设计专利只保护装饰

〔1〕 See Application of Paul W. Garbo, Patent Appeal No. 6657, Februaru 21（1961）.

〔2〕 See Perry J. Saidman, John M. Hintz, "Doctrine of Functionality in Design Patent Cases", University of Baltimore Law Review, Vol. 19, 1989, p. 352.

〔3〕 See Application of Albert A. Carletti And Welsh C. Whittlesey, Patent Appeal No. 7039.

〔4〕 See Power Controls Corp. v. Hybrinetics, Inc., 806 F. 2d 234（Fed. Cir. 1986）.

〔5〕 参见高阳："美国商业外观与外观设计专利的功能性判定——以苹果公司诉三星公司的智能手机纠纷案为视角"，载《中国知识产权法学研究会 2015 年年会论文集》，中国知识产权法学研究会 2015 年 9 月。

性设计，不仅引用了 Power Control 案中适用的 primarily functional 用语[1]，同时也引用了 Garbo 与 Garletti 中关于完全由功能性决定（solely dictated by）的论述，但是并没有说明两者之间的区别。并且认同"设计外观整体在认定可专利性和侵权行为是否成立时起决定作用"。说明联邦巡回法院本意是为了遵从 Carletti 案中设立的完全功能性标准，Power Controls 中使用"primarily"而不是"solely"实属无意之举，并没有改变现有裁判规则之意。

随后的一系列案例中，联邦法院逐渐达成了共识：设备的外形是结合产品的功能性或以产品功能性为目的的必要结果，如此的设计仅是对产品用途的回应，不是可获得专利权的外观设计。[2]海关和专利上诉法院和联邦法院建立"完全由功能性决定"测试的目的在于考量促进设计师创新的动机，判断其唯一意图是否是为了获得所预期的非功能性的产品。这一测试使不完全出于实现产品功能而为的设计，即含有功能性又含有装饰性的设计可以获得外观设计专利的保护。

在适用"完全由功能性决定"测试时，如何确定一个设计不是完全由功能性决定的。法院达成一致通过寻找工业生产中是否存在可替代的设计，也称为"形状多样性"方法。现实中，此方法比较容易实现，大多数工业制造品，即使是对功能要求很高的产品，依旧可以通过其他不同的形式实现同样的功能。[3]在 Avia Group International，Inc. v. L. A. Gear California[4]案中，联邦巡回上诉法院肯定了加州中部区法院的判决，争议的两个设计不是无效的，因为外观专利每一个受争议的功能性组件"可以由不同的组件来实现。"

在 Rosco，Inc. v. Mirror Lite Co. 中，联邦巡回法院认为区法院判定"椭圆凸面镜"因具有功能性而无效。专利权人声称虽然其设计与先前的设计相比提供了"优化的视觉效果"和"优化的流线型"，但是其他非凸面的镜子设计可以达到同样的视野范围和流向型效果。[5]适用功能性使专利无效时，实用性产品的设计由"产品的使用或目的决定"才可被认定该设计具有功能性。

---

[1] See Power Controls Corp. v. Hybrinetics, Inc.，806 F. 2d 234（Fed. Cir. 1986），如果外观设计专利主要是非功能性而非装饰性的，该专利无效。

[2] See Connecticut Paper Products, Inc. v. New York Paper Co. 127 F2d 423（4th Cir. 1942）.

[3] See Connecticut Paper Products, Inc. v. New York Paper Co. 127 F2d 423（4th Cir. 1942）.

[4] See Avia Group International，Inc. v. L. A. Gear California，853 F. 2d 1557，1988.

[5] See Rosco，Inc. v. Mirror Lite Co.，304 F. 3d 1373，64 USPQ2d 1676（Fed. Cir. 2002）.

设计不应该仅仅由产品的功能决定，也即是说该设计并不是实现产品功能的唯一可行的形状。当存在其他多种方法可以达到制造品的功能性时，该项设计可以被认定为由首要装饰性目的决定的设计。换言之，如果存在其他的设计可以产生相同或相似功能特征的效果，则该项产品的设计应该具有装饰性，而非功能性。

非功能性的分析应该建立在对产品整体外观的判断，不能仅仅因为一个或多个微小的设计是出于功能性目的而否定设计的有效性。但是，如果个别特征是主要由功能性决定，并且该特征对整体设计的新颖性、原创性、装饰性和创造性起决定作用，则此设计不能授予外观设计专利。在 In Berry Sterling Corp. v. Pescor Plastic，Inc 案中，联邦巡回法院撤销区法院认定"匹配车载杯的容器"专利无效的判决。其一，联邦法院认为区法院未考虑设计专利的"整体外观"。法院错在分析设计各元素的非功能性之后未回归至整体设计非功能性的判断，设计专利是否由制造品的功能决定的认定最终应该回归至设计整体外观的分析。[1]其二，区法院虽然认识到存在与专利相似杯子的替代性设计，却没有认识到替代性设计对非功能性判定的重要性。巡回法院认为当存在多种方法达到制造品的功能时，该产品的设计应该被视为首要装饰性目的。

然而，另有一些联邦法院在判决中适用商业外观非功能性判断的考量因素以确定外观设计专利的非功能性。考量因素包括：受保护的设计是否代表了最好的设计；替代性的设计是否会对产品的特定性能产生不利影响；是否存在附随的发明专利；广告宣传是否在兜售实现特定性能的设计的特殊特征；设计的某些组成部分或者整体外观是否明显的不是由功能性所决定。[2]

美国专利商标局为审查员确立了以下指导：装饰性的特征或设计是指"以装饰性为目的而创造"和不能作为功能或技术考虑的结果或"副产品"。[3]产品的装饰性应该是发明人意识行为的结果，如 35 U.S.C171 所述，外观设计专利授予"发明具有新颖性、原创性和装饰性产品设计"的任何人，言外之

---

〔1〕 See Barofsky v. General Elec. Corp.，396 F. 2d 340，158 USPQ 178（9th Cir. 1968）.

〔2〕 See Barofsky v. General Elec. Corp.，396 F. 2d 340，158 USPQ 178（9th Cir. 1968）.

〔3〕 See Blisscraft of Hollywood v. United Plastic Co.，189 F. Supp. 333，337，127 USPQ 452，454（S. D. N. Y. 1960）.

意，必须是"以装饰性为目的而为的创造行为"。[1]设计是'首要装饰性'才具有可专利性，判断设计是首要功能性或首要装饰性时应该将设计视为整体，最终的问题不是每一单独特征的功能性或装饰性，而是产品的整体外观，判断设计是否由产品的实用性功能所决定。[2]

　　与美国近似，欧洲《共同体外观设计条例》中规定设计注册的例外是工业品设计由产品的技术功能唯一决定（solely dictated by）；或者是机械式接口。非功能性例外表明设计权不应该授予产品的外观特征中包含由机械功能位于唯一决定的特征。[3]对这一条款的解释在欧洲各成员国中并不相同，但是欧盟法院在（ECJ）Philips V. Remington 中统一了非功能性条款的解释。欧盟法院采用了与欧盟商标指令中功能性例外规定相近的做法，认为由产品功能唯一决定或为达到某种技术效果所需的形状，不管是否获得显著性，即使存在其他形状可达到同样的技术效果，均不能获得商标法的保护。因此，欧洲设计指令中仅仅是替代功能性设计的出现并不能授予由技术唯一决定的设计于设计权的保护。

　　机械性接口例外的目的是对不同通信系统产品的保护不延伸至机械性接口的设计，这样的设计必须生产成特定的形状与规格以便于与其他产品机械连接是不能得到注册。然而，这一例外并不适用于"多种组件或在模块化系统中用于交互连接的产品"，如乐高积木或折叠椅。[4]同样地，在欧盟法中非功能性条款亦是调解实用性专利与设计保护之间关系的主要机制。在欧盟的设计保护机制中，非功能性保护影响设计有效性和权利保护范围。设计有效性判断的两种方法：（1）欧盟《共同体设计指令》第8条中的规定，直接排除具有功能性特征的保护。（2）在认定设计是否符合"个性特征"保护要件时，通过评估设计师的设计自由度决定。

　　不同于美国，欧盟的非功能性条款在法条中有明确的规定。欧盟《共同体设计指令》第8条否定对含有下列特征的视觉产品提供保护：（1）由技术功

---

〔1〕　See In re Carletti, 328 F. 2d 1020, 140 USPTO 653, 654（CCPA 1964）.

〔2〕　See L. A. Gear Inc. v. Thom McAn Shoe Co. , 988 F. 2d 1117, 1123, 25 USPQ2d 1913, 1917（Fed. Cir. 1993）.

〔3〕　See Design detective Article. 7（1）.

〔4〕　See Design detective Article. 7（3）.

能唯一限定。（2）产品实现功能必须的技术连接。[1]不含有上述排除条件的特征不管其是事实功能性还是装饰性，或者是二者的组合，均可获得作为保护对象。第 8 条拒绝采用纯粹装饰性和纯粹功能性特征的二元划分，而是假设大部分产品设计特征具有功能性，对功能性的排除仅是对功能性程度的考量。

确实，欧盟《共同体设计指令》第 8 条中的两款是设计获得保护的基础，决定了设计能否获得欧盟法保护的先决条件。第 1 款关于有效性的规定，起到主要的排除作用。但是，第 1 款面临的关键问题是如何确定某项特征由技术功能完全决定。为解决此项问题，欧盟出现了两种方法。第一种被称为 "控制" 方法：某项设计特征由其技术功能控制其形式的应该被排除。[2]但是，技术功能特征只要可以通过其他形式实现，排除规定不能被适用。[3]另一种方法称为 "成因" 法：排除由功能性原因产生的设计，也即设计师仅是由于功能性驱使激励其设计某项特征。

尽管欧盟多数成员国适用控制论方法，内部市场协调局在一些案例中适用了成因论方法。在 In Lindner Recyclingtech v. Franssons Verkstader 案[4]中，内部市场协调局第三上诉委员会在处理粉碎机[5]注册设计无效的申请时，该案的焦点问题适用第 1 款排除规定，该粉碎机是否由技术功能唯一决定。在认识到该款排除规定的目的是分清设计保护与实用性专利保护的界限时，委员会裁决控制论方法不能实现该目的。取而代之的是委员会采用了成因论方法，委员会通过评估理智的观察者看到某设计时，是否除出于纯粹装饰性的考量之外还有其他相关因素而为的选择。基于本案，委员会认为粉碎机的外观并没有表明美学性的考量在其研发过程中有任何作用。

委员会的这一做法令人费解。欧盟《共同体设计指令》中以见多识广的使用者的判断力为考察对象，通常的有效性与侵权认定也是适用这一标准，但在本案中委员会却适用了明智的观察者标准。委员会的创新行为未对明智观察者标准提供任何关于明智观察者的能力及其如何与见多识广的使用者区分的说明。再之，粉碎机只是大型破碎机中不可视的一部分，委员会本可以

---

[1] See Design Regulation, Artcle 8.

[2] See Lionel Bently et al., *Intellectual Property Law*, Oxford Uni Press, 2014, p. 618.

[3] See Marques, A review of the first 300 decision on the validity of registered designs (2d ed. 2008).

[4] See Lindner Recyclingtech, Case R 690/2007-3, 30.

[5] 使用一系列旋转切刀粉碎如纸、硬纸板和玻璃，粉碎后的物质用于回收利用。

通过认定不存在其他形状实现粉碎机特殊的技术功能，来支持其无效判决并不需要转而适用成因论方法认定。

不同于第 1 款规定的范围广泛，第 2 款目的是将设计的特殊特征"生产成确切形状和维度为的是产品可以实现技术上连接，或嵌入，包绕或相对于另一产品以实现该产品的功能"。表面上看，该款规定的相互连接或"必须匹配"排除包含于第 1 款之中，将必须匹配作为单独条款规定是基于备件市场的政策考量必不可少的。例如，USB 闪存的设计，USB 设备的接口便是连接排除条款的适用对象，但是闪存剩余部分整体外观具有新颖性和独立特征[1]时，也可受到保护。因此，该条款的规定保证在闪存市场中对于 USB 接口可以使其他设计师参与竞争以此鼓励可变部分特征的创新。

第 8 条第 2 款的规定以特征与特征对比为基础，判断某特征是否是为了与其他产品匹配以实现产品功能为目的的设计。正如前述，特征比特征的方法与设计保护产品整体视觉效果的理念背道而驰，与有效性和侵权认定强调将设计视为整体的方法不相容。即使实务比较中无法完全放弃在设计法中适用以特征为基础的分析，至少在法律层面应该明确弃用该方法。

四、实用艺术品中实用功能的分离排除

著作权是否可以为实用性产品的艺术性设计提供保护成为著作权法长久以来争论不休的话题，而问题的关键在于认定实用性产品设计著作权排除保护的类型。实用性产品的设计只有在可以与该物品分离且独立存在时，方可获得著作权法的保护。[2]这一原则虽然很容易表述，但是在实际操作中问题颇多。

实用性产品是实用功能性思想的表现，思想中包含的技术或机械方案使其产生功能——具有实用性。对于某一实用性产品的设计，由于设计需考虑物品的实用性功能和大规模生产而受到限制。正是因为此种限制的存在，实用性产品设计能否受到保护，需要考虑设计与产品功能实现间的关系，是否存在设计与产品功能发生结合而致使产品功能实现必须采取某种设计的情形。

---

〔1〕 独立特征是指设计对于见多识广的使用者产生的印象不同于市场中已有的同类整体设计对于这些使用者产生的印象。

〔2〕 See 17 U. S. C. Artide 101（2006）.

明晰专利法与著作权法保护边界是著作权法排除实用性特征的理论基础，无论实用性特征在实用性艺术品中的表现形式如何，功能性的思想属于专利法的领域，著作权应该排除对其的保护。实用性艺术品获得保护的标准应以此原理为依据，实用性产品的设计应该受到著作权法的保护，除非对于该设计授予著作权本质上保护了产品的实用性特征而抑制该实用性产品的有效生产。

（一）实用艺术品的"艺术性"与"实用性"

著作权是否可以保护实用艺术品的艺术性，这一问题多年来一直困扰着著作权法。作为促进文化和艺术创新和发展的著作权法，为具有独创性的作品提供保护，而应用于实用品之上的艺术性的设计获得著作权法保护之路上布满荆棘。实用艺术品不同于通常所知的如小说、诗歌、音乐、绘画、照片等一类的著作权客体，实用艺术品具有实用功能性。人们购物消费倾向于实用艺术品所提供的实用性而非艺术性所带来的美感，换言之，实用性功能是实用艺术品最本质的特点，不管外观采用什么样的方式，实用艺术品必须有用。

实用物品是否有用应该做限缩性解释，并不是指所有可以实现目的的功效均称为有用，应限缩为具有"实用性"。但在司法实务中对于法院而言"实用性"的判定并不容易，单从语义学讲，"有用性"的含义非常广泛。填充玩具和其他玩偶仅供婴幼儿玩耍，而对婴幼儿而言具有实用性并不是对一般公众具有实用价值则不能获得著作权法的保护。[1]非实用性艺术品如绘画、图形或雕刻等作品可以作为纯粹美术作品受到著作权的保护。

一件本质上具有实用性的物品不是仅仅描绘物品的外观或者传达信息。[2]这一定义说明可受著作权法保护的实用物品不仅需要具有实用性而且应该含有美学吸引性。而实用性产品的设计与著作权其他客体如诗歌、音乐、电影、绘画、摄影作品和雕塑作品间的最本质的区别正是在于实用性艺术品的实用性，其所具有的实用性与美学性吸引力同等重要。正是这一区别限制了实用性产品的设计自由度，无论采取何种设计方案，最终的结果必须是实用性产品可以物尽其用。为实现实用性产品的实用性，其采用的设计方案必

---

〔1〕 See Gay Toys, Inc. v. Buddy L Corp., 703 F. 2d 970, 973 (6th Cir. 1983) 法院拒绝认定玩具飞机具有"实用性"。

〔2〕 See 17 U. S. C. Article 101.

须可以实现产品的功能。

除产品的实用功能外，规模经济效益是限制实用性产品设计的另一方面，发挥实用性产品经济价值的最佳方式是提高生产规模。因此，实用性产品的设计需有利于产品的大规模生产。虽然非实用性产品如图画、书籍、影视DVD同样是大规模生产和批量营销，但是这些产品的内容与其是否需要大规模生产无关。尽管作家海明威和丹尼尔·斯蒂尔的小说同样可以很容易地实现大规模生产，但是小说的质量区别很大。相反，实用性产品如皮带扣、自行车车架和人体模型，设计的目的在于减少大规模生产的成本。设计的复杂程度或简易程度、尺寸、种类、多样性、生产所需材料的数量等因素，均与产品的批量生产的成本与难易程度相关。

功能性与批量生产作为限制实用性产品设计自由度的因素，意味着实用性产品的设计可变化范围相对于非实用性产品的设计而言，实用性产品设计的可变化范围明显受限。[1] 鉴于实用性产品有限的可变化的设计范围，对该实用性产品的设计享有专有权的权利人，在实现和开发设计的经济利益的同时，同样控制着该产品的生产。由于设计的专有权人对实用性产品唯一或替代性设计很少的设计享有专有权，从而使实用性产品功能实现或可营利性的设计受到专有权的控制。因此，授予此种设计以著作权的保护等同于授予实用性产品本身以垄断权。

但是，著作权立法目的并不是授权于实用性产品以垄断权。每一个实用性产品均包括思想——产品使用的思想、产品功能的思想、产品操作方法的思想等，著作权法的基本原则是保护表达而非思想，思想则落入专利法的保护范围。这一原则称为思想与表达二分法。例如，作者描述如何制作刀具的著作可以获得著作权法的保护，而不是制作刀具的具体过程。作者意欲保护刀具的制作过程，应该寻求于专利法。因此，著作权法对于实用性产品的保护，仅是应用于该产品之上美学性设计，而非实用性产品本身的实用性功能。

（二）实用性艺术品"实用性"的分离

1. 实用功能性与表达的区分

著作权法并不保护抽象的思想、思路、想法、理念、构思、观念、创意、

---

〔1〕 See Note, Protection for the Artistic Aspects of Articles of Utility, *HARV. L. REV.* 1520, 1532 (1959), p. 12.

概念、操作方法、技术方案，对于思想的具体表达如文字、音乐、美术等有形形式可获得著作权法的保护。[1]TRIPs协议第9条第2款中规定："著作权保护延及表达，而非思想、工艺、操作方法或数学概念之类。"美国《版权法》第102条第2款也有同样的规定："任何情况下，作者原创性作品的版权保护，均不延及思想观念、程序、工艺、系统、操作方法、概念、原则和发现，不论它们在该作品中是以何种形式被描述、解释、说明或体现的。"《中华人民共和国著作权法》（以下简称《著作权法》）第5条规定："历法、通用数表、通用表格和公式"不受保护，其中，历法和公式仅是对属于思想领域的计算方法和数学原理的反映，由此可知，我国著作权法排除对思想的保护。从广义上讲，工艺、系统、操作方法、技术方案和任何实用性功能都属于"思想"的范畴，但这些因素在我国汉语中与"思想"并非同义或近义词，所以与思想并列成为著作权不可保护的对象。而"思想与表达混合原则"同样适用于操作方法、技术方案和实用功能。著作权法只保护具有独创性的表达，任何实用性的因素，包括操作方法、技术方案和实用功能等都不在著作权法的保护范围之内。[2]

实用功能性可获得专利法的保护，但是专利权获得的授权要件规定比著作权获得的授权要件规定更加严格。著作权的取得需要满足独创性和可固定性。可固定性是指作品中包含的表达可以被"固定"于有形媒体，如书籍或CD。[3]独创性是指作品是由作者独立创作完成，并非复制他人作品，且达到一定水准的智力创造高度。相反，专利授权要件要求一项发明需满足新颖性和创造性。新颖性是指发明应该在此之前没有出现或被使用，创造性是指对于该技术领域的技术人员此发明并非显而易见。专利授权要件的新颖性与创新性与著作权的独创性相比，专利授权要件的标准要高。

2. 实用性特征的物理分离

传统意义上，多数国家对于像绘画、雕塑和其他形式的二维或三维的创造性视觉艺术品提供著作权法的保护。然而，美国著作权法从未真正地接受工业品设计，但也未完全拒绝。著作权与工业品设计之间的难以明晰的关系，

---

[1] 参见王迁：《知识产权法教程》，中国人民大学出版社2011年版，第42页。

[2] 参见王迁：《知识产权法教程》，中国人民大学出版社2011年版，第51页。

[3] See FeistPublications, Inc. v. Rural Tel. Serv. Co., Inc., 499 U. S. 340, 345（1991）.

在美国现行的著作权法中有所体现。工业品设计的著作权法保护，设计包括"应用美术"需要符合非功能性要件才可成为著作权法保护对象：绘画，图形和雕塑作品包括图形、应用美术、照片、印刷复制品、地图、球体、图标、缩略图、模型和工程图包括建筑平面图的二维和三维作品，这些作品保护的是它们所形成的美学技艺而不是机械的或者实用性的特征；美国著作权法所定义的实用性艺术品，应该限定为仅指绘画、图形和雕塑作品，这些包含图形、绘画和雕塑的设计受保护的对象仅是可以从物品实用性方面分离出来，并且可以脱离实用性产品独立存在。[1]

1790 年美国第一部《著作权法》，仅保护地图、图表和书籍。[2]三维作品在 1870 年著作权法保护范围扩张后才受到保护，任何书，地图，图表，戏剧或音乐编曲，雕刻，式样，印刷或照片或其底片，或油画，绘画，彩色石版画，雕塑，或模型或设计可以作为美术艺术品受到保护。[3]然而，受"美术艺术品"称谓的限制，实用性产品依旧不能受到著作权法的保护。最终，1909 年著作权法将"美术艺术品"扩张至一般而言的"艺术品"，这次改写第一次为实用性产品的著作权法保护敞开了大门。然而，这一敞开的大门迅速又被关闭。版权局颁布的法规中将"艺术品"定义为"所有属于美术艺术品的作品"并且明确表示工业艺术品的实用性目的和特征不属于著作权法的客体对象。[4]

然而，工业品设计师和制造商持续呼吁著作权法的保护，而"工业艺术品很难被包含其中"。最初，在 Baker v. Selden 案中提出的对于作品的复制涉及作品包含的思想，此种复制行为不能构成侵权[5]，作为一项基本原则写入 1909 年的《版权法》，排除以实用功能性为目的或特征生产出的工业艺术品的保护，无论其具有美学吸引力和装饰性。[6]尽管 1910 年规章允许版权局注

---

〔1〕　See 17 U. S. C. Artide 101.

〔2〕　See Act of May 31, 1790, ch. 15, § 1, 1 Stat. 124, 124.

〔3〕　See Copyright Act of 1909, ch. 320, § 5（g）, 35 Stat. 1075, 1077（current version at 17 U. S. C. § 102（2000））.

〔4〕　See Copyright office, Copyright office bull. No. 15, Rules and regulations for the registration of claims to copyright § 12（g）（1910）.

〔5〕　See Autoskill, Inc. v. National Educ. Support Sys., Inc., 793 F. Supp. 1557, 1564（D. N. M. 1992）.

〔6〕　See Copyright Office, "Rules and Regulations for the Registration of Claims to Copyright", bulletin-No. 15, p. 8（1954）.

册一些实用性客体包括书立，时钟，灯具，门环，烛台，墨水台，枝形吊灯，零钱罐，盐和胡椒瓶，鱼缸，勺皿和烟灰缸。[1]直到1917年著作权规则才确立了用于制作出手工艺品的艺术性设计的保护地位。1949年版权局在新的规章中再次改变定义，弃用"美术艺术品"，定义"艺术工艺品"包括美术工艺品，仅保护其三维形态而不是机械或实用性特征，如美学性首饰，瓷釉品，玻璃器皿和挂毯画，和所有属于美术艺术品的作品[2]，仅保护这些设计的艺术性方面而非机械或实用性方面。著作权对三维应用艺术品持谨慎态度是为了区别于外观设计专利，防止生产者或设计师绕开严格的外观设计审查标准而寻求著作权较宽松的授权标准。

1954年最高法院在 Mazer V. Stein[3]案中，授权工业灯底座使用的舞蹈中的人物于著作权保护，这一里程碑式的决定成为著作权法为提供保护应用艺术品保护的基础。原告设计出陶瓷制舞蹈中的人物形象用于大规模生产的台灯底座，并将该形象在版权局登记为"艺术品"。当被告复制原告的人物形象适用于与原告相竞争的台灯上时，原告将之诉至法院。法院将该案的核心归纳为小雕像是否可受著作权法的保护"当著作权申请人首要目的是将小雕像适用于台灯底座的形状和实现大规模生产销售"。法院适用"艺术品"条款，认为原告设计的小雕像形象台灯底座形状符合该规定。依据尼莫教授的观点，Mazer 案可以被解释为任何实用性产品，至少如果其在外观上具有美学吸引力，其形状可以作为著作权法保护客体。[4]

然而，Mazer 案仅明确了实用性艺术作品获得著作权保护的可保护性，并没有提出判断具体实用艺术品的设计获得著作权保护的条件。为了回应这一问题，1959年著作权规章规定：如果实用性艺术品包含如艺术性雕塑，雕刻或绘画作品等艺术性特征，可以作为作品与实用性艺术品分离并独立存在，这样的特征可以获得著作权法保护。[5]1959年规章首次明确采用了"分离原则"，成为现行的判断实用性艺术品的设计能否获得著作权法保护的一个标准，各法院适用该标准判断实用艺术作品能否获得著作权法的保护。纽

---

〔1〕 See Mazer v. Stein, 347 U. S. 201, 221 (1954) (Douglas, J., dissenting).

〔2〕 See 37 C. F. R. Article 202. 8 (a) (1949).

〔3〕 See 347 U. S. 201 (1954).

〔4〕 See 347 U. S. 201 (1954).

〔5〕 See 37 C. F. R. Article 202. 10 (c) (1959) (revoked Jan. 1, 1978, 43 Fed. Reg. 966 (1978)).

约南区法院在 In Ted arnold v. silvercraft 案中支持了模仿复古电话机作为卷笔刀外壳的著作权保护，原因是法院认为卷笔刀和它的外壳可以物理性分离。[1]

最后，1976 年的著作权法中肯定了实用性艺术品的设计著作权可保护性，并列举了 8 类可以获得著作权保护的客体，其中，实用性产品（uesful article）定义为如果某件物品唯一的固有功能是实用性，事实上，该物品独特和具有吸引力的形状不能作为艺术品获得保护，然而，如果物品的实用性形状包含艺术雕塑、雕刻或者图形表现形式等特征，这些特征可以从实用性产品中分离出来被识别并且能够作为艺术品独立存在。[2]因此，美国著作权法中的非功能性条款演变成"分离原则"的测试，仅保护功能性的设计即排除对功能性特征的保护，并且要求这些功能性特征可以与客体对象相分离。[3]

物理分离测试仅仅是判断装饰性元素是否可以与功能性装置或成分中相分离物，版权局将物理分离定义为是指实用性产品所包含的绘画，图表，或者雕塑性特征可以通过通用的手段与该物品分离，但依旧能保持该物品实用功能的完整性。[4]例如，著作权法排除照明器材的注册，因为照明器材的每一个设计元素均是由物品的实用性功能决定的，并不包含单独或组合元素可以作为著作权法保护的绘画、图形或者雕塑作品独立于实用性方面存在。[5]物理分离测试适用于三维物品时可以清晰地分辨出美学性物品和实用性产品，但当对象是二维物品时，将美学性物品从对象中物理性拆分出来几乎是不可能的，从而导致该测试不能有效适用。[6]另外，物理分离测试可能基于物品形态的不同得出不一致的结果。如放置于灯座顶部的小雕像可以与灯座实现物理性分离进而可受到著作权法的保护，但是将小雕像缠绕于灯座周身，则小雕像便不能获得著作权法保护。

---

〔1〕　See Ted Arnold, Ltd. v. Silvercraft, 259 F. Supp. 733, 735 (S. D. N. Y. 1966).

〔2〕　See Orit Fischman Afori, Reconceptualizing Property in Designs, *Cardozo Arts & Entertainment Law Journal.*, Vol. 25, No. 3., 2008, p. 1101.

〔3〕　See Orit Fischman Afori, Reconceptualizing Property in Designs, *Cardozo Arts & Enertainment Law Journal.*, Vol. 25, No. 3., 2008, p. 1101.

〔4〕　See Varsity Brands, Inc. v. Star Athletica, LLC, 2015 WL 4934282.

〔5〕　See Esquire, Inc. v. Barbara A. Ringer, Appllant, 591 F. 2d at 796, 798 (D. C. Cir1978).

〔6〕　See Home Legend, LLC v. Mannington Mills, Inc., 784 F. 3d 1404, 1413 (11th Cir. 2015).

第三章

工业品设计非功能性理论差异的产生

一、工业品设计非功能性含义差异之背景

(一) 工业品设计理念的转变

对美学产品的保护是知识产权领域最复杂的问题。毋庸置疑，新颖时尚的设计可以增加消费品的价值，但是，多数的设计品处于公有领域而未得到法律保护。由此，设计师试图说服立法者，提高对设计品的保护。第一次世界大战期间，这种游说活动就已经开始。支持者认为，既然法律为其他普通形式的创造活动提供保护，对设计的保护又不存在基本原则限制，应该为工业品设计提供法律保护。

工业品设计处于专利法，著作权法和商标法可以交叉保护的特殊地位。事实上，工业品设计也是唯一一种可以获得上述任一权利保护的财产权。设计同样地需要面对知识产权领域促进渐进式创新的问题。[1]动态社会的繁荣需要不断地改进，也需要艺术与技术领域的突破性创新。然而，很难发现一种激励机制可以在不产生不利的副作用的情况下极大限度地激励振奋人心的创新活动。例如，赋予创新程度很低的作品于财产权所产生的成本远远地超过其所创造的利益。

工业品设计存在于日常生活的方方面面，包括鞋、帽、服装、家用电器、工具、包装、汽车外形等，可谓无所不在。在消费品市场中，工业品设计能够将产品的功能性与美学性完美地结合起来很重要。通常，消费者选择产品的考量因素是产品的功能性和美学性。然而，20世纪初期的工业市场，设计

---

[1] See Douglas Gary Lichtman, "The Economics of Innovation: Protecting Unpatentable Goods" Minnesota Law Review, Vol. 81, 1997, p. 693.

师不可避免地卷入大量销售外形一致的机械发明工业之中。随着市场中相似性产品越来越多，设计师意识到需要提高消费者对其产品的认可度。

对于 19 世纪盛行的"功能决定形式"的功能主义设计理念，柯布西耶提出更为超越的设计双重构思原则：一方面要通过经验形式满足功能的要求；另一方面要运用抽象的造型元素来触动感觉并培育智慧。远洋轮船的美、飞机的美和汽车的美都在于，如果暂时忘记它们是运输工具，将会发现一种无畏、纪律、和谐与宁静的、紧张而强烈的美。现代工业创造中表现出的美不能被否认，它们所保护的数学美，体形与材料的搭配，无不传递着机器之美。[1]他倡导的机器美学逐渐被人们接受和追捧，继柯布西耶之后，1934 年美国学者刘易斯·芒福德在《技术与文明》一书中提出了"对机器的审美改造"。文中指出：不同于工业革命中无灵魂的机器时代，当今机器不仅是人们活动的一种工具，更是一种有价值的生活方式。机器制造与人的需要和愿望充分地结合，使机器不仅只是功能和适应新标准的体现，现代技术通过自身的基本性质增强了美学意义上的纯洁性。[2]机器并非只是没有灵魂的装置，它融入了设计师的审美感受力与人们的需求，成为人们生活方式的物质载体，促进行为文化进步的依托。

（二）美学思潮的崛起

设计在现代生活中愈发重要，不仅存在于生活的方方面面，还可为公司带来巨大的经济价值。无独有偶，全球顶级的公司同时也是各自行业中设计风尚引导者。[3]苹果公司电子产品以其独具风格的设计在商战中屡屡获胜，iPod 音乐播放器的出现，异于其他音乐播放器的外观，以其吸引眼球的设计迅速占领市场。不仅如此，苹果智能手机更是以精简、美观的设计风格引领风潮，带来了智能手机外观设计的变革。2015 年苹果公司在智能手机外观设计之争中击败竞争对手，联邦上诉法院认为三星公司智能手机外观设计侵犯苹果公司外观设计专利，并判决三星公司赔偿苹果公司近 6 亿美元，苹果公

---

〔1〕 参见［法］勒·柯布西耶：《走向新建筑》，陈志华译，陕西师范大学出版社 2004 年版，第 75 页。

〔2〕 参见吴火、徐恒醇主编：《技术美学与工业设计丛刊》，南开大学出版社 1986 年版，第 38～51 页。转引自徐恒醇："现代产品设计的美学视野——从机器美学到技术美学和设计美学"，载《装饰》2010 年第 4 期。

〔3〕 See Ravi Sawhney, Deepa Prahalad, "The Role of Design in Business", 载 http://www. busines-sweek. com/innovate/content/jan2010/id2O100127_ 743970. html，最后访问时间：2015 年 11 月 6 日。

司在智能手机外观设计领域，成了最大的赢家。

工业品设计在市场竞争中可以使制造商产品和服务与对手形成区分，以独特的外形赢得消费者的青睐。事实上，几乎每一领域都需要设计师创造出"吸引眼球"的产品。在功能相似的产品竞争中，产品的整体外观显得格外重要。拥挤的消费品市场中，设计是唯一可以与其他产品形成区分的方法。设计师致力于创造出可以吸引消费者、用来指示特定产品来源的美学性的设计，而指示一款取得市场成功的产品的来源的美学性设计可以鼓励消费者不断地从同一制造商处购买其他产品。因此，产品的外观和吸引力对最终能否取得商业成功显得至关重要。

在消费社会中产品的消费并非仅仅依据需求，而是基于社会学和心理学的综合因素，设计为消费者和市场提供许多不可量计的益处。设计不仅是产品客观属性的传递者，更是文化价值甚至是社会价值的传播者。消费者对产品设计的选择通常代表了其个人的喜好与价值取向。例如，汽车产业的首要实用性目标是交通工具，但是汽车所传达出的信息远远超出其的实用性。汽车代表了汽车所有人的生活方式和理念。

随着时尚行业的发展，工业品设计功能性的原则开始转变。非功能性，严格的装饰性繁荣于 19 世纪 50 年代的汽车或维多利亚式建筑设计理念已经过时，流线型简单融合非功能性的设计理念兴起。事实上，现代设计师转而强调形式和功能融合的设计。[1]随着新材料和技术在现代社会的发展与崛起，使追求工业品设计美学外形成为可能，而对工业品设计师的保护需要更加灵活的方式保护美学吸引力的产品。

当下，设计在现代生活中显得愈发重要。全球顶级的公司亦是各自领域的设计潮流的引领者，这绝非偶然。在现代注意力消费时代，设计是市场中唯一可以将此产品与彼产品相区分的要素。[2]工业品外观设计更是企业在相关竞争市场中脱颖而出吸引消费注意力的制胜法宝，因此，每个行业都需要设计师设计出"吸引眼球"的、具有辨识度的、可以与同类产品形成区分的外观设计以博得消费者目光的停留。美好、优良的结构、外观设计使产品具

---

〔1〕 See Susanna Monseau, "The Challenge of Protecting Industrial Design in a Global Economy", *Texas Intellectual Property Law Journal*, Vol. 20, No. 3, 2012.

〔2〕 See Tom Peters, *Re-Imagine! Business Excellence in a Disruptive Age*, Dk Publishing, 2003, p. 110.

有美学性的吸引力，更能满足消费者的感官，获得观感上的愉悦。

在当前的消费社会中，商品的消费不再仅仅基于必要性，而是基于社会、心理上综合的因素，设计为消费者提供了诸多不可量化的益处。[1]设计允许消费者通过设计品的选择以达到与他人形成区分的目的，设计不仅可以传达商品的客观属性（它能做什么），亦能传达出文化价值（如品味、风格），更能彰显消费者的社会地位。因此，随着消费环境及消费理念的改变，工业品不再只追求物理性功能而忽视外观上的美感，而是在追求富有美感外观的基础上，实现美感与功能的统一。

二、商业外观中美学性设计的排除保护

（一）美学功能性概述

随着工业品设计理念的转变，工业品设计商业标识保护的异议不仅出现于对实用功能性特征的保护，从技术与机械领域的实用性特征延伸至非实用性特征，争论开始围绕非实用性特征是否能获得商标法与反不正当竞争法的保护。非实用性设计也指美学性设计，美学功能性条款作为另一种功能性，不同的法院对其持不同的态度，导致这一条款不仅争议性极强而且令人困惑。理论上，美学功能性适用于颜色或其他商业外观的特征，因为该项特征本身对消费者的吸引力胜于该项特征的实用目的，而致使商业外观产生了竞争性优势。如果一项产品特征具有美学功能性，则该项特征应当处于竞争者可以自由使用的状态。

1. 美学功能性产生之背景

传统上，商标保护并不及于产品外观。一般认为，产品包装、设计、构造或者气味等均为产品本身的特征，消费者通常并不凭借上述产品的特征来确定商品的来源，因此产品特征并不具有一般商标的功能，对这些产品特征的使用也不会造成消费者的混淆。

但是，在大规模广告兴起之后，产品区分成为众多商人追求的目标。在经由广告宣传在将其产品与其他同质产品区分之后，就会形成了消费者偏好，从而能够以高于完全竞争状态下的价格销售产品而获得额外的利润。事实上，

---

[1]　See Orit Fischman Afori, "Reconceptualizing Property in Designs", *Cardozo Arts & Entertainment Law Journal*, Vol. 25, No. 3., 2008.

经由大规模广告宣传，不仅商标本身的区分力更加强，其他产品特征如产品包装、设计、外形甚至色彩或者气味等，在广告中的反复出现，从而特征在消费者心目中留下深刻印象，因此也与传统商标一样可以成为产品区分的重要手段。

在这种背景下，商人为维持由其产品特征产生的可区分同质产品的效果，逐渐要求认可其产品特征的商标功能从而可据此限制他人对该产品特征的模仿和使用。于是，在商人的持续努力下，大多数国家的商标法上商标保护的客体范围不断扩张，从而使得各种产品特征如包装、设计、外形、色彩或气味等成为商标保护的对象。

商标的目的是帮助消费者获得产品和服务的信息，正是基于此，商标法不同于其他类型的知识产权法。商标法并不是促进新作品产生的激励机制。反而，商标法的目的是作为激励机制确保每一个制造商以使消费者识别商品来源、质量及零售店位置的方式标记其产品和服务。正是受此目的的限制，商标权利保护范围也受到限制。标记在商业使用中传达信息的能力受到严重干扰，即他人的使用行为可能引起消费者混淆时，适用侵权条款的规定受到保护。而这一保护范围要窄于著作权和专利权的保护范围，著作权法和专利权法中规定的使用不以混淆可能性为保护前提。另一方面，著作权和专利权保护仅是有限期间的保护，而商标保护时间由该标志商业使用时间决定。

之所以装饰性商业外观设计可以落入商标法的保护范围是因为设计向消费者传播实用性信息。通常商标法保护的标记多数为文字或标志，而被称为商业外观的一类标记指的是产品的外观。凯迪拉克车尾鳍的设计具有显著性，消费者看到车尾鳍的设计便知道是凯迪拉克的车。在商标保护的语境中，该特征的保护需要通过长期商业使用与特定的生产者产生关联，获得第二含义。当其他竞争者未经许可在其生产的车中使用该特征、存在混淆可能性时，凯迪拉克可以依据商标侵权防止他人不正当地利用其商业外观。不同于商标法的其他客体，商业外观要求产品外观是可以满足消费者审美的装饰性的外观。凯迪拉克具有吸引力的车尾鳍设计，使消费者更愿意购买凯迪拉克，这也许便是激励凯迪拉克做出此设计的初衷。因此，法院禁止其他任何汽车制造商未经许可设计出使消费者混淆的车尾商标。

正是由于商业外观具有双重特性，不仅有审美吸引力，还可以向消费者传达信息，设计师开始不断地寻求商标法对设计的保护。当设计可以起到为消费者指示来源的作用时，便可以获得商标法的保护。对于设计的双重保护，反对者认为法院不断地将设计归类为"固有显著性"的标志，不需要证明获得第二含义就可以获得商标法的保护，会使商标法保护一些不是商标的设计。简而言之，设计师不需要证明设计可以向消费者传达信息。

原本，通过外观设计专利或者著作权对产品外观提供保护来限制竞争对手的自由模仿。但由于外观设计专利要求该外观新颖、非显而易见并且具有装饰性，而著作权以具有独创性且与实用功能相分离为保护依据，分离原则通常是阻碍工业品设计获得著作权保护。专利或者著作权保护对于商人而言在权利取得、维持和执行方面常有一定的难度，且成本较高。[1]尽管商标法的保护范围窄于著作权和外观设计专利，由于商标法保护期限可以无限延续，著作权和专利有效期过后产品设计便进入公领域，竞争者可以自由模仿，商人为了最长期限地独占使用产品外观，开始寻求商标的保护。但是，对没有证明可以指示来源的设计，提供商标法保护将会破坏知识产权维护个人激励与公共利益平衡的政策基础。从而，美国最高法院在 In Wal-Mart Stores, Inc. v. Samara Bros 案中，撤销下级法院认为原告 Samara 以心形、花束、水果之类为装饰品的春夏款编织物服装具有固有显著性而授予商业外观保护的判决，最高法院一致认为，产品设计不具有固有显著性和需要证明获得第二含义才可获得商标法保护。[2]Samara 案之后，装饰性设计获得商标法保护，因为较以往更困难，所以制造商需要花费时间并利用广告在消费者中创建知名度。

虽然如此，法院试图通过建立获得第二含义减少商业外观与外观设计专利的双重保护，排除对不具有商标指示来源作用设计的保护。但是商业外观与外观设计专利均不保护功能性的设计，通常认为外观设计专利可以作为证明商业外观非功能性的证据，然而外观设计专利是对工业品的设计的保护，这类工业品通常具有一定的实用功能。以标记指示来源为保护要件的商标法，如果对这类产品提供保护，则将使制造商无限期垄断该实用性特征，不仅损

---

〔1〕　参见黄海峰：《知识产权的话语与现实——版权、专利与商标史论》，华中科技大学出版社2011年版，第243页。

〔2〕　See Wal-Mart Stores, Inc. v. Samara Bros. , Inc. , 529 U. S. 205, 212-13（2000）.

害公众自由模仿的权利，也不利于正当竞争。因此，应该将既包含功能性又含有装饰性的设计排除于商标法的保护范围之外。如欧洲设计指令中"产品"的定义为"任何工业或者手工艺物品包括：（1）组成部分；（2）包装；（3）装扮；（4）图形符号；（5）印刷字头"中包含的"包装、装扮"之意认为"商业外观"可以依据设计指令作为注册设计获得保护，因此可以缓解这一类知识产权在英国难以获得商标保护的困境。[1]

对于保护立体商标和颜色组合的国家和地区，有相当多的以产品或包装形状为特征或特征之一的工业品外观设计，凡是符合法定条件的，都有可能作为立体商标或颜色组合商标取得注册，得到商标法保护，因此还产生了一个对外观设计选择知识产权保护类型的问题：是采用外观设计权保护，还是采用商标权保护。在我国，商品本身的形状、商品包装或容器的形状，既可以获得商标法注册又可以获得外观设计专利的保护。而商品的包装、企业经营场所或餐厅的独特装潢、建筑、牌匾用具、服装等可以获得反不正当竞争法与外观设计专利的保护。

2. 美学功能性的出现

产品特征视觉上吸引消费者，当竞争者在市场竞争中需要这一特征时，即使这一特征并不增加产品实际的实用性或降低产品成本，亦可认为该特征具有美学功能性而不能获得商业外观的保护。《反不正当竞争法重述（第三版）》中列举了最能说明美学功能性的例子：情人节心形巧克力盒的设计，盒子的形状作为情人节主旨的反映目的是吸引消费者。而作为在情人节推出的巧克力糖果产品，心形设计是可以满足消费者以此传达心意的需求。因此，心形巧克力盒的设计具有功能性。然而，心形的盒子设计并没有增加盒子的实用性，也不是节约成本的方法，但是竞争者意图在情人节巧克力市场中充分竞争，需要心形设计的巧克力盒子。[2]第七巡回法院给出了另一个例子：貂皮大衣在销售的时候是经过染色的，染色并不能使大衣变的更加暖和，但是

---

〔1〕 See Katrine A. Levin, Monica B. Richman, "A Survey of Industrial Design Protection in the European Union and the United States", *European Intellectnal Property Review*, Vol. 25, No. 3., 2003, pp. 111-124.

〔2〕 American Law Institute, *Restatement of the Law（3d）of Unfair Comptition*, 1995.

能使其更加漂亮，第一个染色毛皮的销售者不能因此得到商业外观的保护。[1]

美国各巡回法院对美学功能这一条款产生了不同意见，多数法院认为美学功能性并不能充分表达这一条款的本质，并非所有视觉上可以吸引消费者的特征均具有功能性。如联邦巡回法院所述，仅仅因为对颜色的偏爱喜好并不能导致颜色具有法律上的功能性，除非它是最好的设计或者是多个优化设计其中之一。[2]甚至具有美学吸引力的商业外观特征并不一定具有功能性，除非该特征起到非常显著的非商标功能，而对该特征的专有使用会使竞争者处于非常显著的竞争劣势。[3]事实上，认定所有视觉吸引力的产品特征具有功能性将抑制可以吸引人的设计的发展，仅仅因为争议的特征获得了商业成功便可自由模仿该商业外观，则被告只需证明一些消费者认为该特征具有吸引力便可排除商业外观的保护。[4]

不同的法院对美学功能性有权拒绝接受，也有权限制性适用。2001年的TrafFix案将美学功能性条款合法化，最高法院声明Qualitex案中的核心问题是美学功能性问题，而将竞争必需性原理运用于美学功能性，分析某一特征是否使竞争者处于"与商誉无关的显著劣势"是适当的。《反不正当竞争法重述（第三版）》中定义了美学功能并对其描述，为美学功能性合法地位提供了又一来源。[5]

将竞争必需性理论适用于美学功能性，则美学功能性的核心并不是某产品特征作为商标是否吸引消费者，而是其他竞争者不使用该项特征是否能有效地竞争。简而言之，如果某公司对产品特征寻求垄断保护，其他竞争者是否依旧能公平、有效地争夺潜在的消费者？[6]同样地，《反不正当竞争法重述（第三版）》声明美学功能性的"终极测试"是"授予商标权是否会显著地影响竞争"。[7]当商业外观的某一构成元素"对于产品的价值对消费者非常

---

〔1〕　See Anne Gilson LaLonde, *Gilson on Trademarks*, Mattew Berder and Company, 2015, cited in Publication Int'l, Ltd., 164 F. 3d.

〔2〕　See L. D Kichler Co. v. Davoil Inc., 192 F 3d. 1349, 52 U. S. P. Q. 2d 1307（Fed. Cir. 1999）.

〔3〕　See Qualitex Co. v. Jacobson Products Co., 514 U. S. 159（1995）.

〔4〕　See Jay Franco & Son, Inc. v. Franek, 615 F 3d. 855, 860, 96 U. S. P. Q. 2d 1404（7th Cir, 2010）.

〔5〕　See American Law Institute, *Restatement of the Law（3d）of Unfair Competition*, 1995.

〔6〕　Jay Franco & Sons, Inc. V. Franek, 615 F. 3d 855. 860. 96 U. S. P. Q. 2d 1404（7th Cir. 2010）.

〔7〕　See Anne Gilson LaLonde, *Gilson on Trademarks*, Mattew Berder and Company, 2015, cited in Publication Int'l, Ltd., 164 F. 3d.

重要，而商标法的持续保护将剥夺它们的竞争性替代选择时，保护停止。[1]

商标审判和上诉委员会同样地适用竞争必需性原理解决美学功能性问题，在手持真空吸尘器红色外观商标注册申请中，商标委员会撤销了审查员拒绝注册的决定，商标委员会认为仅仅因为红色运用于手持真空吸尘器具有一定的积极属性并不意味着红色对手持吸尘器具有功能性。红色对消费者来说具有美学吸引力并不意味着其他的真空吸尘器的制造商需要红色才能在市场中有效地竞争。[2]竞争必需性意味着，竞争者必须使用该设计才能在市场中充分竞争。替代性设计的存在，则可证明通过其他设计竞争者仍然可以保持市场中的竞争地位。

（二）美学功能性排除的兴起

在美学功能性理论未形成时，美国法院已经意识到一些产品的美学特征在市场上提供了重要的竞争优势。1913 年，第三巡回法院拒绝为台式电话形状的小瓶子提供保护。[3]法院认为忽略瓶子作为容器的功能性，它们不是实用性的产品，之所以会选择做成日常生活中喜闻乐见的物品的微小复制品，是因为其吸引消费者，特别是小朋友。许多法院在解决玩具做成卡车或动物形状一类的案例时，达成了类似的观点。

美学功能性的理论起源于 1938 年《美国侵权法重述（第二版）》，如果消费者购买商品很大程度上是因为商品所具有的美学功能，那么，这些美学特征就具有功能性，因为它们促成了美学价值的产生，有助于实现商品所要达到的目标。[4]美学功能性理论产生的早期，并没有得到太多的关注。法院在照明设备中适用了美学功能性原理，认为原告的不透明的金属球状下部和透明顶部的产品美学特征，是被告和其他竞争者竞争所必需。因此，认为原告的产品特征具有功能性。[5]从此之后的 14 年中，美学功能性几乎被遗忘直到 1952 年。[6]

---

[1] See Qualitex Co. v. Jacobson Products Co., 514 U.S. 159 (1995).

[2] See In re Royal Appliance Mfg, Co., 1996 TTAB LEXIS 64 (T.T.A.B. 1996).

[3] See Redlich Mfg. Co. v. John H. Rice & Co. (D.C.) 203 F. 722.

[4] See Restatement (Second) of Tort & 742, comment a (1938) § 742, comment a (1938).

[5] See Ainsworth v. Gill Glass & Fixture Co., 26 F. Supp. 183, 186-87 (E.D. Pa. 1938).

[6] 参见高阳："美国商业外观与外观设计专利的功能性判定——以苹果公司诉三星公司的智能手机纠纷案为视角"，载《中国知识产权法学研究会 2015 年年会论文集》，中国知识产权法学研究会 2015 年 9 月。

1952 年在 Pagliero v. Wallace China Co 案，第九巡回上诉法院提出"重要因素"测试，判决 Wallace China 公司的高级陶瓷餐具特别花卉式的设计不能被授予专有权，因为对美学的需求同样可被认定为具有实用功能。如果特定设计是该产品取得商业成功的"重要因素"，在对自由竞争的考量未得到著作权法或专利法保护的情况下允许自由模仿。[1]"重要因素"测试使商标所有人的成功营销陷入不利地位，纯粹美学性的设计亦被认定为功能性，表面上看美学功能性似乎不合常理。

Pagliero 案之后，引起了法院对美学功能性的关注，但是法院关注的重点不是如何适用美学功能性标准解决功能性问题，而是美学功能性的正当性争论不休。海关和专利上诉法院（联邦巡回法院的前身）拒绝接受美学功能性条款。在 DC Comics 案中，海关和专利上诉法院撤销了商标审判和上诉委员会的判决，认定争议设计不具有机械性优势。海关和专利上诉法院认为商标审判和上诉委员会认为申请人的绘画具有美学功能性，而不能作为玩偶商标的结论是不正确的。商标审判和上诉委员会所认定的美学特征不管其具有的美学吸引力对竞争有多大的影响，并不能使绘画具有功能性。[2]第三、第五和第六巡回法院追随海关和专利上诉法院，拒绝美学功能性。第一巡回法院远离这场关于美学功能性的纷争，仅在一个判决文书中提到美学功能性。[3]

第七巡回法院接受了美学功能性条款，如波斯纳法官所述，现代零售通过包装追求美观的动机是希望消费者通过美观的外包装可以推断出产品的质量，也希望产品的包装可以对消费者产生实用性，如消费者在宴请客人时展示出瓶形美观的香槟。生产商不能以商业外观的名义阻止其他竞争者生产出与其产品一样吸引人的外观。[4]

法院将美学功能性定义为"设计的美学吸引力同它的有形特点一样可以具有功能性"，并强调允许对"设计的基本元素（形状，成分，颜色等）进行垄断会使其他竞争者的'调色板'枯竭"和越是基本和普通的元素，对

---

〔1〕　See Pagliero et al. v. Wallace China Co，198 F. 2d 339（9th Cir. 1952）.

〔2〕　See Inre，DC Comics，689 F. 2d，1042（C. C. P. A. 1982）.

〔3〕　See Yankee Candle Co. v. Bridgewater Candle Co.，259 F. 3d 25，42，59 U. S. P. Q. 2d 1720（1st Cir. 2001）.

〔4〕　See Publications International，Ltd. v. Landoll，Inc.，164 F. 3d 337，339，49 U. S. P. Q. 2d 1139（7th Cir. 1998）.

其的限制使用越能显著地影响竞争。[1]法院毫不犹豫地接受了美学功能性条款。法院在原告食谱和儿童书籍商业外观保护案中发现金色的书页边缘和覆盖的纹理都具有功能性,并将书页边缘的金色称为"美学功能性的最好例证"。[2]

美国《反不正当竞争法重述(第三版)》对美学功能性标准进行了限制,认为美学意义上的吸引力并不构成功能性,只有它带来一种实质利益(significant benefit)不能通过替代设计来实现的情况下,该项设计才具有功能性。[3]第九巡回法院对美学意义上的吸引力进一步做出解释。

第七巡回法院的伊斯特布鲁克法院与波斯纳法官同样认为具有美学吸引力的设计或形象同时可以指示来源:以时尚为追求的现代社会,制造商选择一个吸引人的名字,标志,或者设计作为商标是很少罕见的。商业名称,标志和设计特征通常起到双重作用,一方面使产品看起来更具有吸引力,另一方面是使消费者将其与其他制造商形成区分。[4]第二巡回法院经过很长时间才接受美学功能性,但是对第九巡回法院提出的"重要因素"标准提出了质疑。第二巡回法院认为美学功能性是指"对某一标记的保护会严重地(significantly)破坏竞争者在相关市场的竞争能力"。事实上,在最高法院提出"与商誉无关的显著竞争劣势"标准之前,在证明美学功能性时第二巡回法院要求提供商业外观的保护将剥夺竞争者替代性设计而阻止在相关市场的竞争。[5]第四巡回法院虽然对美学功能性的适用对象未发表看法,但是在判决中采用了第二巡回法院的观点。[6]

在 Wallace 案中,第二巡回法院肯定了地区法院认为原告的设计具有功能性而拒绝提供禁令救济的判决。原告"豪华巴洛克式"银式餐具系列经典的

---

〔1〕 See Jay Franco & Sons, Inc. v. Franek, 615 F. 3d 855. 860, 96 U. S. P. Q. 2d 1404 (7th cir. 2010).

〔2〕 See Duraco Products, Inc. v. Joy Plastic Enerprises, Ltd., 40 F. 3d 1431, 1439 (3d Cir, 1994).

〔3〕 See The Restatement (Third) of the law of unfair competition § 17, comment cited in at 175-176.

〔4〕 See W. T. Rogers Co. v. Keene Manufacturing, 778 F. 2d 334, 340, 228 U. S. P. Q. 145 (7th Cir. 1985).

〔5〕 See Landscape Forms, Inc. V. Columbia Cascade Co., 113 F. 3d 373, 377, 42 U. S. P. Q 2d 1641 (2d Cir 1997).

〔6〕 See Ashley Furniture Industries., Inc. v. Sangiacomo N. A. Ltd., 187 F. 3d 363, 376, 51 U. S. P. Q. 2d 1609 (4th Cir. 1999),引用 Landscape Forms, Inc. v. Columbia Cascade Co., 113 F. 3d 373, 377, 42 U. S. P. Q. 2d 1641 (2d Cir. 1997).

巴洛克风格设计：华丽，厚重，绚丽。被告以低廉的价格生产了含有所有巴洛克元素的一套银制器皿，虽然与原告的产品并非完全一样，但是被告承认其设计是受原告的启发。第二巡回法院认为"某种装饰性元素授权为商标或获得商标法保护会限制替代性设计的范围而严重影响竞争时，美学功能性条款不提供如此的保护"。Wallace 所寻求专有权保护的并不是一种特殊装饰风格的表达，而是处于公有领域的一种风格所包含的基本元素。如果给予原告专有权保护，其他竞争者将不公平地受限于适当的替代性设计风格的范围。[1]

第二巡回法院处理的另一个案例中涉及秋天主题的儿童毛衣的设计（秋叶和松鼠），法院认为美学功能性的首要目的是所保护的设计给予商标法保护，因为大量的替代性设计存在，不会限制竞争者的竞争能力。而原告使用可以表现秋天主题的元素有很多，被告替代性设计的选择不会受到限制。因此，认定原告的设计不具有功能性。[2]第九巡回法院在 Pagliero 案中将设计分为两类：一种为"产品取得商业成功的重要因素"具有功能性不受保护；另一种为"产品外观出于识别性和个性化的目的任意性的选择的设计"具有非功能性可受保护。第二巡回法院批判第九巡回法院的此种分类，认为此种分类挫败了"在先使用者和在后竞争者设计出具有吸引力的外观"的热情。[3]由此，对于美学功能性的争论方兴未艾。

美学功能性如雨后春笋般在美国司法实践中蓬勃发展，尽管不同法院所持态度不同，但是限制对非实用性特征保护的趋势已出现。与以往商业外观只限制对实用功能性产品设计的保护不同，非实用性产品正是商业外观所追求的具有装饰美学之设计，对其的排除保护应更加慎重。

（三）美学功能性排除的延伸适用

随着可商标事项的扩张，服务装潢类作为商业外观获得保护，其包含的非实用性设计需适用美学功能性判断是否具有可商标性。零售服务行业，如

---

〔1〕 See Wallance International Siliversmiths, Inc. v. Godinger Silver Art Co., Inc., 916 F 2d 76, 80, 16 U. S. P. Q. 2d 1555 （2d Cir. 1990）.

〔2〕 See Knitwaves. Inc. v. Lollytogs Ltd., 71 F 3d 996, 36 U. S. P. Q. 2d 1737 （2d Cir. 1995）.

〔3〕 See Wallace International Silversmiths, Inc. v. Godinger Silver Art Co., 916 F. 2d 76, 80, 16 U. S. P. Q. 2d 1555 （2d Cir. 1990）, Christian Louboutin S. A. v. Yves Saint Laurent America Holding, Inc., 696 F. 3d 206, 103 U. S. P. Q. 2d 1937 （2d Cir. 2012）. 我们拒绝重要因素标准，因为其不可避免地使商标所有人因成功地营销产品而处于不利地位。

餐厅,与餐厅名称和字词标记相分离的特别的室内装潢,可以用来区别于竞争者的业务。餐厅的商业外观是指餐厅的整体外观形象,设计和商业格式。其与产品包装外观相比,受到《兰哈姆法》的同等保护。[1]事实上,餐厅外观是对提供食物的服务和经常提供休闲和用餐的地点进行的"包装"。

装潢类商业外观非功能性的判定应该适用美学功能性测试,判断某项特征是否具有竞争必要性[2]。2001年最高法院认为一般功能性标准需证明一项特征是否某项产品或服务的"使用或目的必不可少",或者"影响成本或质量"。[3]但是,如果一项特征有关美学目的性时,最高法院认为合适的标准是对该项特征的排他性使用是否会使竞争者陷入与商誉无关的劣势。例如,室内与室外装潢和属于菜单和制服范畴的设计,正是美学功能性所调整的对象:此类对象不具有实用功能性,但是可能具有美学功能性,而如果允许餐馆垄断具有美学功能性的设计特征,特别是一些整体主题或基调必不可少的特征,将不利于正当竞争。

在"家乡风味烹调"案中,原告主张的包括TajMahal形象和尖塔状提供印度烹饪的餐馆和以提供"家乡风味烹调"的风味厨房为主题特征的商业外观具有非功能性。[4]本案中的装潢包括多种多样的古玩和乡村风味陈设。包括古色古香的吧台,暴露在外的厨房,宽敞开阔的用餐区域,教堂式靠背长凳隔间,古老的活板桌,古老的照明设备,打印出的小小的墙纸和小小的农场和厨房用具悬挂在墙面。法院认为原告的商业外观不受保护,因为原告的商业外观只是"家乡风味烹调"主题的一部分,并且只是商业经营手段和风格的反映。因此,原告不能禁止其他竞争者在主题餐厅市场中使用这种以"家乡风味烹调"为主题的装潢。原告的主题餐厅营造出的印度风味和文化,使其商业外观产生与印度相关的形象和印象。因此,餐厅商业外观组成元素是增加消费者对餐厅食物需求的相关概念和主题时,该商业外观具有功能性。

餐厅装潢商业外观是对餐厅整体外观的保护,它包括"餐厅外部的形状和基本外观,识别性的地点标志,内部地板设计,菜单,提供食物用的设备,

---

〔1〕 See Lisa K. Krizman, "Trademark Protection for Restaurant Owners: Having Your Cake and Trademarking it, Too", 99 TMR 1004 (2009), p. 13.

〔2〕 See Best Cellars, Inc. v. Wine Made Simple, Inc. , 320 F. Supp. 2d 60 (2003).

〔3〕 See Traffix Devices Inc. v. Marketing Displays, 532 U. S. 23, 121 S. Ct. 1255, 149 L. Ed. 2d 164, 2001.

〔4〕 See Prufrock Ltd, Inc. v. Lasater, 781 F. 2d 129 (8th Cir. 1986).

餐厅服务员的制服"，和其他能否反映餐厅整体形象的特征。在装潢类侵权案件中，相似的商业外观中保护范围的确定至为重要。第九巡回法院在随后洛杉矶的高档餐厅商业外观侵权案中，认为餐厅的装潢和菜单含有以下的元素可作为商业外观受保护：（1）徽标、服务标记、广告、促销、纪念品或者餐厅内食用和外卖菜单中使用的百老汇风格的字体。（2）广告、促销、纪念品和餐厅装修所使用的白色和红色以及绿色的突出使用。（3）作为餐厅装潢主要特征的百老汇海报。（4）餐厅装潢用的舞台或电影风格的照明器材。[1]

Happy Sumo Sushi 案给出了确定餐厅装潢的独特之处，是用来对抗被告辩称装潢所用的一些元素是司空见惯的装饰风格经典案例。本案中，法院认为原告可以受保护的商业外观包括：（1）寿司吧台后面红色渲染的背景墙，扁平电视和浅木色的椅子，餐厅剩余墙面上充满了差异很大的不同颜色。（2）寿司吧台反面是整齐排列的一个个人为隔开的小单间，每个单间的每一面都悬挂着红色窗帘，用以打造私密的空间；这些红色窗帘垂褶张开并用金属纽扣支撑，和这些窗帘单间的相对应的是传统的日本木质滑动门。（3）天花板上布满了管道，黑色的轨道灯和其他可以看见的硬件设备。（4）餐厅中心的餐桌上覆盖着黑色的桌布，棕色牛皮纸放置在每张桌布的上面，并配以浅色的椅子。（5）餐厅服务员，厨师统一着黑色衣服，包括围裙也是黑色。（6）无遮挡的混凝土地板上散布着棕色斑点。明确识别出餐厅的外观中真正不同于其他餐厅共有的元素的组合，对确定保护范围至关重要。

在 Clicks Billiards Inc v Sixshooters Inc 案中，第九上诉巡回法院认为设计元素的组合如果对竞争者而言存在替代性设计时，可以受到商业外观的保护。在本案中，Clicks 的台球房建成之后，Sixshooters 不仅模仿 Clicks 台球房设计的样子和感觉，而且还模仿整个台球房营造出的氛围，Clicks Billiards 起诉 Sixshooters 侵犯其台球房的商业外观。区法院认为 Clicks 台球房的设计，如大小、陈列、台球桌的摆设、颜色的组合，包括地毯和黑木所形成的强烈的颜色反差、光线、彩色的啤酒标志等，这些设计元素单独来看都是功能性的。而问题的关键在于，这些设计元素构成的外观整体上是否具有非功能性。并且区法院陈述原告主张的商业外观是纯粹美学性的设计，如黑色的木头、各种物件的陈列、颜色的选择和图案等，这些决定是出于装饰性和美学性的考

---

[1] See Jerry's Famous Deli, Inc. v. Papanicolaou, 383 F. 3d 998（2004）.

量。因此，区法院认为原告的商业外观具有非功能性和纯粹美学性。

同样地，在以台球房为对象时，重点是评价餐厅"视觉元素的整体组合，是否能产生显著性的视觉印象"。法院应该将商业外观作为整体，因为"单独分离的功能性元素可能不受保护，但是作为商业外观一部分时可以被整体保护"。Clicks 所主张的商业外观，如用来为台球桌照明的灯和提供酒水的柜台，每一个单独元素都是功能性的，因此，不能受到商业外观的保护。但是，设计元素特殊的组合和排列可以使其与其他人使用的同类主题相区分。[1]第九上诉巡回法院反驳区法院认为商业外观同时具有"功能性和纯粹美学性"的观点，这种陈述与普遍公认的功能性表示实用性的观点内在的不协调且相矛盾。总而言之，商业外观可以同时具有美学吸引力和指示来源，也可以同时具有美学吸引力和功能性。

正如第五巡回法院在 Two Pesos 案中所述，原告 Taco Cabana 所主张的餐厅整体形象的商业外观，事实上，每一个单独元素的功能性并不排除其受到保护。因为，Taco Cabana 各元素特殊的组合给高级墨西哥快餐厅产业留下众多可以不引起混淆性相似的替代设计。[2]第九巡回法院将第五巡回法院对功能性的判定适用于本案，也即如果原告可以证明其台球房各设计元素的选择是任意的和非功能性的便可受到保护。因为，其他台球房有众多可以选择的替代性设计，Clicks 用来打造高级台球房整体形象的选择设计不是"唯一的，最便宜的或者设计台球房最有效的方法"。本案中 Clicks 所提供的证据，可以充分说明其台球房的整体外观的设计是非功能性的。

三、外观设计专利中美学性设计的保护

（一）美学理念影响下的外观设计专利

工业技术的发展给设计师带来了更多的发展空间，在实现工业品实用功能性的同时，设计师为了在同类产品中脱颖而出加入诸多设计元素，不仅可以掩饰技术工业品的粗笨，更能增加视觉吸引力及美感，吸引消费者购买。虽然，工业品设计的美学性并不要求达到纯粹艺术品的美学高度，但要求可

---

〔1〕 第九巡回上诉法院引用 McCarthy 教授的观点来支持其论断："'美学功能性'是一个矛盾语，美学装饰性的设计是实用功能性的对立面。"该巡回上诉法院并不认同"美学功能性"理论，也即是不同意纯粹美学性的特征也可以具有非功能性的观念。

〔2〕 See Taco Cabana International, Inc. v. Two Pesos, Inc., 932 F. 2d 1113 (5th Cir. 1991).

以修饰技术产品，起到装饰性作用。

工业品设计师对产品的美学性修改，并不仅仅使其形成了区分。通过美学元素和图像的使用增加产品对消费者的吸引力和可接受性，并将其象征性地渗透于产品之中。艺术史学家 Adrian Forty 以厨房电器为例，讲述了工业品设计的变革。早期的厨房电器类似于"工业设备"，制造商并不关注其外观。如食物搅拌器从 1920 年起就具有"基本的工业外观"，简单、无需伪装的电机和搅拌装置。20 世纪 40 年代到 50 年代，搅拌器开始成为工业品设计师创作的对象。设计师通过传递现代化的理念与借用流线型汽车的图像和好莱坞式的宇宙飞船吸引消费者。20 世纪 50 年代晚期，德国制造商 Braun 远远的不同于与先前的厨房电器设计，创造出搅拌器类似于素雅的，光滑的，灰白盒子，更像是一个雅致地雕塑而不是任何属于工厂的粗糙品。这样一件精细雕琢的厨房电器不同于传统的机械设备，由此使枯燥无味的家务事从苦差事中解脱出来。随后的 40 年，工业品设计师将搅拌器从一个工业设备转变成它的对立面——一系列风格连续的雕塑艺术品。每一个不同的风格传达出不同的理念，或简洁，或清爽，或新颖，给消费者带来不同的吸引力。但在此过程中搅拌器的功能未有改变，因为没有功能性的原因改变初始的设计，始终以同样的方式运转。[1]

尽管工业品设计与工程技术有一定的相似之处，但是机器美学如前所述，不解决产品的功能性问题。依据艺术史学家的考察，机器美学并没有生产出反映机械功能的"合理的"消费品，而是非常时尚的产品。[2]在掀起的美学思潮下，一向倡导严格遵从实用主义的德国设计师不断地改变产品的美学外观，没有任何一种改变是基于功能性需求或带来技术改革。

实用主义的没落进一步削弱了工业品设计不包含与功能无关的美学表达的论证。19 世纪 70 年代到 80 年代，实用功能主义被弃用，工业品设计师的美学性思想被彻底解放。与此同时，多年来技术工艺取得的进步为工业品设计师提供了更多的设计平台。电子部件的微型化和计算机技术持续进步，使工业品设计师可以更加充分地表达其美学性的思想。

---

〔1〕　See Adrian Forty, Objects of Desire: Design and Society Since 1750, Thames & Hudson, 1992, pp. 215-219.

〔2〕　See Terence Bayley, Stephen Conran, *The Conran Directory of Design*, Book Sales, 1987, p. 39.

19 世纪的工业革命使工业设计得到了长足的发展。技术的进步带来了商品成本的下降和商品的供应多元化使得竞争更加激烈。基于"消费社会"的理念，生产商为了吸引消费者的注意，在提升商品质量的同时，更注重通过漂亮的商品外观引起消费的兴趣。[1]这一历史进程催生了一种全新的职业——"艺术工作者"，他们的工作是将传统美学领域的艺术技能应用于现代消费社会，以实现对工业商品艺术外观的塑造。

20 世纪，随着艺术和工业的融合，美学设计理念得到了进一步发展，设计师开始被视为各自领域的艺术家。工业品外观设计赚取了消费者的吸引力，加剧了市场竞争，进而提升了市场效率。在工业品设计上的投资优化了商品的性能和外观的美感，从而更有效地服务于消费者，使其享受设计进步带来的福利。通过提升工业品外观的美感，在实现工业品实用性的同时更是丰富、愉悦了消费者的感官，对市场销量起到了积极的促进作用。虽然，在工业品外观美感设计上的投资可能使商品售价更高，但并不能阻碍精美外观给消费者带来的美的享受，以此使公共福利得到提升。

在当前消费社会中，不同社会环境、背景的消费者有着不同的喜好，这种消费喜好往往可以彰显出购买者的社会地位、品味等。对消费者而言，消费不仅仅是为了寻求商品的实用性功能，更是服务于自我认同、社会均衡等目标。消费者被划分为不同的子群体，参考他们的需求和偏好，逐渐形成了细分的市场。在这种背景下，设计成为一种交流的工具，影射消费者的社会价值、文化价值。

届时，工业品设计并不是一味追求技术或机械功能性的产品，更多是功能性与美学性结合的设计。外观设计专利不保护完全由产品功能性决定之设计，对于美学性与功能性同时存在的设计，就要求排除功能性设计特征，仅保护设计中的美学性特征。由此，为司法实践提出了难题，通常工业品设计申请文件中不会明确指出哪些特征为功能性特征，需要法院在实践中认定功能性特征并排除对其的保护。

---

〔1〕 See Gianfranco Zaccai, "Art and Technology: Aesthetic Redefined", in Rechard Buchanan and Victor Margolin eds, *Discovering Design: Explorations in Design Studies*, University of Chicago Press, 1995, p. 19.

（二）侵权认定中美学性设计的保护

1. 权利要求解释中功能性特征的认定

外观设计专利保护设计整体中的装饰性、非功能性特征。Gorham 案中建立的外观设计专利侵权判定标准：被诉设计是否与专利授权设计足够的相似以至于误导一般观察者，引诱其将被诉设计当做专利授权设计而购买。[1] Gorham 案中确立的一般观察者标准自建立之初到现在广泛适用，美国外观设计专利侵权认定案例中未引用 Gorham 标准会被视为不具有说服力。

然而，在外观专利侵权诉讼中，对 Gorham 相关性提出了质疑。在决定法官或陪审团是否可以解释实用性专利中列出的权利要求时，最高法院在 Markman v. Westview Instruments 中指出专利解释，包括对权利要求中艺术性的解释，是法院专有的权利。[2] 这一决定使实用性专利和外观设计专利诉讼程序迈出新的一步，并被称为 Markman 听证，通过听证会法院解释专利的保护范围。

在 Markman 中，最高法院解释了专利文件的作用：专利必须描绘出发明和其制造品确切的权利保护范围以保证专利权人的授权和使公众知晓对其开放的范围。[3] 基于此项目的，专利文件中包含一项或多项权利要求，定义该项专利权的授权范围。然而，有时实用性专利权利要求的语言会不精确，因此会对一项特殊的方法、或机械、或物品、或设备是否落入专利权人有限的垄断或仍然处于公有领域会发生争议，需要认定这一含糊不清文字描述的含义以解决争议，认定的过程便是权利要求解释的过程。

但是，Markan 权利要求解释适用时产生了困难，法院尝试通过对图形图片的语言描述形成书面的外观设计专利要求解释。但是效果并不好，为解决这一问题，联邦巡回法院召开全体法官听证会，讨论"外观设计专利是否应该适用权利要求解释，如果应该，权利要求解释在专利侵权诉讼中处于什么样的地位？"[4]

反对者批评 Groham 测试不直接使用专利文件中展示设计的图片与受诉设

---

[1]　See Gorham Co. v. White, 81 U. S. 511, 528（1871）.

[2]　See Markman v. Westview Instruments, Inc. , 517 U. S. at 373.

[3]　See Markman v. Westview Instruments, Inc. , 517 U. S. at 373.

[4]　See Egyptian Goddess, Inc. v. Swisa, Inc. , 2007 U. S. App. LEXIS 27456, ＊2（Fed. Cir. Nov. 26, 2007）.

计对比，法院和陪审团却是使用 Markman 式言语表述的权利要求与受诉设计对比。这种比较虽然无意识，却不可避免地将外观设计专利侵权认定变成逐文字的比较，也即认定受诉专利是否含有文字表述的权利要求中的各元素。[1]

尽管言语表述的权利要求范围引起了很大的争议，但不可否认 Markman 确立的权利要求解释在外观设计专利侵权认定中的价值，其使法院可以描绘出功能性与非功能性设计元素。权利要求解释证明在设计包含功能性与装饰性特征时 Gorham 测试是不完整的，除非侵权分析基于完全由非功能性元素组成的设计，否则外观设计中功能性元素便可获得专利权保护而不需满足实用性专利权严格的授权要件。权利要求解释可以使法院防止对设计的过度保护，避免将属于实用性专利审查的功能性设计授予保护。

权利要求解释在实用性专利中的作用与在外观设计专利中的作用相同：对不准确的专利文件进行解释，以确定受保护与不受保护权利之前的界线。外观设计的权利要求解释是对授权设计的描述，这种描述在确定授权设计权利范围时是必需的，特别是外观设计图片文件中包含未获得授权特征或功能性特征时。

在随后的 Egyptian Goddess 案中，联邦巡回法院试图解决权利要求解释在外观设计专利侵权认定中的地位问题，并且思考是否应该在外观设计专利权利要求解释中适用权利要求解释。[2]尽管联邦巡回法院对这一问题未进行明确统一的陈述，但是其汇总近年来法院的外观设计专利决定的行为正是说明了联邦巡回法院的意图。外观设计专利权利要求解释的首要目标是将功能性元素从设计的整体装饰性视觉效果中扣除，从而明确了权利要求解释应该将功能性元素从权利要求范围中排除（Factor out）的作用。

一百多年来，Gorham 测试的 "实质性相似" 标准一直是美国外观设计专利侵权认定的基石。Gorham 案中争议发生于 Gorham 与 White 两个银器匠之间，1861 年，Gorham 获得了装饰性叉子和勺子柄的外观设计专利权，并将该设计投入扁平餐具生产线中并取得了市场成功。6 年之后，White 先生获得了两项装饰性手柄的外观设计专利。联邦巡回法院关注于 Gorham 先生的设计与

---

〔1〕 See Perry J. Saidman and Allison Singh, "The Death of Gorham Co. v. White: Killing It Softly with Markman", *Journal of the Patent and Trademark Office Society*, Vol. 86, No. 10, 2004, p. 3.

〔2〕 See Egyptian Goddess, Inc. v. Swisa, Inc., 2007 U. S. App. LEXIS 27456, ＊2（Fed. Cir. Nov. 26, 2007）.

White 先生的设计两者相似性以专家的判断力还是一般观察者的判断力为认定对象。因为,作为专家一般可以区分出对比设计的不同:同样板面上雕工效果的不同。法院发现如果以专家判断力为测试对象会造成对外观设计保护的不利。如果以一般观察者判断力为测试对象,基于一般购买者通常应该有的注意力,两个设计实质上相似。如果相似度如此之高可以欺骗一般观察者,引诱其将其中一个设计当做另一个设计而购买,则侵权行为成立。[1]基于一般观察者的注意力,法院认为 White 先生的设计侵犯 Gorham 先生的设计,侵权行为成立。

但是,针对既包含功能性又包含装饰性元素的设计,Gorham 测试的适用出现了问题。正如联邦法院在 Read v. Portec 案中所述,Gorham 测试针对装饰性设计侵权认定设定了标准,Gorham 案中的设计是纯粹装饰性的设计,仅仅是勺子柄处卷形状的设计。当设计既包含装饰性特征又包含功能性特征时,证明侵权行为成立专利权人需证明一般观察者被欺骗的特征是受诉设计中装饰性的设计特征。[2]该测试被称为 Read 测试。正如联邦法院的格言,仅是非功能性的设计特征才是侵权判定中的相关因素。[3]Read 测试与 Gorham 测试不同之处在于,Read 测试认识到包含局部功能性特征的产品不仅仅是纯粹装饰性的设计,侵权认定时应该考虑装饰性特征的相似度。

权利要求解释"功能性"可追溯到 1988 年 Lee v. Dayton-Hudson Corp[4],原告(专利权人)对手持式按摩设备拥有外观设计专利权,获权的外观设计专利(图 3-1)包括一个末端有两个相反方向球体的细长的手柄的按摩设备。原告声称含有这样配置的专利必然侵犯其专利权。联邦巡回法院认同地区法院将两个设计的相似性归因于由功能性因素决定的设计元素的做法,而对比两个设计的装饰性特征,发现对于一般观察者的注意力足以区分两个设计的不同。细长手柄末端有两个相反方向球体组成的手持式按摩器这样一般的功能性的特征组合的设计理念不是外观设计专利的保护对象,外观设计的权利要求范围不应该包括产品结构性或功能性的特征。换言之,专利授权的设计(图 3-2)应该排除对专利图样中的功能性设计理念的特定表达的保护。

---

〔1〕 See Gorham Co. v. White, 81 U. S. 511, 528 (1871).

〔2〕 See Read Corp. v. Portec, Inc., 970 F. 2d 816.

〔3〕 See Lee v. Dayton-Hudsor Corp., 838 F. 2d 1186, 1988.

〔4〕 See Lee v. Dayton-Hudsor Corp., 838 F. 2d 1186, 1988.

图 3-1　外观设计专利

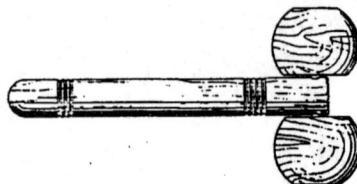

图 3-2　受诉设计

联邦巡回法院在 OddzOn Products, Inc. v. Just Toyz, Inc[1]中明确指出权利要求解释在外观设计侵权认定中的作用。原告"涡旋式"投掷球玩具的外观设计保护范围为有尾轴和鱼鳍结构的足球外形（如图 3-3 所示）。起诉被告 Just Toyz 由不同方式设计的有尾轴和鱼鳍的足球外形玩具（图 3-4）侵犯其专利权，地区法院认为原告设计专利有效但是被告侵权行为不成立。上诉中，联邦巡回法院声明权利要求解释的目的是，当一个设计同时包含功能性和非功能性特征时，权利要求的保护范围必须被解释为用于确定专利中非功能性的设计特征。在此种方式下，权利要求解释将权利要求限制为整体装饰性视觉效果，而不是概括性的设计理念。

首先确定外观设计专利权利保护范围，对于 OddzOn 设计专利而言，应当受保护的是装饰性特征即整体类似火箭状的外形，并不是火箭状投掷球这种一般的设计理念。法院认定 OddzOn 拥有尾轴和鱼鳍结构的足球设计是由功能性决定的，尾轴和鱼鳍结构依照飞镖和火箭的尾轴和鱼鳍设计，用来增加投掷时的稳定性；第二，相似性比较时排除功能性的外形。OddzOn 拥有尾轴和鱼鳍的一般性的足球外形设计，在与争议设计相似性比较时不予考虑。第三，受保护的装饰性特征比较。排除由功能性决定的外观形状设计，法院对受保护的装饰性的元素进行相似性比较，在本案中意味着排除足球的外形，OddzOn 足球部分使用的是相对平滑的表面（如图 3-3 所示），而被告使用的

---

〔1〕 See OddzOn Products, Inc. v. Just Toys, Inc. , 122 F. 3d 1396, 1997.

是成脊状的表面且前部末端有一个眼状结构（如图3-4所示）。原告的鱼鳍结构只是一般的曲线向上和向外的外形，以给球体末端创造更大的表面空间。而被告鱼鳍结构是波浪起伏或者成角度。排除功能性的外观，受保护的装饰性部分被告被诉外观设计与原告的设计并不相近似，不构成侵权。[1]

因此，联邦巡回法院肯定了地区法院的判决结果，将专利保护范围确定为光滑表面与柔和的曲线和鱼鳍结构部分外表面上的耀斑，外观设计专利并没有授予原告对于任何含有尾巴和鱼鳍结构的儿童玩具以垄断权。一方面，因为这些一般元素具有功能性，其设计目的是允许球在运行过程中可以比传统的橡胶足球飞的更远，该设计组合是为了实现产品功能性的目的。另一方面，尾巴和鱼鳍即使不含有柔和的曲线和显而易见的耀斑的情况下，同样可以实现此中目的，因此这些设计元素可以获得保护。在 Gorham 测试下，对 OddzOn 中足球、尾巴、鱼鳍部位各元素组合构成的装饰性的设计进行实质性相似的调查，以一般观察者的注意力会将含有这些元素的设计视为实质性相似的设计。而适用 Read 测试结果势必不同，因为 Read 测试要求专利权人基于一般观察者的注意力受欺骗的原因是授权专利和受诉专利中装饰性。[2]由此，联邦巡回法院在本案中确实了权利要求解释应该区别出设计理念和装饰性元素的不同。

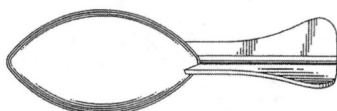

图 3-3　外观设计专利

图 3-4　受诉设计

---

〔1〕 See Charles E Bruzga，Debolina Kowshik，"Design Patent Infringement Standards"，载 http://aboutiplaw. com/noteworthy/patent-noteworthy/468/，最后访问时间：2015 年 6 月 19 日。

〔2〕 See Read Corp. v. Portec，Inc. ，970 F. 2d 816.

在 2010 年的 Richardson v. Stanley Works[1]案中，法院更直接地回应了权利要求解释功能性的问题。原告声称被告 Stanley 木器工具（图 3-6）侵犯其外观设计专利权，上诉法院审理后，维持了区法院的判决，认为 Stanley 的木器工具并不侵犯原告的专利权。正如地区法院所述，手柄、锤头、虎口钳、撬杠这些元素都是由功能性决定的，在解释权利要求范围时应该予以排除功能性的方面。受专利权保护的设计（图 3-5）是一个包含多个功能性部件的多功能性工具，与发明专利不同，外观设计专利的保护范围应该局限于装饰性的设计，并不延伸至功能性的方面。但是，排除功能性元素并不意味着把外观设计相似性的比较转变为元素对元素的比较，应该是整体外观的比较，而非装饰性特征的单独比较。排除功能性的因素，两个设计是不相同的。两个多功能工具都通过流线型的线条将锤头、虎口钳、手柄和撬杠这些元素连接在一起，通过整体外形的比较，被诉设计完全不同于专利设计。整体上，被诉设计比专利设计外形更圆滑，缺少许多棱角边缘式设计。因此，法院判决被诉设计与专利设计并不相同，不会引起市场混淆，并无错误。

图 3-5　外观设计专利

图 3-6　受诉设计

权利要求解释中的"功能性"应遵循外观设计保护针对整体外观的权利要求，并且这种保护并不延伸至权利要求中功能性的属性、概念和特点。外观设计一般为工业产品的设计，并不能完全杜绝工业产品"功能性"的特点。

---

〔1〕　See Richardson v. Stanley Works, 597 F. 3d 1288, 2010.

对含有功能性和非功能性的外观设计权利要求，外观设计专利可以提供保护，但是，应排除非功能性的特征，保护整体外形的装饰性。

2. 欧盟设计空间的考量

类似于有效性分析，欧盟将设计空间自由度中对受功能性约束的命令性因素的考量适用于权利保护范围的分析之中。权利保护范围和个性特征分析彼此互为写照，需要授权专利产生与在先设计不同的整体视觉效果或者需要假定侵权行为实施者的设计产生了不同于受保护设计的整体视觉效果。两者均需要见多识广的使用者评估设计师设计空间的自由度。当技术约束明显地降低设计师设计空间自由度时，竞争者的设计不可避免和受保护的设计非常相似，这是可以允许的。相反地，设计师有很高设计空间自由度时，设计获得的保护范围较广，以此维护受保护的设计与竞争对手之间的利益平衡。

为更全面地理解非功能性条款在欧盟的适用，除了《欧盟设计指令》第8条规定的直接排除条款外，自由设计空间的考察作为间接评价非功能性的规定，同样应该引起注意。对设计空间自由度的考量类同于非功能性分析，间接体现于欧盟对个性特征（individual character）的授权要件中。在 In Pepsico. v. Grupo Promer Mon Graphic 案[1]中，Mengozzi 法官将设计空间自由度的考察解释为理解设计中哪些特征是必不可少特征的必需方法。这些特征是"设计师不能自由改变的特征，以此导致与其他设计具有相近似的特征，这些特征不应被认为对设计整体视觉效果具有显著的影响"。[2]

毋庸置疑，设计师设计自由度可以有效地判断某项设计是否具有个性特征。当设计师针对含有大量技术约束的对象时，设计空间自由度受到限制，对于在先设计的微小变化也可被称为个性特征。[3]基于同一原因，在设计空间自由度受到限制时，微小变化的注册设计同样地可以有效避免构成侵权行为。这一规定在提高设计师获得权利能力的同时又限制其实施该权利的能力，从而维持权利所有人与意欲取得与其贡献相当专有权利作为奖励的下一代设计师之间的平衡。以确保在提供设计师知识产权权利保护的同时保证市场竞争的健康有序目标的实现，另一方面，当设计空间自由度很高时，设计师必

---

〔1〕 See PepsiCo, Inc., 2011 ECJ EUR-Lex LEXIS 2593.

〔2〕 See PepsiCo, Inc., 2011 ECJ EUR-Lex LEXIS 2593.

〔3〕 See Daka Research Inc. v. Ampel 24 Vertriebs-GmbH & Co. KG, OHIM, Third Board of Appeal, 1 Dec. 2005, Case R 196/2006-3.

须使其设计明显地区别于在先的设计才能获得保护。

欧盟法并没有明确规定设计空间自由度在个性特征分析中的作用，只是将其作为参考因素考量，而法院时常通过强调设计空间自由度对整体设计的影响将其联系于个性设计分析中。见多识广的使用者意识到设计伴随着的非功能性约束（constraint）与对设计受保护元素的关注并不相同。在设计师设计空间自由度因为特定元素必须包含技术约束而受到限制时，见多识广的使用者对整体设计的视觉印象并不关注这些特征，当认定整体设计是否产生不同的整体效果时强调的是剩余特征是否足够的独特。例如，在 3M v. Castello 案中，申请人异议一项皮肤抗菌药剂棒的有效性，认为其与另一项一次性抗菌药签相比缺乏个性特征。[1]而委员会认为见多识广的使用者知道头部和茎干构造的设计是药剂棒功能的实现必需的设计，因此，委员会认为见多识广的使用者应该降低对这些特征的关注度，取而代之应重点关注设计师设计空间的自由度。本案中，抗菌药剂棒楔形设计的头部和圆柱状茎干产生出与在先设计圆柱形头部和茎干不同的整体效果。

欧盟与美国对法定要件功能性判定方法类似，将完全由功能性决定的特征认定为具有功能性而排除对其的保护，但在判断方法上有所不同。美国认为判断是否由功能性完全决定的方法是探究设计师设计之初的目的，只是为了实现产品的技术功能，还是也为了实现功能与美学性外观的融合，后者较于前者是不完全由功能性决定的设计，而具有可专利性。而当通过测试是否存在可以实现相同或相似作用的替代性设计时，认定设计是否完全由功能性决定，设计师目的之考察与替代性设计测试之间是目的与手段之逻辑关系，两者并不是彼此独立互不相关的方法。并且在设计专利有效性判断的过程中美国始终坚持整体原则，即便分析各构成元素的功能性，并不因个别或微小元素的功能性而否定设计的可专利性。但是，如果个别特征是由功能性决定，并且该特征对整体设计的新颖性、原创性、装饰性和创造性起决定作用，则此设计不能授予外观设计专利。

但是，欧盟在判断是否完全由功能性决定时，将设计师目的之考察与替代性设计测试的目的与手段的逻辑关系割裂为两种不同的方法。事实上，如

---

〔1〕 See Jose Mallent Castello v. 3M Innovative Properties Co., OHIM, Third Board of Appeal, 14 June 2004, ICD 40, 19.

果设计师为实现产品实用性功能唯一目的而为的设计具有针对性，通常该设计不具有可替代性。如 Carletti 案中 55 加仑木桶螺纹桶口的垫圈的设计，正是为了符合产品形状、实现产品功能，因此不具有可替代性。欧盟法院割裂两者之间的关系，将其作为两种不同判断方法的做法欠妥。也正是如此，欧盟法院及各成员国间就该问题的判断方法不能达成共识。

以设计构成元素比较为基础的判断标准，与外观设计保护整体设计视觉效果的主旨相矛盾。虽然通过引入对设计师设计空间自由度的考量来缓解这一矛盾，但当这一考量因素作为判断设计整体是否具有个性特征时，才被适用。功能性排除与个性特征均是设计获得保护的授权要件，受功能性约束的设计是判断是否构成个性特征的一个考量因素。个性特征仅是从侧面反映对受功能性限制必需而为的设计，因设计师设计空间自由度较低，与在先设计之间有微小不同时也可以认为具有可专利性。见多识广的使用者应该降低对受功能性约束特征的关注度，取而代之的应重点关注设计师设计空间的自由度。

与美国设计专利有效性判断方法相比，欧盟的有效性判断方法与保护整体设计这一原则相矛盾与不协调的问题。虽然通过设计空间自由度的考量判断是否构成个性特征将见多识广的使用者的注意力引回对设计整体的关注，但是仍然不能明确地解决争议设计是否完全由功能性决定的问题。

排除完全由功能性决定的设计不具有可专利性，含有局部功能性或纯粹装饰性的设计可受到专利法保护。但是，针对装饰性与功能性同时存在的设计需要排除功能性设计，保护整体设计的装饰性。而此处的排除并不是指将功能性设计元素从设计中移除，而是指将功能性元素组合的设计理念不可获得保护。如在 OddzOn 案中，法院明确表示外观专利的授权并不代表赋予功能性元素组合这一设计理念以垄断权，竞争者不能以任何方式将这三种元素组合。换言之，由足球形状与尾部和鱼鳍部位组成这一设计理念不受外观设计专利的保护，而各组成部分的美学性的设计可构成外观设计专利的保护对象。将这些功能性元素排除并不意味着将其从设计整体中移除，而是排除其功能性部位仅关注装饰性设计。

欧盟引入设计空间自由度的个性特征在权利要求解释中的作用与此相似，由于受产品功能约束"迫不得已"而为的功能性设计，由于设计空间自由度受限，可以允许"个性特征"与竞争者的设计相近似。

四、实用艺术品中美学性设计的分离保护

(一) 混合原则

作为思想表达二分法的例外，思想与表达可能会发生混合。尽管著作权法仅保护表达，思想与表达混合时，对于表达的保护等同于对其潜在思想的保护。换言之，对于某种思想仅存在非常有限的表达时，出现思想与表达混合的情形，著作权法不能保护该表达。

思想与表达混合原则第一次出现于 Baker v. Selden 案中，本案中争议的问题是用来描述记账系统所使用的空白表格是否能获得著作权保护。美国最高法院并不支持这些表格的著作权保护，因为，对此表格提供保护不可避免地将保护记账系统。同样地，在 Morrissey v. Procter & Gamble 案中，第一巡回上诉法院拒绝授予彩票比赛规则以著作权保护，原因是授予比赛规则以著作权法保护等同于著作权保护彩票比赛本身。[1]法院关于思想与表达混合明确指出，如果思想的表达只有一个，或者为数很少的几个，那么授予有限形式的表达以著作权意味着权利人对于该思想未来所有使用方式的可能性享有垄断权。[2]

思想与表达混合原则并不局限于实践操作领域，在 Nichols v. Universal Pictures 一案中，法院认为描述犹太女孩与爱尔兰男孩之间备受家族反对的爱情故事的著作并不侵犯另一部有着相似人物和剧情著作的著作权。描述爱尔兰和犹太人间冲突的喜剧片，引入了家庭和婚姻的元素，这种叙事方式无疑套用了罗密欧与朱丽叶的剧情。[3]换言之，授予如此剧情以著作权无异于授予这一类型的爱情故事以垄断权。

然而，实用性艺术品最本质的特征是必须具有实用功能性和适宜大规模生产，此特性决定了实用性艺术品的设计自由度受限。思想与表达分离原则适用实用性艺术品保护时，若发现存在实用功能性与表达混合的情形，实用功能性仅有有限可行性表达方式。针对实用性艺术品本身，实用性艺术品的设计是表达，实用性艺术品本身具有实用功能性。而实用性艺术品获得著作

---

〔1〕 See Morrissey v. Procter & Gamble, 379 F. 2d 675 (1st Cir. 1967).

〔2〕 See Morrissey v. Procter & Gamble, 379 F. 2d 675 (1st Cir. 1967).

〔3〕 See Nichols v. Universal Pictures Corp., 45 F. 2d 119, 123 (2d Cir. 1930).

权法保护需满足应用于艺术品的设计与实用性产品本身的功能可以分离的情形，实用性艺术品的设计排除规则目的在于将实用功能性排除于著作权保护领域，使其落入专利的管辖范围。划清权利边界，以避免著作权与专利权的冲突。因此，实用性产品的设计在不使用该设计、不能高效生产出可以实现该实用性产品功能时，该设计就不能获得著作权法保护。换言之，使产品功能有效实现和批量生产的设计仅有一个或者数量很少时，决定了产品功能的实现与设计不能分离，因而不能获得著作权法的保护。

工业品设计代表了功能，因此几乎没有美学性表达不是基于实用性的目的。Denicola 认为工业品设计师与画家或雕塑师有很大的不同，绘画和雕塑呈现出创作者自由无拘束的美学思想，而设计师不能以美学因素为主导。工业品设计代表美学性和功能性相结合的考量，功能性思想通过形状来表达。再之，设计师必须考虑一系列的实用功能，包括操作的简易程度，维护、维修费、存储、制造成本、包装、运输、展示和故障时安全操作。[1]

审视著作权法的哲学基础和基本原理，著作权法的立法目的是保护文学和艺术作品，而功能性产品由专利法保护。因工业品设计并不是美学性的表达，其代表功能性，不属于著作权法客体对象，所以排除著作权对其保护理由正当。如果对工业品设计中包含的功能性特征提供著作权法保护，则会对社会产生负面的影响。正如 Merges 教授所指出的，授予功能性物品于著作权法保护，著作权法较低要求的授权要件与较长的保护期限将破坏专利法保护实用性产品这一基本原则并且阻碍技术领域的创新。[2]版权局意识到这一冲突的存在，极力防止不利于正当竞争效果的产生。1976 年的研究报告中，版权局明确表示反对适用著作权法保护工业品设计，对设计的创作者和投资者的保护与该种保护产生效果之间需要达到平衡，如果保护过度，将会限制竞争。[3]

（二）实用艺术品的概念分离原则

随着设计理念的转变，现实中大多数有价值的设计均是功能性与非功能

---

[1]　See Robert C. Denicola, "Applied Art and Industrial Design: A Suggested Approach to Copyright in Useful Articles", *Minnesota Law Review*, Vol. 67, No. 4, 1983, p. 13.

[2]　See Peter S. Menell et al., *Intellectual Property in the New Technological Age*, Aspen Law & Business, 2009, p 24, 362.

[3]　See H. Judiciary Comm., "Report of the Register of Copyright on the General Revision of the U. S. Copyright Office Law", 87th Congress, 1st Session, Print 1961.

性以不可分离方式的结合，导致司法实践中适用"分离原则"愈发困难。依据该条款，一些法院只授予当某项特征代表的艺术作品与该物品物理性移除后，不影响移除后物品的功能时，才可获得保护，如汽车引擎盖标志。[1]与此相反，另一些法院将著作权法的保护范围扩大至物品的整体形状，尽管该形状不能脱离该物品独立存在。在经过一系列案例后，1959年著作权规章引入了概念上分离原则：实用物品的美学特征和实用物品可以作为完全分离的两个作品肩并肩同时存在，一个为艺术作品和另一个为实用物品。[2]

Kieselstein-cord v. Pearl 案中第二巡回上诉法院支持了原告生产的皮带扣设计的著作权保护，尽管皮带扣与应用于其上的设计不能实现物理分离。然而，第二巡回上诉法院并没有形成测试可著作权性的有效方法或标准，仅是指出设计在存在多项替代性设计时可获得著作权法的保护。[3]法院认为应用于原告皮带扣之上的设计在概念上作为雕刻作品可以与皮带扣分离，每个不同的皮带扣设计的功能一致，现实中多数消费者选择设计不同的皮带扣不是因为其功能而是作为使用于腰间的装饰品。皮带扣主要的装饰性特征与其次要的功能性特征可以实现概念上的分离，而设计不同的皮带扣可以视为可获得著作权保护的珠宝首饰。第二巡回上诉法院进一步指出，概念上分离原则无需证明物理性分离的实现，仅需证明在概念上应用于实用性产品之上的设计与实用性产品的分离。

Esquire v. Ringer 案从另一方面解释了概念性分离原则，Esquire 生产的照明装置的整体设计或形状不能获得著作权的保护。[4]版权办公室拒绝该照明装置的著作权注册，华盛顿地区法院予以支持。地区法院认为照明装置整体设计或形状是为了产品的实用功能性，不管其整体设计或形状是否具有美学吸引力，实用功能与美学吸引力出现了混合，从而在概念上无法分离。换言之，实用功能性与表达混合时，工业品设计与产品功能不能实现概念上分离而不能获得保护。

---

[1] See Robert Denicola, "Applied Art and Industrial Design: A Suggested Approach to Copyright in Useful Articles", *Minnesota Law Review*, Vol. 67, No. 4, 1983, p. 707.

[2] See Library of Congress, Compendium of Copyright Office Practices (2d ed. 1984).

[3] See Kieselstein-Cord v. Accessories by Pearl, Inc., 632 F. 2d 989 (2d Cir. 1980).

[4] See Esquire, Inc. v. Barbara A., Appellant, 591 F. 2d 796, 798 (D. C. Cir 1978), cert. denied, 440 U. S. 908 (1979).

1976 年《著作权法》，将"实用性产品"定义为"一个物品拥有固有的功能性不是仅仅用来描述物品的外观或传达信息"。[1]事实上，该定义只不过是美国议会将 19 世纪 40 年代和 50 年代的规章与 1959 年引入的分离测试相结合，结果是新的规定并没有使对实用性产品的保护机制清晰化。反而因为演变出的判断"艺术性"与"实用性"特征相分离的物理测试和概念型测试，[2]使分离原则的含义和判断过程更加模糊。

Norris industries v. International Telephone & Telephone 中争议的有线汽车车轮盖设计，第十一巡回上诉法院认为设计只有在概念上与实用性产品分离时才可获得著作权保护。[3]然而，著作权保护延伸至概念上可以分离的包含装饰性的设计，并不保护实用性产品的非功能性组件，无论其设计的是否具有美学吸引力。适用这一理论，法院认为车轮盖属于实用性产品的非功能性组件，并不能获得著作权法的保护。

同样地，在 Carol Barnhart v. Economy Recovery 案中，模仿男性和女性身体结构使用具有延伸性白色苯乙烯制作的无脖子、手臂和背部的人体模特，可以用来陈列于服装店中，该人体模特的可著作权性受到质疑。四个人体模特中，其中两个裸体模特被用来陈列衬衣和毛衫，另两个雕刻有衬衣或衬衫的人体模特被用来陈列毛衣和外套。第二巡回上诉法院拒绝授予这些人体模特以著作权保护，认为具有的美学性或艺术性特征并不能从实用性产品上分离。人体模特中声称的美学性或艺术性与真人实物大小一样的胸部结构和肩膀宽度，正是为了陈列衣服而设计的，该设计与实用性特征密不可分。

然而，Newman 法官人体模特案中却提出了不同的意见，其定义观念分离标准为：在普通观察者眼中，物品的功能性的方面与非功能性的方面在观念上可以分离。换言之，普通观察者在看到物品非功能性的设计时可以不考虑使用该设计的实用功能性。[4]适用这一标准，Newman 法官认为裸体人体模特在普通消费者眼中代表了艺术品而非实用性的人体模特，因此，可以授予著

---

〔1〕　See 17 U. S. C. Article 101（2012）.

〔2〕　物理标准，参见 Esquire, Inc. v. Barbara A. Ringer, Appellant, 591 F. 2d 796, 798（D. C. Cir 1978）. 概念型标准，参见 Kieselstein-Cordv. Accessories by Pearl, Inc. , 632 F. 2d 989（2d Cir. 1980）.

〔3〕　See Norris Induseries, Inc. v. International Tel. & Tel. Corp. , 696 F. 2d 918, 919（11th Cir. ）, cert. denied, 464 U. S. 818（1983）.

〔4〕　See Carol Barnhart Inc. v. Economy Cover Corp, 773 F. 2d 411 at 419-24（2d Cir. 1985）.

作权保护。

在 Brandir v. Cascade Pacific Lumber 案中，第二巡回法院采用了分离原则的不同解释解决了案中"彩虹托架"的可著作权性。争议的自行车托架，由弯曲的管子组成，该设计创意源自线条雕塑。[1] 原告 Brandir International, Inc.（下称 Brandir）制造并销售一种名为"Ribbon Rack"的自行车架。Steven K. Levine（下称莱文）是 Brandir 的负责人和唯一员工，他设计了 Ribbon Rack，Ribbon Rack 的尺寸是弯曲标准蒸汽管的结果。Brandir 于 1979 年 4 月首次制造了该车架，并进行了宣传和销售。1982 年，被告 Cascade Pacific Lumber Co.（下称 Cascade）制造并销售了一种自行车架，称为"Cycloops"。Brandir 表示，Cascade 的 Cycloops 故意并精确地模仿了 Brandir 的 Ribbon Rack。1982 年 12 月，Brandir 向版权局提交了五份版权注册申请，要求注册五种型号的 Ribbon Rack。所有五项申请在审查阶段均被驳回，版权局拒绝了 Ribbon Rack 的版权登记，理由这些设计具有功能性。Brandir 不接受版权局的这一裁决。1984 年，它开始对 Cascade 提起诉讼，认为 Cascade 侵犯其版权，并且根据商标法和纽约州普通法构成不正当竞争。

一审美国纽约南区联邦地区法院认为，确定实用艺术品版权保护的关键在于其设计是否具有"非功能性"，即是否具有在物理上或观念上可与其实用性方面分离的艺术或美学特征。

美国《版权法》第 101 条规定："实用艺术品应当具有内在的实用功能，该实用功能不应当只是作为物品的外观或者只传递信息"。"按本条所下定义，实用艺术品的设计，如果有可以同该物品的实用方面区别开来单独存在的绘画、刻印或雕塑特征，在这个程度上，该设计应视为绘画、刻印或雕塑作品。"

在"Barnhart"案（Carol Barnhart Inc. v. Economy Cover Corp., 773 F. 2d 411（2d Cir. 1985））中，美国第二巡回上诉法院曾对受到版权保护的实用艺术品设计做出讨论。第二巡回法院认为："立法史证实，虽然版权保护已日益扩大到涵盖具有实用性功能的物品，但如果该艺术产品或外观设计不具有可与实用性功能相分离的美学或艺术特征，则国会明确拒绝对其提供版权保护，即使这些作品可能是'美感十足且具有价值的'。"该案同样对 Kieselstein -

---

[1] See Brandir Int'l, Inc. v. Cascade Pac. Lumber Co., 834 F. 2d 1142, 1143（2d Cir. 1987）. 本案的资料由上海对外经贸大学 2020 级知识产权专业研究生邢日月初译，并由高阳修改校正。

Cord 一案[1]提供了具有启发性的讨论，第二巡回法院认为 Winchester 和 Vaquero 这两个皮带上的扣子是受版权保护的，因为 Vaquero 和 Winchester 皮带卡扣的主要装饰表面在观念上可以与其附加的实用性功能分开。"这些扣子与 Barnhart 形状的区别在于，扣子的表面装饰在任何方面都不是其实用性功能所要求的；因此，艺术和美学特征可以被认为是被添加到或叠加在实用艺术品中。该独特的艺术设计对于实用性功能的实现是完全不必要的。"

本案中，法院认为，判断原告 Brandir 的 Ribbon Rack 设计是否具有功能性，主要是依据"观念上的可分离性"方法，而不是物理上的可分离性。因为该自行车架上无法单独取出任何美学或艺术设计。然而，无论这些特定长度的弯曲管道可能具有何种观念上的美学和艺术特征，这些特征都与它们作为实用艺术品的功能密不可分。事实上，正是因为管道被弯曲成这种配置，所以该结构才可用于自行车架。因此，不能说 Ribbon Rack 自行车架的艺术设计对自行车架的"实用功能的实现完全不必要"。恰恰相反，正是这种设计使功能得以实现。因此，法院认为，Brandir 的 "Ribbon Rack" 因具有功能性而不受版权法的保护。

二审联邦第二巡回法院认为，美国 1909 年《版权法》修订将"艺术作品"分类改为"绘画、刻印或雕塑作品"，根据众议院报告，新类别旨在"在受版权保护的实用艺术品和无版权的工业品外观设计之间提供尽可能清晰的界限"。立法史表明，尽管工业品的外观设计可能美感十足且具有价值，但委员会的意图不是根据该法案为其提供版权保护。除非工业品的外观设计包含一些在物理上或观念上可以与该物品的实用性方面分开识别的元素，否则该设计将无法依据该法案获得版权保护。

法院接受了以功能性与美感相分离作为认定实用艺术品能否享有版权保护的判断标准，正如 Kieselstein-Cord 案中对皮带扣的讨论。关键问题是如何确定观念上的可分离性是什么以及如何应用它。纽曼法官在 Barnhart 案的异议中提出了一种测试方法，即"如果一个物品能让普通观察者产生脱离于其实用功能之外的美学感受，则可以享有版权保护"。但纽曼法官的测试被大多数人直接拒绝，因为"这个标准太虚无缥缈，相当于一个'幻想'，即使不是不可能的，也是极难实施或应用的"。

---

〔1〕　See Kieselstein-Cord v. Accessories by Pearl, Inc., 632 F. 2d 989 (2d Cir. 1980).

法院认为，Denicola 教授的方法为观念上的可分离性提供了最好的判断标准。Denicola 教授认为，"法律要求区分工业品外观设计和除设计过程之外还有其他灵感来源的作品，即使这些作品具有实用性"。他认为可版权性的法定标准是"该产品的形状和外观设计元素能够反映出艺术家无拘无束的艺术思想"，这些设计元素不是工业品外观设计的产物。"对非美学的、实用性的关注决定了工业品外观设计的主要特征"。因此，可版权性"最终应取决于作品在多大程度上反映了不受功能考虑限制的艺术表达"。用 Denicola 的方法来判断观念上的可分离性，即如果在设计过程中，作品的设计元素是同时考虑了美感和实用性的结果，则该作品的艺术外观与实用性功能在观念上不可分离。相反，如果设计元素完全是设计者艺术判断的结果，而没有考虑实用功能，则存在观念上的可分离性。

在本案中，原告 Brandir 表示，Ribbon Rack 在设计之初从未考虑过实用性功能。Brandir 称，Ribbon Rack 的设计灵感来源于莱文创作的雕塑作品，这些雕塑是由一段连续起伏的钢丝制成的。莱文称，这些雕塑是他在家里创作和展示的，是他的一种表达自我的方式，并从未在其他地方出售或展示过。他还创作了一个自行车形状的钢丝雕塑，并表示他从没有考虑过任何雕塑的实际应用，直到他偶然将自行车雕塑与一个自立式钢丝雕塑放到一起。在1978 年11 月后，莱文才开始认真寻求他的雕塑的实际应用，当时他的一位自行车爱好者朋友告诉他这些雕塑可以成为极好的自行车架，可以允许自行车停在顶环下面和底环上面。在此之后，莱文用吸尘器的软管完成了 Ribbon Rack 的设计，并将他的图纸和尺寸提交给了一个制造者。1979 年9 月，Brandir 的 Ribbon Rack 开始在全国范围内进行广告宣传和推广销售。

法院认为根据 Denicola 的测试标准来判断 Ribbon Rack，该自行车架的设计具有功能性，且无法将其功能性与美感相分离，因此该设计不受版权法保护。车架的形状在设计过程中明显受到实用性观念的影响，因此任何美学元素都不能说在观念上与实用性功能是可分离的，即使启发了 Ribbon Rack 的雕塑很可能是受版权保护的。如果 Brandir 只是采用现有的一个雕塑作为自行车架，那么无论是将其实际应用还是进行商业化都不会导致其丧失受版权保护的法律地位。一件受版权保护的艺术作品不会仅仅因为它后来被用于功能性用途而失去其受保护的地位。然而，将 Ribbon Rack 与早期的雕塑进行比较后表明，虽然车架可能部分地来自一个或多个"艺术作品"，但它的最终形状基本上是工业设计的产物。在设计 Ribbon Rack 时，设计师明显地调整了原有的美学元素，以适应并进一步实现实用性的目的，包括通过拓宽上环实现的允许在车架的曲线上下停车并节省空间的开放式设计，允许在地下和地上安装车架的拉直的垂直部件，以及防锈镀锌钢的重型管状结构等。Ribbon Rack 的这些改变的设计特点，都是为了使自行车和轻便摩托车的停放系统安全、可靠、免维护。

采用纽曼法官对功能性设计的检验标准，该车架也不足以在理性的观察者脑海中激起一个自行车架以外的美感联想，因此 Ribbon Rack 的设计属于功能性设计，无法获得版权法保护。虽然 Ribbon Rack 可能因其美感而值得钦佩，但它仍然是工业品外观设计的产物。车架的美感造型和实用功能密不可分，它的最终设计既是实用性考虑的结果，也是美感选择的结果。Ribbon Rack 中没有任何艺术元素可以被分开识别并"独立于物品的实用性方面而存在"，该设计具有功能性。因此，法院认为 Ribbon Rack 不受版权法保护。

至于 Brandir 自行车架的配置是否可以根据《兰哈姆法》第 43（a）条、15 U. S. C. 第 1125（a）条或纽约州不正当竞争法受到保护。正如纽曼法官在 Barnhart 案中指出的那样，版权法中实用性设计要素的观念可分离性原则与商标法中发展起来的类似的功能性原则不同。他指出，就商标而言，设计特征如果"对物品的使用或目的至关重要"或"影响物品的成本或质量"，则称其为功能性特征。一个设计特征实现某个功能并不意味着它对该功能的实现是必不可少的；相反，没有替代结构能够实现相同的功能决定了该特征具有功能性。因此，功能性的真正检验标准不是有关特征是否实现某功能，而是该特征是否"由要实现的功能决定的"。产品本身的设计可以作为其包装或可保护的商业外观从而受到商标法保护，因此该自行车架的功能性判断无法通过版权法的可分离性原则判断，也不适合通过简易判决来确定。因此，法院撤销并发回重审商标和不正当竞争索赔。

受 Robert Denicola 教授的影响，第二巡回法院适用了不同的分离标准。Denicola 教授认为可著作权性问题最终应关注于作品中反映出的艺术性表达无拘束于非功能性考量的程度。[1]如果作品可以反映出作者独立的艺术性观点，

---

〔1〕　See Robert C. Denicola, "Applied Art and Industrial Design: A Suggested Approach to Copyright in Useful Articles", *Minnesota Law Review*, Vol. 67, No. 4., 1983, p. 707.

则可以获得保护。但是，作品反映出设计师更倾向于一体化的方法时，就不能获得保护。第二巡回法院采用了 Denicola 教授的观点，将概念上分离标准定义为：如果设计反映出艺术性和功能性考量的混合，则作品的艺术性特征在概念上不能与功能性特征相分离。[1]相反地，如果设计可以被视为设计师艺术性思想独立于产品功能性影响的反映，则可以实现概念上功能性的分离，作品由此可获得著作权保护。

将上述标准适用于本案，法院认为彩虹托架不能获得著作权法的保护，因为设计师在原始作品的基础上做了修改以适用于自行车行李架的实用性目的。更改包括加宽线性雕塑的上环使其允许在弯曲的托架下停车和适应于不同类型的自行车和机动两用脚踏车；拉直垂直方向的线条使而可以方便的安装托架；电镀防锈钢结构目的是减少维护成本。

概念上分离标准的不统一不仅出现于第二巡回法院，不同法院间亦未形成统一的标准。在 Magnussen Furniture v. Collezione Europa 案中，第四巡回法院判决涉案的实用性产品的设计不能获得著作权法保护。本案中的烫衣板设计包括曲线支柱，支撑架，"网"和"环形"形状围绕的围裙和玻璃台面。首先，第四巡回法院肯定了烫衣板是"实用性产品"而非"纯粹的艺术品"。其次，第四巡回法院适用了过程标准，声明桌子线条的创作不仅仅是为了表达形式，更是为了设计出具有实用功能的桌子。[2]最后，法院认为设计与实用性产品不能实现分离，没有消费者会仅仅因为桌子的美学性设计而购买。在该案中，第四巡回法院在判断是否可以概念上分离时，加入了"市场性"考量因素。

在 Pivot Point v. Charlene Products 案中，模仿时尚 T 台模特造型而设计的没有头发的人类头部雕塑，该设计能否获得著作权保护引起了争议。[3]地区法院在本案中适用了 Paul Goldstein 教授的分离标准理论，实用性产品的设计的艺术性特征从传统角度看可以被单独地视为艺术品，而实用性产品在不使用该设计时依旧可以正常使用时，说明设计可以与实用性产品实现概念上分离。适用这一理论，地区法院认为模型 Mara 不能获得著作权法保护。

---

〔1〕 See Brandir Int'l, Inc. v. Cascade Pac. Lumber Co., 834 F. 2d 1142, 1143 (2d Cir. 1987).

〔2〕 See Magnussen Furniture, Inc. v. Collezione Europa USA, Inc., 43 U. S. P. Q. 2d1218, 1219 (4th Cir. 1997).

〔3〕 See Pivot Point Int'l, Inc. v. Charlene Prods., Inc., 170 F. Supp. 2d 828, 833 (N. D. Ill. 2001).

第七巡回法院在回顾各巡回上诉法院适用的分离标准之后，推翻了区法院的判决。第七巡回法院认为概念上分离存在于产品的艺术性设计可以被视为独立于产品的功能性特征的情况下，这种独立意味着设计能够反映出设计师的艺术性思想独立于功能性的影响。如果设计的艺术性元素未受到功能性的影响，则形成概念上的分离。相反地，当实用性产品的设计是出于实用功能性而做出的艺术性的选择，则实用性和艺术性不能形成概念上的分离。

上述认定概念上分离标准类似于 Carol Barnhart 与 Brandir 案中的判断方法的组合，事实上，Mara 案中第七巡回法院同时引用了上述案例。然而，第七巡回法院在原有混合标准中又引入了 Goldstein 标准。法院认为观念中形成人类脸部结构并不难，Mara 脸部的独立特征可以作为发型的展示台实现实用功能。第七巡回法院进一步陈述，Mara 在概念上可以被视为独立于其发型展示和化妆训练的功能，因为其是创作者艺术性思想的体现。[1]Mara 的创作过程表明其并非受功能性考量影响的结果，因此，第七巡回法院认为 Mara 可以获得著作权保护。

众所周知，分离原则是判断实用性艺术品能否获得著作权保护的标准，但是，针对具体判断标准众说纷纭。通过对各法院适用的分离标准和学者意见的总结，存在以下几种：（1）艺术性特征是否是主要的，并且可以与次要的功能性特征分离；（2）艺术性特征是否与功能性特征密不可分；（3）实用性产品艺术性特征是否在消费者脑海里可以与由功能性决定的特征相分离；（4）实用性产品设计的创作是否主要受功能性考量的影响；（5）实用性产品是否会因为其仅具有的艺术性而保持市场竞争力；（6）实用性产品的设计是否可以单独作为传统意义上的艺术品而存在，实用性产品在不使用该设计时依旧可以运行；（7）艺术性特征是否具有实用性；（8）普通观察者是否将实用性艺术品视为同时包含实用性或艺术性特征；（9）实用性产品的实用性特征是否可以独立存在于产品的绘画、图形或雕刻特征；（10）实用性产品是否可以归入传统的艺术作品；（11）艺术性特征是否可以与实用性特征物理性分离。最后，不同的法院在适用分离标准时可能将不同的方法结合适用，未形成统一的判断标准。

直到 2017 年，美国最高法院在 Varsity Brands 案中重新梳理了概念性分离

---

〔1〕 See Pivot Point Int'l, Inc. v. Charlene Prods. , Inc. , 170 F. Supp. 2d 828, 833 (N. D. Ill. 2001).

标准的判断规则，认同了 Thomas 大法官的观点：实用艺术品在符合美国《版权法》规定的两个要件时受版权保护：（1）设计成分可以分离于实用物而被感知为平面或立体的艺术品，即 "分离识别" 要件；（2）如果假想设计成分脱离于所结合的实用物，其可以单独或固定于其他有形的表达媒介而符合绘画、图形或雕塑作品，即 "独立存在" 要件。

Varsity Brands 是全球最大的啦啦队制服供应商之一，该公司认为 Star Athletica 存在抄袭制服设计的嫌疑，Varsity 遂将 Star Athletica 诉至法院，要求承担版权侵权责任。[1]该案的首要争议点在于服装设计能否享有版权保护，而确认这一问题的关键则在于如何认定功能性与美感的分离。在地区法院的审理中，被告 Star Athletica 提出原告的设计具有功能性且功能性与美感无法分离、不能享有版权保护的抗辩，并获地区法院支持。Varsity 提起上诉。

第六巡回法院在上诉审理中指出，在确定具有功能性且具有美感的物品是否能受版权保护时，关键在于确定功能性与美感是否具有观念上的可分离性（conceptual separability）。在本案中，涉案设计中条纹的使用、色块的选择、臂章的样式等具有美感，且能够与啦啦队服的功能实现观念上的分离，因此可以获得版权保护。Star Athetica 不服第六巡回法院的判决，遂向美国联邦最高法院请求重新审理，并最终获得最高法院同意提审。该案的主要争议在于服装设计是否享有版权这一问题，本质上是实用艺术品的绘画、图形或雕塑特征版权保护问题。

当要分析实用艺术品的绘画、图形或雕塑特征能否与实用艺术品的实用性部分视为相分离而独立存在时，美国第二及第四巡回法院里的法官在同一案件中会同时适用上述多种方法分析。第六巡回法院在审理此案时也指出：第二及第四巡回法院的案例表明，第六巡回法院很难通过单一的方法解决艺术设计是否可在观念上与实用艺术品的实用功能部分相分离的问题。因此他们也采用类似的 "混合方法" 分析此案。

而最高法院多数派法官认为：为实用艺术品所吸收的某一特征 "可以从中被单独确定" 并且 "能够独立存在"。这个问题并不是基于著作权最佳政策的选择，而是完全取决于 "对制定法的解释"。在此之前，美国司法实践中已经发展出多种相互冲突的认定功能性与美感可分离的标准。

---

〔1〕 该案由上海对外经贸大学研究生董炎初译，并由高阳老师修改校正。

关于观念上的可分离性，司法实践中发展出相互冲突的多项标准，法院和学者提出了或者采用了以下方法来分析观念上可分离：

（1）版权局的方法：只有当艺术特征可以作为美术作品，与实用艺术品同时存在并被充分感知为独立作品时，其绘画、图形或雕塑特征才符合观念上可分离的要求。

（2）主次要判断法：如果设计的艺术特征相较附属的实用功能而言是主要的，则绘画、图形或雕塑特征在观念上是可分离的。

（3）客观必要性判断法：如果设计的艺术特征对于实用艺术品实用性功能的操作而言不是必要的，则绘画、图形或雕塑特征在概念上是可分离的。

（4）普通观察者法：如果这种设计在普通（合理）观察者的脑海中形成两种不必同时存在的不同观念，那么绘画、图形或雕塑特征在观念上是可以分离的。

（5）设计过程法：如果设计元素反映的是设计师独立于功能性考量的艺术审美选择，那么绘画、图形或雕塑特征在观念上是可以分离的。

（6）独立判断法：如果"实用艺术品的功能在可受版权保护的作品分离之后仍然保持其完整性能"，则绘画、图形或雕塑特征在观念上是可分离的。

（7）适销可能性法：若存在一种实质可能性，即一件物品即使没有任何实用功能但仅凭其艺术价值也能使得它在相当一部分公众中拥有市场，那么此时绘画、图形或雕塑特征在观念上是可以分离的。

（8）Patry 分离法：以下情形无需对可分离性进行分析：①作品是三维物品的设计，②设计不是"实用艺术品"。在依据"版权法"确定绘画、图形或雕塑特征是否可受保护时，重点应在于该绘画，图形或雕塑部分是否能与物品的实用性部分相分离，而不是与物品相分离，因为受保护的特征无需脱离物品存在，而应脱离物品的实用性功能部分。这一检验需要完成两个额外的步骤。其一，法院必须先辨别出其中的绘画，图形或雕塑特征。其二，绘画，图形或雕塑特征"必须以有形形式独立于实用艺术品的实用性部分存在，而非独立于艺术品本身"。这就需要讨论绘画，图形或雕塑的特征是否由实用艺术品的实用性部分的形式或功能所决定。如果形式或功能（而不是美学）决定了绘画、图形或雕塑特征的呈现方式，则该绘画、图形和雕塑特征就不能独立于实用艺术品的实用性部分而存在。

主观客观综合考察法：观念上的可分离性是通过平衡以下两点进行判断

的：①设计师主观过程中受审美考虑激励创作的程度；②实用艺术品的设计客观上受实用性功能决定的程度。第一个因素要求法院考察设计师受审美考虑而非功能性考虑所激励的程度。第二个因素需要考察设计主要是否取决于功能。如果实用艺术品的设计主要由功能决定，那么这个事实就违反了观念上的可分离性，因此不受版权保护。如果设计几乎不由功能决定，那么这个事实就是符合观念上的可分离性。

根据《美国著作权法》第 101 条，实用品外观设计的图画、图形或者雕塑性特征能够与该物品的实用功能方面被分别识别，并且能够独立存在，则有资格作为艺术作品获得著作权保护。该第 101 条中规定的"分别识别"与"独立存在"分别是指观念上的可分离性与物理上的可分离性。

在由 Thomas 大法官代表多数派法官法院发表的意见中，最高法院指出：在判断一项实用品的艺术特征是否能够与物品的实用方面分离识别与独立存在时，要忠实于《美国著作权法》的条文。"对于某一不确定短语的法律解释不应当仅仅局限在其所在的那个句子，法律的整体对于其含义具有指示的作用。"最高法院指出：要把法律条款放到法律整体中去考察以探寻《美国著作权法》第 101 条的真正含义。

《美国著作权法》规定，体现在实用品设计中的绘画、图形或雕塑艺术特征在满足下列情形下才可受到版权的保护：（1）可分离地识别于物品的实用性方面（可识别）。（2）能够独立存在于物品的实用性方面（可独立）。法院必须认定可分离识别的艺术特征具有脱离物品实用性方面后单独存在的能力。即在观念之中，艺术特征是否可以脱离实用品从而其本身作为《美国著作权法》第 101 条所定义的绘画、图形或者雕塑作品而存在。

在判决中最高法院回顾了版权法的可分离性判断的立法历史，国会所制定的 1976 年《版权法》第 101 条中对实用品设计版权保护的条文，实质上是直接来自 Mazer 案的版权登记规则，并指出 Mazer 案中的两项判决意见对于本案有重要意义。第一，版权保护范围包括可能被用于实用目的的美术作品。第二，法院指出小雕像在一开始就被设计成灯座还是仅仅被设计为不具有实用性的纯雕塑，这不是可版权性分析应当探究的问题。即法院不需要衡量设计师在生产设计时的主观考虑要素。

如果一项设计本可以单独地构成绘画、图形或雕塑作品从而具备可版权性，那么即使它在最初被设计为实用品的一部分，也是具备可版权性的。为了执行 Mazer 案的判决，版权局不久之后重新制订了版权登记规则。随着这次修订，新的版权登记规则把可分离判断引入了现行的版权法中。依照该规定："如果一项物品的唯一内在功能在于其实用性，那么即便该物品拥有独特且吸引人的外形，也不能构成美术作品。但是，如果实用物品的形状中体现了艺术雕塑、艺术雕刻或者绘画表达等艺术特征，当它们可以作为美术作品被分离地识别与独立地存在之时，就可以取得版权登记。"

总而言之，满足下列情形时，一项实用品设计中的艺术特征就具备可版权性——当该艺术特征从实用品中被识别并且能在想象中脱离该实用品时，该艺术特征本身或是已经被固定在其他有形载体上的艺术特征，能够符合绘画、图形或雕塑作品的要求。法院认为，将上述标准适用于本案，很容易得出涉案制服设计享有版权保护的结论。

其一，这些装饰能被识别出符合绘画、图形或雕塑作品要求的艺术特征。

其二，如果拉拉队制服上的色彩、形状、条纹和 V 形的安排被从制服中分离出来，然后运用到其他载体上，它们同样能构成"平面美术作品"，并且在想象中将服装表面装饰从制服上移除并运用于其他载体上不会导致对制服本身的复制。被申请人也确实已经将本案中的几项设计运用到了其他一些表达载体之上（如不同类型的服装）而没有导致对制服的复制。因此，这些装饰是可以从制服上分离的，具备可版权性。

一种平面设计如果只是实用品一部分的设计就可以受到版权保护，同样的平面设计若是物品整体的设计就不能受到版权保护。这种区分无法得到版权法的支持，也无法和最高法院反对意见所承认的"印制在 T 恤衫上的美术品"可受版权保护这一观点相协调。

最高法院反对意见指出，因为在想象中将这些设计从制服上移除并运用到其他表达载体上会产生一个"拉拉队制服的画面"，所以这些设计与制服是不可分离的。申请人也提出了类似的观点，认为这些装饰被从实用品上抽离出来时，依然保持了拉拉队制服的轮廓，因此不具备可版权性。

美国最高法院多数派法官认为：上述理由不影响可版权性。正如在画布上创作平面纯美术作品要符合画布的形状，在物品上创作平面应用美术作品也要符合物品的轮廓。并举例说明：一种刻在或画在吉他表面上的设计，如果在想象中将整个设计从吉他表面上移除并用在唱片封面上，虽然这依然反映了吉他的形状，但是在唱片封面上运用吉他图片并没有导致对吉他这种实用物品的复制。这种设计只不过是以实用物品的形状为基础所创作的平面美术作品。无论设计是首先画在一个唱片封面上并运用于吉他,还是首先用在吉他上并运用于唱片封面,这种设计都是版权法保护的对象。

如果对这种艺术设计不提供保护会带来荒谬的结论:一种平面设计如果只是实用品一部分的设计就可以受到版权保护,同样的平面设计若是物品整体的设计就不能受到版权保护。这种区分无法得到版权法的支持,也无法和最高法院反对意见所承认的"印制在 T 恤衫上的美术品"可受版权保护这一观点相协调。

明确来说,本案拉拉队制服上唯一具备可版权性的艺术特征仅仅是固定在作为有形载体的制服面料上的二维美术作品。即使被申请人最终成功地在本案争议的服装表面装饰上获得有效的版权,Varsity 也无权阻止他人生产与本案装饰所附着的服装具有相同形状、剪裁和规格的服装。Varsity 仅仅有权阻止他人在任何有形的表达载体(制服或其他载体)上复制这种表面的装饰。即制服具有实用性的"形状、剪裁和尺寸"不受版权法保护,但被固定在有形载体上的装饰可以受版权法保护。

可分离性考察的焦点在于被抽离的艺术特征,而不是考察通过想象抽离艺术特征之后所剩下的实用品的功能性是否完整。"制定法上的文本显示出,可分离性是一个观念上的任务。因为可分离性并不要求作为基础的实用物品能够保留,所以,物理性和观念性的区分就没有必要了。"即分离性测试无需区分物理或观念上,而是需考虑艺术特征是否在观念上可被识别,是否可以独立于实用物品存在。

如果将想象中的艺术性特征分离出来,实用品是否依然存在或者具有同样的功能。在啦啦队服案中,被告 Star Athletica 提出,如果这些二维艺术设计从啦啦队服上被物理性地移除,那么纯白色的制服是否依然具备相对的实用功能。美国联邦最高法院多数派法官认为,在判断可分离性时,不用考虑分离艺术特征后对该物品的实用功能的影响。布雷耶法官则认为,假如将这些拉拉队制服装饰移除,衣服就不再是拉拉队制服了,所以不具有可分离性。

最高法院多数派法官指出:版权法并没有要求判断者想象出一个即使脱离艺术特征之后仍然具备完备功能性的实用品。相反,版权法要求被分离的艺术特征本身应当属于非实用的绘画、图形或雕塑作品。当然,因为被移除的艺术特征不能是实用品(如果是,就不能构成绘画、图形或雕塑作品),所以如果将艺术特征通过在观念上移除之后，原本处于实用品中的某些方面就会被"遗留"下来。但是版权法从没有要求这一想象中的剩余物须是一个具有完备功能的实用品，更没有要求它是一个同样有用的物品。

版权法明确地对平面或者立体的"应用美术"提供保护。"应用美术"指"用于实用物品的装饰、设计或执行的"美术形式或者指"那些主要具有实用功能的美术品或工艺品，或者被用在这些美术品上的设计与装饰"。一项本身可受版权保护的艺术特征不会仅仅因为在最初被用作实用品的设计就丧失版权保护，即便这种艺术特征让物品更加有用。

（三）概念上分离标准的质疑

实用艺术品著作权保护的分离原则之所以会出现不统一的标准是由于在判断实用性艺术品能否获得著作权保护时，未考虑实用性艺术品排除保护规则的目的及作用。因此，缺乏理论基础的分离原则在判断实用性艺术品能否获得著作权保护时，不同的判断标准各行其道。

正如第三巡回法院的总结，美国1976年《著作权法》颁布之后，法院使自己陷入试图创造一种判断方法可以有效地确定实用性产品的美学性表达可以被单独识别并且独立存在于产品的实用性功能的僵局之中。〔1〕分离测试带来的困境和法条规定的含糊不清使法院和学者意图寻求立法历史中蕴含的目的才指导法条的解释。国会报告正是起到这一作用，保护"美术工艺品"和增加的分离测试包含于法条之中目的是致力于将应用艺术品与工业品设计划清界限，前者可以受到著作权法的保护，后者不能成为著作权法的客体。〔2〕而法条却没有给出区分两者的明确的界限，分离原则统一可行的标准始终困扰着法院和学者，多种不同的测试方法被使用。

回归至著作权法不保护实用功能性这一基本原理，表达与实用功能性混合不能区分时，著作权不能保护这样的表达。而实用性艺术品获得著作权保护应是以思想表达区分为理论基础，在实用性艺术品的设计与实用性产品本身混合时，著作权不能提供保护。上文中提到的各种分离标准正是没有以混合原则为理论基础，才会致使分离标准未能实现著作权法的政策目标，仅仅是在追求语义学上的分离。

---

〔1〕　See Masquerade Novelty, Inc. v. Unique Indus. , Inc. , 912 F. 2d 663, 670 (3d Cir. 1990).

〔2〕　See H. R. REP. NO. 94-1476, at 54 (1976).

Newman 法官的"暂时分离"之说正是反映了缺乏政策基础的考量，仅是从字面上解释"概念上"：概念上分离应该如何被认定？答案应从'概念上'一词进行分析。实用性产品的设计与实用性产品包含的实用性特征实现概念上分离时，该实用性产品在普通消费者的脑海中想起时，设计需与该产品的实用性功能相分离。[1]换言之，实用性产品的设计与该实用性产品在普通消费者眼中，可以实现暂时的分离。

另一个颇受认可的便是 Denicola 教授从"工业品设计"本体论考察入手的解释，其认为之所以建立分离原则是为了将"应用艺术品"（applied art）与"工业品设计"（industrial design）相区分。不幸的是，Denicola 教授仅仅是从这一观点出发，并未分析这一区分的理论基础而仅是关注于"工业品设计"的定义。Denicola 教授认为：现代工业品设计的主要特征是艺术性特征与功能性特征的混合，非艺术性特征的影响力，是区分工业品设计与其他艺术性设计的主要因素。因此，著作权所保护的设计应是创作者不受约束的艺术性思想的表达而非基于非艺术性思想的回应，受功能性因素影响而得到的设计不应该授予著作权的保护。能否获得著作权保护最终依赖于作品所反映出的艺术性表达不受约束于实用性产品功能性的考量。[2]

Denicola 教授认为其观点体现了艺术中立性，事实上，Denicola 教授的过程标准只是特殊艺术理论的反映，这一理论认为真正的艺术只有在"艺术家不受限制的思想"中找到，除艺术性因素外，不受其他任何因素的影响。如果艺术家的作品是受功能性因素影响创作的，则该作品将沦为不值得著作权保护的差品。Denicola 教授强调创作过程已成为著作权法中重要的一环，特别是在认定作品是否可以被认定为"纯粹艺术品"（Works of art）时至关重要。但并不是展现出艺术性价值就可以被认定为"纯粹艺术品"，只有艺术家在创作过程中除了艺术性创作思想外，不受任何因素影响的作品才可被认定为"纯粹的艺术品"。著作权法中的非歧视原则要求判断某项客体的可著作权保护性时不能依据决定者对其艺术性价值的认定，而过程标准片面地依据设计师设计时的思想倾向决定是否可获得保护与著作权立法目的背道而驰。

---

〔1〕 See Carol Barnhart, Inc. v. Econ. Cover Corp., 773 F. 2d 411, 422 (2d Cir. 1985) (Newman, J., dissenting).

〔2〕 See Robert C. Denicola, "Applied Art and Industrial Design: A Suggested Approach to Copyright in Useful Articles", *Minnesota Law Review*, Vol. 67, No. 4., 1983, p. 739.

分离标准在缺乏明确的政策基础时产生不同的判断标准，使适用分离标准结果的不确定性增加。不确定性是各部门法应避免的，特别是以激励创新促进社会生产力提升的知识产权法领域，更是极力排斥不确定性。因此，以著作权法基本原理为基础产生的分离标准将避免过度地限制功能性产品的生产，使实用性产品的著作权保护趋于一致和可预测。

然而，以混合原则为基础形成分离标准并非指消除一切歧义，混合原则本身很难作为精确的模型。任何人不能清晰地指出对表达的保护将严重的限制思想的实现，任何人不能明确地说明实用功能性抽象思想表达到哪种程度可以获得保护，或者指出哪种情况思想可以与表达分离。这些均被称为抽象层面的问题。

尽管未有普遍性理论指导抽象层面的实例最优化，但是每一个案例均会有共同的指导原则引导判断结果适用于实用性艺术品的保护中。政策基础是否定授予实用性产品的设计以著作权保护。因为在不使用该设计时生产效率将受到限制。这一原则正是著作权不保护思想的体现，也是作为判断实用性艺术品能否获得著作权保护的理论基础。

除上述两个较受认可的判断标准外，被学者推崇的另两个标准比其他标准考虑更全面且以政策为基础。然而，其仍未能系统地衡量实用性艺术品保护的制度渊源，未能将其与混合原则联系起来。

第一需要反驳的标准是 Michael Lynch 提出的"相互独立论"，其认为实用性产品的设计能否获得著作权保护的关键是判断寻求保护的绘画，图形，或雕刻特征能否独立于产品的功能性特征，而功能性特征能否独立于这些绘画、图形或雕刻特征。[1]明显地，这一标准本末倒置，分离原则的重点并不是探究艺术性设计能否与功能性设计分离，而是功能性特征在不使用这些艺术性设计之后，其实用性功能是否会受到影响。因此，该标准在判断艺术性特征能否与非功能性特征独立时显得多余，而且在认定功能性特征与艺术性特征分离时未考虑政策目的。

另外，Lynch 的标准过于关注对产品的物理性描述与分割，这一结果是由于对文字"分离"字面含义的过度关注而产生的，由此，脱离了将思想交由

---

〔1〕　See Michael J. Lynch, "Copyright in Utilitarian Objects：Beneath Metaphysics", *University of Dayton Law Review*, Vol. 16, No. 3. , 1991, p. 647, p. 658.

专利法保护的著作权法立法基本。对产品功能实现必不可少的设计即使可以实现物理性分离也不能获得著作权法的保护，例如，登山鞋鞋底嵌入的大铁钉的设计以用来增加鞋底摩擦力，尽管大铁钉可以与登山鞋物理性分离，但是由于该设计对于鞋底摩擦力必不可少而不能获得著作权法的保护。同样地，实用性产品的设计与产品功能的实现没有任何关系，即使与该产品不能物理性分离时也可以获得著作权法的保护，如雕刻成飞龙形状的椅子或水龙头。因此，分离标准的关键不是产品的设计与产品分离而是与实用功能性分离。

另一个需要质疑的是 Paul Goldstein 教授的"市场力"标准，该标准认为实用性产品的设计可以获得保护的条件是如果其在传统的观念中可以被视为艺术作品，而实用性产品在不使用该设计时同样可以实现其功能，不影响市场力。[1]"在传统观念中可以被视为艺术品"这一标准显得过于多余，上文评价 Denicola 教授的标准时指出，基于创作对"艺术品"这类作品的定义并对实现著作权法的政策目的并无益处，而"传统观念"试图提出能否作为著作权客体的质疑，但是仍然缺乏对于政策目标的考量。没有理由认为著作权只能保护"传统观念"中被视为艺术品的作品。

除了未体现任何政策目的外，Goldstein 教授的"传统观念"与实用性艺术品设计的著作权保护之立法目的不相符。绘画、图形和雕刻作品并非仅指的是传统意义上的纯粹艺术品，还包括图形艺术、插画、艺术品生产、平面图和素描图、摄影作品、地图、图表、球状图和其他的制图作品，以及在广告和商业活动中使用的图画作品和应用艺术品，种类远远大于传统意义上的艺术品。实用性产品设计与纯粹艺术品不同，著作权从对传统意义上纯粹艺术品的保护扩张至对应用于实用性产品上的设计提供保护。

然而，在 Carol Barnhart 案中适用的"密不可分"标准虽然与混合原则下的分离标准比较相近，不同于 Kieselstien-Cord 中可以获得著作权保护的皮带扣设计，此案法院认为鉴于人体模特的作用，为了实现其实用性功能，必须包含胸部和一定宽度的肩膀这样的结构。但是，皮带扣在不使用任何装饰性设计时同样可以实现其功能，这便是 Kieselstien-Cord 案中皮带扣设计的特殊之处。然而，不幸的是，Carol Barnhart 案中未形成明确的分离标准而适用该

---

〔1〕 See Paul Goldstein, *International Copyright*：*Principles*，*Law and Practice*，Oxford University Press，2001，p. 53.

标准，只是在没有给出明确说明的情况下直接适用了混合原则。该法院同样没有将其适用的标准与实用性艺术作品著作权保护的政策目的相联系。另外，法院认为人体雕塑模特不能获得著作权法保护的原因是其不能在概念上独立存在于其实用功能性。相比之下，Kieselstien-Cord 案中皮带扣设计的艺术和艺术性特征可以被视为增加或叠加至其实用功能性特征之上，对实用性特征不产生任何影响的分析更为精确。总之，脱离著作权混合原则和实用性艺术作品保护之立法目的，很难形成统一的分离标准。

　　虽然，分离原则含糊不清，不易于实现，但是美国在判断工业品设计"汽车的外形，飞机，女士裙子，食物加工器，电视机或其他类型的工业品设计所包含的元素物理性或概念性的可以脱离物品的实用性被独立识别"，也即通过"分离标准"方可受到保护。[1]从分离原则的目的及著作权思想与表达混合原则入手，考量分离标准的应有之作用，方可形成切实可行的分离标准。

───────────────

〔1〕　See H. R. REP. NO. 94-1476, at 55（1976）.

第四章

不同语境下工业品设计非功能性理论的适用

一、商业外观中的非功能性原则

(一) 非功能性类型分析

1. 实用功能性中替代设计的证明力

非功能性条款的基础在于两个原理：（1）对于实用性特征专有权的保护仅有一个授权来源——专利法；（2）通过确保竞争者可以模仿其"竞争所必需"的特征来保护自由和充分的竞争，一般需要可行性替代设计证明对竞争者竞争的影响。[1]为解决商业外观"非功能性"问题，法院在司法判例中有的依据第一条原理，另一些法院却依据第二条原理。针对功能性法律未有明确的定义，法院在一系列的司法判例中，"非功能性"司法裁判标注逐渐得到了统一。

追根溯源，在法院早期的判例中，多数法院认为"功能性"的判断应以"实用性""有用性"为参考，对实现产品的功效或者制作工艺有帮助。如1930年，法院在In re Dennison Mfg. Co.[2]案中指出："产品构造具有实用性不能授予商标法的保护。"第六巡回法院1942年在James Heddon's Sons v. Millsite Steel & Wire Works, Inc[3]案中，认为引鱼上钩的鱼饵外形是有助于产品的"目的，行使和功效"。因此，鱼饵的设计具有功能性。

非功能性原理的传统和基础归因于防止商业外观替代授权要件严格的专

---

[1] See J. Thomas McCanthy, *McCarthy on Trademarks and Unfair Competition*, Clark Boardman Callaghan, 1996.

[2] See In re Dennison Mfg. Co . 17 CCPA 987, 988, 39 F. 2d 720, 721, 5 USPQ 316, 317 (1930).

[3] See James Heddon's Sons v. Millsite Steel & Wire Works, Inc. 128 F. 2d 6, 13 (6th Cir. 1942).

利法创造出"类专利"（patent-like）或"后门专利"（back-door patent）的权利，限制开放和自由的竞争政策。因此，功能性原则多从反面定义功能性的特征以排除对其的保护。其中，功能性的特征或设计的定义应该以实用性，机械工程类型为导向，如使产品运行更高效，部件减少，使用寿命增加，更便于操作，为减少在运送中的花费或航运中的损失而形成的形状等，在此原理下出于实用性考虑的特征都可以落入"功能性"定义的范围。[1]

还有一些法院认为功能性不能等同于产品特征的实用性，应出于竞争的角度，对于竞争所必需的特征应认定具有功能性，对其垄断将不利于竞争。因而，其不能获得商标法的保护。如在 Pope Automatic Merchandising Co. v Mc-Crum-Howell Co.[2]中，第七巡回法院撤销了阻止被告使用与原告吸尘器外观相似的产品外观的禁令。法院认为："原告所使用的机械组合是最有效和最经济的制作方法"，"两个吸尘器金属外壳均是未上漆的，如果被告被迫将其吸尘器涂上显著的颜色，不仅影响被告的制作成本而且失去了这一金属同样对于原告的优势"。再如，第六巡回法院认为一个双色的具有功能性，因为相反的颜色不仅是出于实用性的目的而且是产品竞争必不可少的功能，因为对尖头火柴头至关重要的是应该具有颜色的尖头本身。[3]

"竞争所必需性"通过可行性替代设计分析来证明对竞争的影响，如果对竞争者来说某一特殊的特征存在同等有效的替代设计，则这一特征是非功能性的。或者将可行性替代设计依据竞争必要性原理分析，如果替代性设计存在，那么某一特征就不是竞争所必需的。[4]

在电动剃刀案例中，法院发现原告使用的圆柱形刀具对原告来说是原告设计中必不可少的部分，对被告的设计来说并非如此。原告的电动剃刀，只有圆柱形的设计才能使用。而被告的电动剃刀，虽然也是使用圆柱形，但是使用方式完全不同于原告，并不需要使用圆柱形的剃刀。法院认为对于原告而言圆柱形的剃刀设计是功能性的，竞争所必需的，对被告而言是非功能性

---

〔1〕　See J. Thomas McCanthy, *McCarthy on Trademarks and Unfair Competition*, Clark Bardman Callaghan, 1996, p. 339.

〔2〕　See Pope Automatic Merchandising Co. v McCrum-Howell Co, 191 F. 979, 982（7th. 1911）.

〔3〕　See Diamond Match Co. v. Saginaw Match Co., 142 F 727, 729（6th Cir. 1906）.

〔4〕　See Mark Alan Thurmon, "The Rise and Fall of Trademark Law's Functionality Doctrine", *Florida Law Review*, Vol. 56, No. 2., 2004, p. 243.

的，可以由其他形状代替。因此，要求被告更换其电动剃刀的刀具。[1]再如，在 McGill Manufacturing Co. v. Leviton Manufacturing Co. 案中，原告 McGill 生产的照明器材因外形特殊而具有显著性。[2]因为被告销售了与原告产品外形几乎一模一样的产品，法院认为："毋庸置疑，原告设备与被告设备间存在混淆，消费者会将被告的设备误认为由原告生产而购买"。法院同意被告辩称："照明设备的核心特征是必不可少的。但是，法院认为被告更改特征位置和外观依旧能实现同样的实用性优势。因此，这一特征是非功能性的，法院判决被告更改其设备来消除消费者混淆。"

在 Truck Equipment Service v. Fruehauf Corp.[3]案中，原告的产品是非常实用的用来搬运粮食或其他日用品的半拖挂车，第八巡回法院认为："禁止被告模仿原告的设计并不影响被告在市场中的竞争地位"，因此，原告的设计是非功能性的。第三巡回法院在 In Keene Corp. v. Paraflex Industries, Inc. 案[4]中，认为被告使用其他的形状或设计依旧可以生产出可用的产品，因此，原告的设计并不具有功能性。

关于两个基本原理在产品特征功能性判断时究竟如何适用的问题上，McCanthy 教授认为两者同等重要。在未有有效专利权保护时，任何人可以自由使用和模仿。在判断自由竞争政策是否决定某个特征可以作为商业外观的对象给予专有权保护时，两个原理在对功能性判断的目的上相关联。[5]

2001 年，最高法院在 TrafFix Devices Inc. v. Marketing Displays, Inc. 中[6]，认为未得到专利权保护的特征应该被自由模仿胜于对公众混淆风险的考虑的观点再一次复苏。通过扩大商业外观功能性的定义缩小商业外观对产品设计提供保护的范围，这一趋势延续体现在 2015 年苹果公司苹果手机商业外观功能性的判定上。本案中涉及原告专利权过期的双轴路标的设计，被告通过反向工程开始生产与原告外观相似的路标。法院试图澄清功能性测试，重新审

[1] See Lektro-Shave Corp. v. General Shaver Corp. , 19 F. Supp. 843, 843 (D. Conn, 1937).

[2] See McGill Manufacturing Co. v. Leviton Manufacturing Co. 43 F. 2d 607 (E. D. N. Y. 1930).

[3] See Truck Equipment Service v. Fruehauf Corp. 536 F. 2d 1210 (8th Cir. 1976).

[4] See In Keene Corp. v. Paraflex Industries, Inc. 653 F. 2d 822. (3th Cir, 1989).

[5] See J. Thomas McCarthy, *McCarthy on Trademarks and Unfair Competition*, Clark Boardman Callaghan, 1996, p. 567.

[6] See TrafFix Devices, Inc. v. Mktg. Displays, Inc. , 532 U. S. 23, 58 USPQ2d 1001 (2001).

视 Inwood 测试并称之为"传统角度",商业外观整体中特定元素如果对产品的目的或使用是必不可少的,或者其影响产品的成本或质量时,该元素具有功能性。原告对双轴临时路标的设计拥有专利权,且双轴的机械设计是为了使路标随着风向倾斜时具有灵活性和抗压性。适用 Inwood 测试,法院认为原告的设计特征具有功能性而不能得到商业外观的保护。

为了回应下级法院广泛适用的"竞争必需性"功能性测试的标准,最高法院认为将"竞争必需性"作为功能性全面综合的定义是不正确的。在 Qualitex[1]案中,Qualitex 公司和 Jacobson 公司同为美国的两家干洗公司,Qualitex 公司于 1957 年开始生产和销售金绿色的衬垫,Jacobson 公司于 1989 年开始生产和销售金绿色的相同产品。Qualitex 公司于 1991 年在美国专利商标局获得"金绿色"颜色商标的注册,随后以不正当竞争为由起诉 Jacobson 公司,请求禁止 Jacobson 公司使用相同颜色在相同产品上。加利福尼亚中部管区联邦地区法院判决 Qualitex 公司的金绿色注册商标是有效的,Jacobson 公司将其用于同样的衬垫上构成商标侵权,按照法律规定还要承担侵犯商品装潢的不正当竞争的责任。地区法院以此判决的理由是金绿色被用作符号,已经获得了第二含义,并且除了标识衬垫出处以外没有其他功能。

Jacobson 公司不服地区法院的判决,上诉到第九巡回上诉法院。该上诉法院维持了地区法院关于商品装潢构成不正当竞争的判决,但是推翻了认定商标侵权的判决,认为《兰哈姆法》不允许颜色本身作为商标注册,判令撤销 Qualitex 公司的商标注册。上诉法院以此判决的理由是任何人都不应对一种基本颜色拥有垄断权,而且无数颜色的色度会不必要地将法院卷入"色度混淆"的争议之中。

Qualitex 公司向美国联邦最高法院提出申请,认为在用于识别和区分其所生产销售的产品的颜色的保护上,巡回法院之间存在分歧。美国国际商标法协会以及美国律师协会等也提出建议,支持最高法院复审以解决巡回法院之间就颜色商标保护问题产生的争议。美国联邦最高法院就"《兰哈姆法》是否禁止颜色作为商标注册"的争议对该案进行了复审。最高法院通过对《兰哈姆法》中关于商标的法定定义的解释,认为 Qualitex 公司的金绿色已经产生第

---

〔1〕　Koebler P. Qualitex Co. v. Jacobson Products Co. 115 S. Ct. 1300（1995）. 本案初译由知识产权专业研究生季利纯完成,高阳老师进行修改校正。

二含义，能够作为商标。最高法院认为虽然颜色与产品的吸引力有联系，但是颜色有时并非产品的用途或者功能的必要条件，而且通常不影响其价格和质量，不能对颜色商标的 "功能性" 要求进行统一限制，由此最高法院判决 Qualitex 公司的金绿色不起功能作用。

在本案中，客户已经可以通过金绿色认识到该衬垫是来自 Qualitex 公司的，发展了其第二含义。尽管衬垫上使用一些颜色以避免明显的污渍很重要，但法院发现该行业没有对金绿色的竞争需求，因为其他颜色同样可用，法院并不认为颜色本身作为商标使用与功能性原则之间存在冲突。由此，如果颜色和商品发挥的功能直接相关，即使消费者以该标记识别产品出处，那么功能性原则也禁止该标记作为商标受到保护。最高法院也再次重申其对功能性的规定："如果一件商品的特征是其用途或功能的必要条件，或者会影响到商品的成本和质量，则其特征被认定为有功能性。"

与 "第二含义" 相比，功能性在保护单一颜色商标时会带来更加难以判断的障碍。这一点主要体现在 Qualitex 案中反驳颜色用尽理论时，最高法院认为美学功能性能有效防止阻碍竞争的现象出现，并以判决的形式确定了竞争必要性的判断标准。即若独占使用某一特征会使竞争对手处于与商誉无关的显著劣势地位，则具有功能性。最高法院认为功能性特征的专有权保护会使竞争者陷入与商誉无关明显的竞争劣势中。关于争议焦点的颜色是否具有所声称的功能性用来区分药片或使产品更具视觉吸引力，法院重点审查给予商标保护允许竞争者通过对产品重要成分实际或潜在的专有权是否会干预正当的竞争。最高法案认为 Qualitex 中关于与商誉无关的竞争劣势的分析并没有取代 Inwood 测试，而是在 Inwood 测试下具有功能性的特征不需要再适用 "竞争必需性" 的分析。而 "竞争必需性" 适用于美学功能性的案例中。TrafFix 案中原告特殊和实用的机械设计是为了抵抗风力，功能性已经确立，不需要考虑是否存在替代的设计。

对于长久以来功能性定义的 "实用性" 与 "竞争必需性" 之争，最高法院给出了答案。实用性功能性测试的目的是防止具有实用功能的设计未经专利严格授权要件的审查而获得商业外观的保护，"竞争必需性" 是针对某项不具有实用性也不能节约成本的设计，但是由于可以吸引消费者对其垄断会使竞争者处于与商誉无关的竞争劣势。[1] 因而，如果是美学功能性的情况，法

---

〔1〕 See Anne Gilson LaLonde, *Gilson on Trademarks*, Matthew Bender and Company, 2015, p. 123.

院可以考察某项特征是否是竞争所必需的。但是如果是非美学性的特征在传统功能性测试下具有功能性，则不需要再去考虑该特征是否是竞争必需的，或者推测竞争者是否可以使用替代性的设计生产产品。此时，替代性设计的存在也不能将具有功能性的设计变为非功能性。

2. 美学功能性的正确解读

对美学功能性持反对态度的法院多是受 McCarthy 教授的影响[1]，McCarthy 教授的反对意见主要有两点：第一，"美学功能性"用词。McCarthy 教授认为美学功能性是一种矛盾修辞法，"实用"和"美学"附加上同样的修饰语"功能性"具有语义学上的误导性。装饰性美学设计是实用性设计的对立面，通常而言的功能性代表了实用性，具有装饰性美学的设计不可能具有实用性。第二，商标法不需要"美学功能性"理论。McCarthy 教授认为美学功能性理论之间的矛盾所解决的问题，现有的第二含义和通用设计与仅具有装饰性理论便可以准确地解决。[2]如反不正当竞争法重述中列举的情人节心形包装的巧克力糖果盒子，McCarthy 教授认为心形的标准常用形状是通用形状，所以不受保护。

其一，美学功能性用词属于法院习惯性用语，其本质含义不是受诉的标识是否吸引消费者，而应是某特征是否是竞争者有效竞争所必需的。因此，Gilson 教授认为适用"竞争必需性"描述这一理论更合理。[3]

其二，非功能性和显著性存在重合的地方，但是功能性测试重点在于防止对实用性非词语标识的垄断，不管该标识的使用程度。这种重合，事实上可以解释为未得到专利授权的功能性特征可以被广泛的使用并且不具有显著性。如果一项设计是产品产生功效的唯一方法，那么该设计更接近于通用设计。[4]正如第六巡回法院所述，一项产品的基本形态的设计不应该授予设计者对该项设计的专有权利。[5]此时，具有实用性的设计可能也是通用设计。再之，带有圆角设计的矩形饼干，并且沿饼干斜对角线的一半沾满了巧克力

---

〔1〕　第九巡回法院在 Clicks Billiards 案中对美学功能性的说法提出了质疑，引用 McCarthy 教授的观点认为美学功能性是一种矛盾修辞法，装饰性美学设计的对立面是实用功能性设计。

〔2〕　See J. Thomas McCanthy, *McCarthy on Trademarks and Unfair Competition*, Clark Boardman Callaghan, 1996, p. 143.

〔3〕　See Anne Gilson LaLonde, *Gilson on Trademarks*, Matthew Bender and Company, 2015, p. 235.

〔4〕　See Anne Gilson LaLonde, *Gilson on Trademarks*, Matthew Bender and Company, 2015, p. 236.

〔5〕　See Abercrombie & Fitch Stores, 280 F. 3d 619, 638, 61 U. S. P. Q. 2d 1769 (6th Cir. 2002).

是通用设计。法院在本案中适用了美学功能性，认为没有证据证明消费者购买该饼干是因为其具有的美学特征。[1]由此可知，通用设计并不是必须具有美学功能性的设计。换言之，通用设计并不能解决美学功能性的问题。而巧克力糖果盒的设计多种多样，仅在情人节当天心形形状所包含的含义使其备受欢迎，并不能使心形设计成为巧克力糖果盒的通用形状。只有从竞争必需性角度才能有效地解决该问题，避免使情人节当天竞争必需的心形形状被垄断。

综上可知，功能性与显著性是不同的问题，虽然可能会发生重合，但是功能性所解决的是实用性特征或者竞争必需性特征不能得到商标法保护的问题，不同于标识显著性程度的判断。

2001年，最高法院基于对竞争影响的角度，将美学功能性限定为使竞争者陷入"与商誉无关的显著竞争劣势"的设计。并说明美学功能性以竞争必需性为理论基础，竞争者存在可行的替代设计时说明某特征不是竞争所必需的，而不被认为具有功能性。但是，在设计已被认定为具有实用功能性时，即使替代设计存在也不能否定设计具有功能性的判定。至此，是否可以认为功能性的问题已经圆满解决？事实并非如此，TrafFix之后，法院就功能性测试如何适用的问题又出现了纷争。

最高法院在TrafFix案中未说明商业外观某项特征不具有实用功能性时是否需要证明该项特征亦不具有美学功能性。由此，使功能性测试陷入了另一困境，传统功能性与美学功能性是功能性的两个步骤？还是两种情况下两个独立的测试？

第七巡回法院将TrafFix案中认可的传统功能性测试总结为："如果商业外观是有用的，则不受保护。"该解释使产品设计更难得到商业外观的保护，甚至使得到联邦注册的商业外观也因此解释的适用而具有功能性。第五、第六和第七巡回法院认为TrafFix将功能性重新定义，并在巡回法院中适用新的定义而认定争议的商业外观具有功能性。[2]

第九巡回法院将功能性描述为两步测试法，第一步：分析产品某特征是否是产品实现产品功效必不可少或者影响产品的成本与质量的设计。如果是，

---

〔1〕 See Big Island Candies, Inc. v. Cookie Corner, 269 F. Supp. 2d 1236（D. Hawaii 2003）.

〔2〕 See Anne Gilson LaLonde, *Gilson on Trademarks*, Matthew Bender and Company, 2015, p. 257.

则该设计具有功能性不能获得保护，功能性测试至此终止。如果不是，此类设计被归为不含实用功能具有美学特征的设计，进而继续下一步；第二步：分析某特征是否将使竞争者处于与商誉无关的显著竞争劣势。[1]第五巡回法院与第九巡回法院做法一致，将功能性测试分为两步。[2]第六巡回法院将第一步测试进一步细分为两步，其中任何一步得到肯定答案则可认定设计具有功能性。[3]这些巡回法院将 TrafFix 案解读为功能性测试回归到实用性标准和为公众模仿实用性设计的权利考虑，是否存在替代性设计不能否定实用性设计的功能性。

与之相反，联邦巡回法院对 TrafFix 案做出另一种解释，其并不认为 TrafFix 是对功能性的重新定义，并且依旧适用 TrafFix 之前的判断规则，即在传统功能性判断时因替代设计的存在认为该设计不是竞争所必需而否定功能性。[4]联邦巡回法院明确表示在判定功能性时，商标审判和上诉委员会应该衡量授予某标记于商标权对竞争的影响。[5]

产品设计的商业外观通常是对实用性特征的设计，而针对涉及产品特征实用性的设计应当适用传统功能性测试，分析产品特征的设计目的和其对产品成本和质量的影响。如果包装或装潢的商业外观不具有美学特征，亦不以指示来源为设计目的时，应适用传统功能性设计。美学功能性条款可适用于衣服设计、珠宝设计、服装店的内部装潢、不同服装分类的布局、心形的汤勺设计等以美学特征为主要目的的设计。[6]

（二）非功能性要件之地位

1. 非功能性与显著性之关系

商业外观获得商标法注册或保护的前提条件：非功能性和显著性。非功

---

〔1〕　See Au-Tomotive Gold v. Volkswagen of America, Inc., 457 F. 3d 1062, 1072, 80 U. S. P. Q. 2d 1293（9th Cir. 2006）.

〔2〕　See Board of Supervisors for Louisiana State University Agriculture and Mechanical v. Smack Apparel Co., 550 F. 3d 465, 486, 239 Ed. Law Rep. 874, 89 U. S. P. Q. 2d 1338（5th Cir. 2008）, cert. denied, 129 S. Ct. 2759（2009）.

〔3〕　See Christian Louboutin S. A v. Yyes St. Laurent Am. Holding, Inc., 696 F. 3d 206, 103 U. S. P. Q. 2d 1937（2d Cir. 2012）.

〔4〕　See Amy B. Cohen, *Following the Direction of TrafFix: Trade Dress Law and Functionality Revisited*, Social Science Electronic Publishing, 2011.

〔5〕　See Valu Eng'g, Inc. v. Rexnord Corp., 278 F. 3d 1268, 1277（Fed Cir. 2002）.

〔6〕　See Anne Gilson LaLonde, *Gilson on Trademarks*, Mattew Bender and Company, 2015, p. 356.

能性的设计只有在指示来源时，不管是因为其具有固有显著性亦或是通过第二含义获得显著性，才能作为商业外观受到保护。非功能性和显著性是两个不同的前提条件，需要分别衡量。[1]

显著性要件促进商标目的——指示来源的实现，确保受保护的商业外观可以明显的同其他竞争者形成区别。依据 Abercrombie 标准，商业外观根据显著性的强弱分为通用名称，描述性，暗示性或者任意的（臆造的）。暗示性的和任意的（臆造的）商业外观具有固有显著性，在投入商业使用后便可获得保护。描述性的商业外观如果原告证明其标记在消费者中建立了显著性也可以受到保护，通用外观不能受到《兰哈姆法》的保护。[2]与通用名称一样，通用外观不具有固有的显著性，即使经过长期使用也不能获得满足注册条件的显著性。因为如果允许通用外观注册为商标，将会产生明显不利于竞争的后果。某类商品的通用设计类型非常有限，如果授予如此有限的通用设计以专有权则会对其他竞争者产生非常不利的影响。

固有显著性或第二含义作为可相互替代的条件，是商业外观获得《兰哈姆法》保护的必然前提，可以由商标所有人产品或服务的市场营销规划中的多方面因素证明，包括营销区域，地理营销范围，营销的时期，广告和促销活动的影响等。[3]考察这些因素的渗入是否使商业外观所有人的商业外观在消费者群体中产生识别作用，能否与其他竞争者产生区分。

非功能性和显著性要件可能会产生交叉，交叉表现在相关证据方面，如一项未授予专利的功能性特征可能经过长期使用后依旧不具有显著性。但是，非功能性与显著性需要分开适用可保护性的分析。一项特征是否具有功能性与其是否承担指示来源的角色没有直接关系，功能性分析不应该与购买公众是否将外观关联于特定来源的调查合并。[4]非功能性的测试的核心应该针对实用性非文字标记，或者非实用性竞争所必需的设计的垄断，不管它的使用范围有多么的广泛。

非功能性条款的引入目的是强调自身具有功能性的标记，即使在市场中获

---

〔1〕 See In re McIlhenny, 47 CCPA 985, 989, 278 F. 2d 953, 955, 126 USPQ 138, 141 (1960).

〔2〕 See *Abercrombie & Fitch Co. v. Hunting World, Inc.*, 537 F. 2d 4, 9 (2d Cir. 1976).

〔3〕 See Charles E. McKenney and George F. Long III, Federal Unfair Competition：Lanham Act 43（a）§ 5：8, 2015 Thomson Reuters.

〔4〕 See Clicks Billiards, Inc. v Six shooters, Inc., 251 F. 3d 1252, 2001.

得了显著性和有证据证明具有第二含义，亦不能得到商标法的保护。正是非功能性条款写入《兰哈姆法》[1]，解决了法院对是否可以使经证明获得显著性且具有功能性的商业外观获得商标法保护的疑虑。如在 Artus Corp. V Nordic Co.[2]案中，铣床中间隔地带垫片颜色的选择是为了暗示垫片的厚薄，具有功能性，尽管经过使用获得了显著性，亦不能得到商标法的保护。

不仅如此，非功能性条款作为一项强有力的公共政策，胜于所有证明消费者产生指示来源的关联的证据和所有因模仿者而导致消费者实际混淆的证据。一项"功能性"的特征，不仅因违反商标或商业外观授权要件有效性的问题，不能获得保护。而且在缺乏知识产权权利保护的情况下，允许竞争者自由和任意模仿。再之，任何证明获得第二含义或者实际混淆的证据亦不能使其豁免。正如最高法院所述，一旦一项特征被认定为具有"功能性"，第二含义就是不相干的证据，因为"功能性"的商业外观在任何情况下均不能获得保护。[3]

2. 商标客体范围扩张的原因

传统上，商标的功能在于向消费者传递信息，表明具有相同标志或特征的商品系由同一生产者所提供，从而方便消费者认知和确认商品的来源，减少搜索时间和成本。商标由于形象生动且易记，在商品上连续使用后可指示商品的来源，因而常成为广告的必然构成要素。广告可将公众的注意力转向商品的标志，从而在激发消费者购买欲望之后可使其凭籍商标而确认其所希望购买的商品，因此商标成为连接广告和销售的桥梁。由此，广告所产生的说服力，常常可传递到商标从而使商标更具区分力和与影响力。在大量成功广告宣传的影响下，消费者可产生对某一特定商标商品的心理偏好，成为该商标忠实的"粉丝"。在广告宣传之下，商标除原来的指示商品来源信息功能，又增加一项推销商品的功能。

商业广告的兴起与发展以及品牌塑造运动，对社会、经济及文化生活产生深远的影响。仅就经济层面而言，通过商业广告的宣传和商标知名度的提高，商人在价格和市场准入两个方面获得一定程度的垄断。其一，通过广告

---

[1] See Lanham Act section 2 (f).

[2] See Artus Corp. v Nordic Co. 512 F. Supp. 1184 (W. D. Pa. 1981).

[3] See J. Thomas McCanthy, *McCarthy on Trademarks and Unfair Competition*, Clark Boardman Callaghan, 1996, p. 356.

宣传，知名商标将其产品同其他同质产品区分开来，商人借由消费者对于商标的认知度或者忠实程度而索取更高的价格。即便该产品为同类常规产品，与其他竞争者的产品在质量上并无差别，但是借由商标的说服力和由此形成的消费者偏好，该产品与其他产品形成区分，即使在竞争者降低价格时，其价格可以不用降低而维持同样的销量，从而维持了价格的非弹性。此种设定更高价格而不致降低销售的能力，即是一种垄断能力。因此，拥有知名商标的商人可以更高的价格销售商品，从而获得在一般利润之上的额外利润。[1]由此，商人成功地实现了价格控制。其二，由于广告宣传而产生的产品区分也导致其他竞争者进入该市场的难度增加。因为，如果某一公司已经通过广告宣传在某一行业获得相当的声誉，必将带来较大的销售量，从而降低了规模经济下单位销售成本，而市场后来者由于初具规模其销售量较低从而在单位销售成本上必然高于在先的公司；作为替代策略，市场后来者不得不降低价格从而抵消消费者对知名品牌忠诚度的效果；如果新来者欲在消费者认知方面赶上原来的公司或与其相竞争，必然要求更多的广告投资，从而对其进入市场的资本要求更高。[2]由此，广告与商标的相互作用增强了消费者对商标的依赖感与商标所有人的市场控制力，致使商人开始重视对产品特征，如产品包装、设计、外形甚至颜色或气味等的保护。由于产品特征在广告中反复出现，会在消费者心中留下深刻印象，从而与传统商标一样可成为产品区分的手段。

正是如此，商人投入巨大的时间与精力打造的品牌效应，必将更大程度上强化对商标的保护。为确保商人因大量广告投资建立的商标信誉以及由此产生的消费者偏好不被削弱，凡是通过商业使用可以用来指示来源的标识，商人均力求获得商标法的保护，以限制竞争对手对其产品具有区别力的特征进行模仿。事实上，以保护标识指示来源作用为主旨的商标法，逐渐扩大了可商标事项的范围，包括独特的包装或容器，独到的品质、装饰、颜色或外

---

〔1〕 See William S. Comanor and Thomas A. Wilson, *Advertising and Market Power*, Cambridge: Harvard University Press, 1974, pp. 241-241. 转引自：黄海峰：《知识产权的话语与现实——版权、专利与商标史论》，华中科技大学出版社 2011 年版，第 237~238 页。

〔2〕 See Joe S. Bain, *Barriers to new competition*, Cambridge: Harvard university press, 1956, pp. 114-143, 201-204. 转引自：黄海峰：《知识产权的话语与现实——版权、专利与商标史论》，华中科技大学出版社 2011 年版，第 237~238 页。

观，甚至产品独到的销售环境等具有产品区分效果的产品特征。

3."非功能性"原则之适用范围

商标法仅保护具有特殊含义的标识，这种特殊含义是指标识可以指示来源和与其他产品形成区分，而对于商标标识的保护仅排除混淆性的相似。之所以将保护范围限制于混淆性相似是为了实现商标法的主要目的——防止消费者混淆，而不会对自由竞争产生不利的影响。

从商标发展历史来看，商标法的主要作用在于在不影响自由竞争的情况下避免消费者混淆，而且对于可获得商标保护的标识类型加以限制，以防止可商标事项的无限扩张。文字和二维图形构成了商标客体的主要类型，由文字、图形标识带来的垄断并不影响竞争性产品的生产。允许唯一的生产者在个人电脑上使用"苹果"文字或图形作为商标标识，其他竞争者虽不能在同类产品上使用相同或相近似的文字或图形，但是并不影响竞争对手生产竞争性的产品。然而，产品自身特征作为商标标识时，对于该特征的垄断等同于对于竞争性产品的垄断。不可否认，商标法在承认这些可以指示来源的标识的保护地位的同时，对于如产品颜色或设计特征的商标法保护，也提出限制条件。

在当今社会，越来越多的非传统标识在可以指示商品来源时受到商标法的保护。原本商标依据客体本身特性而分为文字、图形、形状、包装、设计、颜色或味道商标，而现今商标保护对于客体本体特性的要求逐渐消失。[1]换言之，商标标识不再强调客体本体自身的特性，而是衡量该标识是否已建立市场识别力。因为，对于市场中指示来源标识的保护是商标法存在的意义，如果不对能够起到指示来源作用的标识提供保护，就有背离商标法立法之本。更重要的是，这种背离等同于商标法对于允许消费者混淆而造成的竞争成本的支持。

非传统商标的商标法保护与文字标识的商标法保护一样，需要考量对于竞争的影响。在衡量文字标识排他性权利对其他竞争者的影响之后，试图将影响降低至最低限度，从而排除对通用文字，固定用语等文字予以商标权的保护。对于可以指示来源的文字标识授予垄断权，排除任何人对于该标识的

---

〔1〕　See GraemeB. Dinwoodie, "The Death of Ontology: A Teleological Approach To Trademark Law", *Iowa L. Rev*, Vol. 84, 2000, p. 611.

近似性使用。尽管如此，竞争者对文字标识的选用依然享有很宽泛的选择空间和选择自由。竞争者对于同类竞争品可以使用其他替代性的标识，同样可以达到指示来源的作用。文字商标的授予并不影响竞争者生产的竞争性产品，限制竞争者对文字的使用并不限制其生产出竞争性的产品。[1]很少情况下，产品会因为文字标识的选择不同而影响消费者的购买欲望。

通常情况下，非传统商标是产品的构成特征，虽然其可同传统商标提供同等的指示来源作用，但是由于对产品自身特征的垄断意味着对竞争性产品的垄断，因此，非传统标识的商标法保护需要满足更为严格的条件。换言之，商标法保护应基于特殊的标识是否可以指示来源，也就是标识的"显著性"；再之，授予特殊标识以垄断权保护是否会影响正当竞争，也就是标识的"非功能性"。显著性是标识获得商标法保护的先决条件，非功能性则限制商标法提供保护的消极要件。

二、外观设计专利的非功能性原则

（一）非功能性的应有之义

1. 实用功能性中替代性设计证明力的选择困境

在 Carletti 案之后，美国一些联邦法院与海关和专利上诉法院认为，设备的外形是结合产品的功能性或以实现产品功能性为必要结果时，如此的设计不过是对产品功能性的回应而已，不是可获得专利权的外观设计。换言之，这样设计结果的产生是完全由产品功能性而决定的，可以认为即使是加入了美学性特征也不能改变设计完全由产品功能性决定这一结果。"完全由功能性决定"标准的目的在于考量促进设计师创新的动机，判断其唯一意图是否是为了获得所预期的功能性的产品。这一标准使不是完全出于实现产品功能而为的设计，即含有功能性又含有装饰性的设计可以获得外观设计专利的保护。

在适用"完全由功能性决定"标准时，法院达成一致通过寻找工业生产中是否存在可替代的设计，也称为"形状多样性"方法，认定某项设计是否完全由功能性决定。现实中，此方法比较容易实现，大多数工业制造品，即使是对功能性要求很高的产品，依旧可以通过其他不同的形式实现同样的功能。

然而，另一联邦法院受商业外观实用功能性判断因素的影响，在判决中

---

[1] See Clorox Co. v. Sterling Winthrop, Inc. 117 F. 3d 50, 56 (2d Cir. 1997).

适用商业外观功能性判断的考量因素以确定设计的功能性。考量因素包括：受保护的设计是否代表了最好的设计；替代性的设计是否会对产品的特定性能产生不利影响；是否存在附随的发明专利；广告宣传是否在兜售实现特定性能的设计的特殊特征；设计的某些组成部分或者整体外观是否明显的不是由功能性所决定。[1]商业外观与外观设计专利同样是仅保护非功能性设计，可能基于此点法院认为二者的判断标准一致。

在对外观设计提供单独设计权保护的欧盟，排除对完全由功能性决定的外观设计的保护。功能性排除条款明确规定"设计权不能授予完全由产品技术或机械功能性决定的产品外观"[2]，虽然各成员国对于该款的解释不同，但是在最近欧盟法院的 Philips v. Remington 案中，该款的解释又发生了变化。欧盟法院在该案中采用了与《欧盟商标指令》第 3 款 1 条 e 项相同的解释，认为完全由产品功能性或为达到某种技术结果而决定的产品形状不能获得商标法的保护，不管该形状是否获得显著性和是否存在可达到同样技术效果的替代性设计。[3]因此，在完全由产品功能性决定的产品形状仅提供存在的替代性设计时，不能获得设计指令的保护。换言之，在设计完全由产品形状决定时，在《欧盟设计指令》与商标指令中功能性判断标准一致，替代性设计均不能证明设计的非功能性。

由此可知，替代性设计在美国外观设计专利法中可作为证明不完全由功能性决定的证据，或者美国法院提倡外观设计实用功能性证明标准完全采用商业外观功能性的证明标准，替代性设计仅作为证据链中的一环。而在认定是否"完全由功能性决定"的设计时，欧盟出现了两种方法。第一种称为"控制"方法：某项设计特征由其技术功能控制其形式的应该被排除。[4]但是，技术功能特征只要可以通过其他形式实现，排除规定不能被适用。[5]另一种被称为

---

〔1〕 See Berry Sterling Corp. v. Pescor Plastics, Inc., 122 F. 3d1452, at 1456 (Fed. Cir. 1997). PHG Techs., LLC v. St. JohnCos., 469 F. 3d 1361, at 1366 (Fed. Cir. 2006). High Point Design LLC v. Buyers Direct, Inc., 730 F. 3d 1301, at 1316 (Fed. Cir. 2013).

〔2〕 See Design Directive 98/71 [1998] O. J. L289/28-25, Arts 7 (1).

〔3〕 See Koninklijke Philips Electronics NV v Remington Consumer Products Ltd, European Court of Justice, (Case C-299/99), June 18, 2002.

〔4〕 See Lionel Bently & Brad Sherman, *Intellectual Property Law*, Oxford Uni Press, 2014, p. 618.

〔5〕 See Marques, A review of the first 300 decision on the validity of registered designs 28 (2d ed. 2008).

"成因"法：排除由功能性原因产生的设计，也即设计师仅是由于功能性驱使激励其设计某项特征。然而，Philips v. Remington 案中，欧盟法院对设计指令中功能性排除条款的解释开始采用商标法中功能性判断的标准。

外观设计专利立法目的是促进装饰艺术发展，既然是运用于工业品之上的设计，必然免不了对工业品功能的考虑。工业革命发展之初，以功能决定形状的设计理念为主导。强调改善工业品性能的设计，而外观需服务于产品功能。对于功能相同或近似的产品，基本一致的外观很难使产品从众多竞争者中脱颖而出。由此，设计师开始寻求吸引消费者的方法。亦或潮流时尚，亦或简洁美观，亦或天马行空，设计师不断地寻求改变同类产品外观的方法。为了满足消费者对于产品外观美学的需求，各式各样美学性的设计不断涌现，而此类设计并没有改变或改善产品的功能。但是，工业品或多或少总是会含有一定的功能性，对于工业品外观的设计不能忽视该产品的功能。脱离工业品功能的设计，无异于纯粹美学性的艺术品。现代工业品设计在追求美学性设计的同时，提倡功能与装饰性融合的设计理念。考察设计师的设计目的是否在于实现产品功能，完全由产品功能决定的设计不过是追求预期产品功能的结果，不含有任何装饰性元素。而除此之外的设计，设计师设计之初衷是为实现功能与装饰性的结合，从而获得外观设计专利之保护。

2011 年，苹果公司与三星智能手机商业外观及外观设计专利侵权之争拉开序幕，苹果公司起诉三星公司的手机外观侵犯其商业外观及外观设计专利。2012 年，加州北区法院的陪审团裁定苹果手机商业外观系非功能性设计可获得保护，加州北区法院支持此项裁定并判决三星公司侵犯苹果公司的商业外观和外观设计专利，三星公司赔偿苹果公司 9.3 亿美元。2015 年，美国联邦巡回上诉法院推翻加州北区法院的判决，认定苹果手机注册的与未注册的商业外观具有功能性不应受到保护，免去三星公司 3.8 亿美元的赔偿责任，但支持加州北区法院认定三星公司侵犯苹果公司苹果手机外观设计专利权的判决。[1]苹果公司对战三星公司的智能手机知识产权之争持续了 4 年之久，至此落下帷幕。

事实上，围绕产品设计功能性判断标准在商业外观与外观设计专利中是否应该一致的争论从未停息。美国联邦巡回法院将商业外观的"功能性"判

---

〔1〕 See Apple Inc. v. Samsung Electronics Co. , Ltd. , 801 F. 3d 1352 (Fed Cir, 2015).

断标准适用于判断外观设计专利的功能性，然而联邦巡回上诉法院将苹果公司同样的图形用户界面认定为"功能性"设计不能授予商业外观，最后却可获得外观设计专利保护的判决结果，表明联邦巡回上诉法院认为商业外观与外观设计专利功能性判断应该适用不同标准的态度。

外观设计专利和商业外观的保护客体不同，外观设计专利赋予具有新颖性、创造性的装饰性产品设计以一定期限的专利权，而商标法以预防消费者混淆为目的，赋予经过长期商业使用能够起到"指示来源"作用的产品外观设计以商标法的保护，且该保护无期限。外观设计通常是工业产品的设计，如上文 Richardson 中的多功能工具，虽然各功能部分的组件不能受到外观设计的保护，但是各组件的外形作为整体外观的一部分可以受到外观专利法的保护。工业产品或多或少需要具有一定功能性的本质，决定了外观设计功能性判断标准仅排除完全由功能性决定的设计即可。而商业外观作为识别性标识的本质，便要求除指示来源之功能不以外保护任何其他形式的功能性。并且商标法保护期间可无限延续，更是要求适用严格的功能性判断标准，以免造成对实用性功能特征的无期限性垄断。如上述，外观设计专利可以保护既含有功能性又有非功能性元素的产品设计，而商标法对于产品的商业外观不包容任何功能性的设计。正如苹果公司同样的手机外观设计，不能授予商业外观的保护，却可以受到外观设计专利保护，由此也证明了外观设计和商业外观的"功能性"判定应适应不同的标准[1]。此案将外观设计专利与商业外观"功能性"判断适用标准一致的趋势扼杀于萌芽状态。

然而，商业外观作为商标的一种，以指示商品或服务来源为保护要件。不需考虑工业品自身的特性，而是从标识本质特征出发，应当排除对工业品任何功能性元素的保护。换言之，在商标法的视角之下，为了避免与保护实用功能专利法的冲突，适用严格的功能性判断标准，将含有装饰性与功能性的外观交由外观设计专利法保护。再者，商标法以保护商业使用中标识指示来源为目的，不允许其他竞争者破坏商标所有人与消费者建立的指示关系。因此，标识的商业使用持续不断，商标保护便可无限期延续。适用商标法保

---

〔1〕　See Tony Dutra："Apple ＄548M Patent Win Against Samsung Survives Appeal, But No Trade Dress Award"，载 http://www. bna. com/apple-548m-patent-n17179926962/，最后访问日期：2015 年 6 月 22 日。

护既含有功能性元素又包含装饰性元素的设计意味着商标权人可以无期限垄断该功能性特征，未经过实用性专利法严格授权要件审查实用性特征的保护不利于正当竞争。工业品外观设计的商标法保护应建立在该设计是纯粹出于装饰性目的，并且以具有固有显著性或者获得显著性为授权要件。外观设计专利法中功能性判断标准应该只排除完全由功能性决定的设计，保护含有功能性与装饰性的设计。

2. 外观设计专利对美学性设计的态度

WIPO 的《知识产权法教程》中指出，工业品外观设计属于美学领域，但同时又包含工业或手工业制造品。通常，工业品外观设计具有装饰性或美学性的外观。装饰性的外观是由产品的形状或图案或色彩，以及上述元素的组合构成的，具有视觉上的吸引力。英国 2001 年《注册设计法》中规定，外观设计是指由产品的特征，尤其是产品的线条、轮廓、颜色、形状、质地或纹理构成的产品的整体或一部分的外观或其装饰。[1] 日本《意匠法》第 2 条中定义外观设计为，由产品的形状、图案、色彩或其结合构成，能够带来视觉上美感的设计。美国外观设计专利法中虽未使用美感一词，外观设计授权要件中规定需是装饰性（非功能性）设计，并未要求美感的质量或高度。

外观设计立法目的在于促进装饰艺术的发展，其所关注的是由产品形状、图案、色彩所综合形成的具有美学吸引力的视觉印象。虽然与发明专利同属于对产品的创造劳动，但是外观设计追求的是耳目一新的视觉吸引力，而发明、实用新型专利旨在促进产品技术上的改进、功能上的完善。外观设计对美学的要求亦不同于著作权法对实用艺术品美学性的要求，实用艺术品所体现的是作者艺术性思想，需具有一定的美学性高度才可获得保护，而外观设计的艺术性并不要求达到一定的美学高度。

美学性设计即非实用性设计，在商业外观中可能作为竞争必需之设计而被认定具有功能性不可获得保护。但即使是竞争必需性设计，在满足新颖性与创新性要件时，竞争必需之美学性设计也可获得外观设计专利的保护。之所以会出现此种差异是由于商标法保护商标标识的本质在于保护其所蕴含的商誉，以此来维护市场竞争秩序。

商业外观作为商标标识的一种，以"指示来源"为保护依据，保护的本

---

〔1〕 参见胡充寒：《外观设计专利侵权判定理论与实务研究》，法律出版社 2010 年版，第 30 页。

质是凝结于标识之中生产者之商誉。商标法出于维护正当竞争之目的，对生产者的商誉进行保护，以减少消费者的搜索成本，确保消费者与特定生产者之间建立的关联关系不被破坏。从商标权的内容或目的看，商标权的客体应为凝结在商标标识中的商誉。商誉是能够吸引消费者惠顾或购买商品的所有特质的总和，商标则是这些所有特质的载体，是产生、凝结、传递商誉的符号。然而，在某些非实用性设计是竞争者市场中必需的设计时，授予该美学性以排他权保护将使竞争者陷入与商誉无关的竞争劣势，有违商标法保护商标蕴含之商誉的本意。

比较商业外观和外观设计专利的客体范围可知，同样是对非功能性的设计的保护，但是商业外观保护的是该设计经过长期使用产生的指示功能，外观设计专利则是对该设计各设计元素组合的整体保护。商业外观保护的是该设计的指示来源之功能不受破坏，而外观设计则是防止该外观被他人模仿或使用。对于完全由产品功能决定之设计，外观设计与商业外观均排除保护，非实用性但竞争必需之美学性设计，外观设计可提供保护，商业外观排除对此类设计的保护。

（二）非功能性判断在外观设计专利中的地位

1. 功能性特征不可授权的绝对条件

TRIPs 协议明确指出，外观设计不保护功能性设计，作为获得保护的禁止性要件。《欧盟设计指令》第 7 条第 1 款功能性排除要件不仅排除完全由产品功能决定之设计，还明确排除为符合某产品型号生产的确切规格的产品组件或接口装置。日本《外观设计法》第 5 条第 3 款规定："实现产品机能而不可缺少之外观设计的形状，不能取得外观设计注册。"

外观设计专利是对产品的形状、图案或者其结合以及色彩与形状、图案的结合。因此，仅是色彩的设计不能独立构成外观设计，除非色彩变化的本身已形成一种图案。因此可以构成外观设计的组合有产品的形状，产品的图案，产品的形状和图案，产品的形状和色彩，产品的图案和色彩，产品的形状、图案和色彩。此外，该外观必须是固定的，因其包含有气体、液体及粉末状等无固定形状的物质而导致其形状、图案、色彩不固定的外观不能成为外观设计专利权的保护客体。

外观设计的载体必须是产品，即能用工业方法生产出来的物品。不能重复生产的手工艺品、农产品、畜产品、自然物，不能构成外观设计专利的载体。

而且该外观设计必须能应用于产业上并形成批量生产。因此取决于特定物理条件、不能重复再现的固定建筑物、桥梁和以自然物原有形状、图案、色彩作为主体的设计因不符合上述要求而不能作为外观设计专利权的客体。[1]

对于外观设计专利的客体应是通过装饰性的设计或具有美感的设计,言外之意是外观设计不能是功能性的设计。正是由于设计者通过其创作劳动为人类文明带来具有美的享受的智力成果,才将其纳入知识产权客体而加以保护。但是,由于美感是主观判断,往往受到观察者的文化水平、生活经历、审美观点的影响,因此,不同的人可能对同一产品是否具有美感有不同的看法。同样是授予外观设计专利权的美国,设定的法定授权要件为装饰性,以此与功能性形成区分。

总而言之,完全由功能性决定的设计不是为了满足产品的装饰效果和美感需求而为的设计,其与产品的实用功能性紧密相关。因此,在判断是否可以获得外观设计保护时,应明确排除实现产品技术功能所能采用的唯一外观设计。

2. 侵权认定中排除对功能性特征的保护

工业品设计的外观设计保护虽是以保护美学性设计为立法目的,但是依然不能改变工业品设计的特殊性,其是工业品实用性与美学性的混合体。正是如此,工业品设计在保持产品实用功能的同时,亦要追求满足消费者视觉美感的外观造型。但是,美感外观设计的选择应是无关于产品功能的实现,应是纯粹追求装饰性效果的设计。

完全由功能性决定的设计不能获得外观设计法的保护,非完全由功能性决定的设计,即功能性与美学性同时存在的设计,应只保护整体设计的美学装饰性。在判断是否构成侵权时应对于产品功能实现密切相关的设计予以排除,而功能性与美学性同时存在之设计,排除对功能性特征的保护并非意味着将功能性特征从设计整体中移除,而是忽略功能性特征间的相似性,仅比较装饰性设计间的区别。

通常,在功能性与美学性同时构成产品外观时,外观设计专利文件中只有整个产品的图片,并不区分产品功能性外观与装饰性外观。[2]此时,需要

---

[1] 参见张广良主编:《外观设计的司法保护》,法律出版社 2008 年版,第 2~4 页。

[2] 参见王鹏等:"功能性外观应排除在外观设计专利保护范围之外",载《人民司法》2009 年第 16 期。

法院在审理外观设计专利侵权案件进行侵权认定时，应该首先排除不予保护的功能性特征，然后，对比装饰性特征的相似性。在判断方法上，美国法院与欧盟法院的做法不同。美国法院注重设计的整体比较，排除功能性设计特征，仅比较装饰性设计间的区别。近些年美国的司法案例表明，功能性设计一般是由不同的功能性元素组成，为实现某项特殊功能的特征，这样的设计并不能排除他人使用同样的设计理念构成同样功能性组件的组合，但是对于功能性设计之上采用的设计元素应根据设计师的风格设计出可以表达其个性的美学装饰性设计。

　　虽然欧盟法并没有明确规定设计空间自由度在个性特征分析中的作用，只是将其作为参考因素考量，但法院时常通过强调设计空间自由度对整体设计的影响将其联系于个性设计分析中。见多识广的使用者意识到设计伴随的功能性约束（constraint）与对设计受保护元素的关注程度并不相同。在设计师设计空间自由度因为特定元素必须包含技术约束而受到限制时，见多识广的使用者对整体设计的视觉印象不关注于这些受技术约束的设计特征，认定整体效果是否产生不同的整体效果时强调的是剩余特征是否足够的独特。在设计空间自由度受到限制时，微小变化的设计可以有效地避免侵权行为的构成。

　　欧盟法院的比较方法以设计构成元素比较为基础的判断标准，与外观设计保护整体设计视觉效果的主旨相矛盾。受功能性约束带来的设计空间受限从侧面反映能否构成个性特征，从而认定侵权行为是否成立。设计自由度低时，即使很小的差别也可构成个性特征，而设计自由度高时，就要求存在明显区别才可构成个性特征。虽然通过引入对设计师设计空间自由度的考量来缓解这一矛盾，但这一考量因素作为判断设计整体是否具有个性特征时才被适用，并不能从根本上解决问题。

三、实用艺术品中非功能性原则

（一）非功能性原则适用客体

1. 实用艺术品"非功能性"判断的目的

　　实用艺术品一词来源于《伯尔尼公约》中"works of applied art"，从词组字面意思理解可以认为是艺术性的设计应用于实用性产品之上。最初，《伯尔尼公约》并不保护实用性艺术品，只是在 1908 年第一次修订时才加入此项内容。直到 1948 年第三次修订《伯尔尼公约》时，实用性艺术品才被纳入“必保护”对象。在《伯尔尼公约》现行文本即 1971 年修订本中，赋予了各成员国对实用性艺术品立法保护的选择自由。[1]由于实用性艺术品的特殊性，在采用著作权法保护实用性艺术品的国家如美国、意大利，一般通过分离标准判断应用于实用性艺术品之上的设计能否获得著作权法的保护。

在保护“实用性艺术品”这样的客体时，需要指出的是，保护的不是实用性艺术品的“实用性”，而应是实用性艺术品的“艺术性”。在侵权诉讼中，实用性艺术品的著作权人只有证明被告复制的是其作品中除去实用功能性之外能够独立构成作品艺术性造型，才可能被确认侵权行为成立。若被告复制的是实用性产品功能性实现或批量生产所需的那部分设计，由于被这部分设计的保护将会产生不利市场竞争的不良后果，也有违背于著作权不保护思想的立法基础，因此，对于实用功能性设计的复制，不能构成侵权。

如何判断实用性艺术品的艺术性能否获得著作权法保护？美国《版权法》中规定[2]，实用性艺术品中艺术表达部分只有与实用性产品实用性特征分离并可独立存在时，其“艺术性”特征才能获得著作权法的保护，这一理论在美国又被称为分离标准。然而，在立法之初，分离标准的实质性含义就被误解。

通常认为，分离标准是指实用性艺术品中可以抽象出该实用艺术品的“艺术性”成分，脱离产品的实用性功能独立存在。[3]但是，审查分离标准立法目的之后发现，“分离”并非仅指文字、语义上的分离，一味地追求艺术性设计与实用性产品功能性特征的物理性或概念上的分离便会步入通过各种方法实现两个对象分离的不一致性。事实上，分离标准的目的并不是实现艺术性设计与实用性特征的分离，而是衡量应用于实用性产品之上的设计是否落入著作权排除保护的思想的范畴。换言之，分离标准旨在分析授予该设计以著作权保护对市场竞争的影响，是否会不利于实用性产品的大规模生产。

知识产权制度从产生之初就与产业发展紧密相联，“知识产权保护本身并

---

〔1〕 参见郑成思：《版权法》，中国人民大学出版社 2009 年版，第 120 页。

〔2〕 《美国法典》第 17 篇（版权法及相关法）第 101 条定义：“绘画、刻印和雕塑作品包括平面和立体的美术作品、刻印艺术作品、应用美术作品……实用物品的设计，如果有可以同该物品的实用方面区别开来单独存在的绘画、刻印或雕塑的特征，在这个范围内，该设计应视为绘画、刻印或雕塑作品。”网址：http://www.copyright.gov/title17/。

〔3〕 参见管育鹰："实用艺术品法律保护路径探析——兼论《著作权法》的修改"，载《知识产权》2012 年第 7 期。

不是目的，目的是促进技术进步与技术贸易，进而发展各国的经济"。[1]著作权法对著作权保护对象和保护条件的规定中，体现了促进产业发展的目的。如经济学家张伯伦所述，著作权作为垄断性因素，是一种经济意义上的垄断。在赋予某项客体于著作权法保护时，应考虑对于市场竞争的影响，能否促进产业经济的发展。正是基于此，分离标准才能被正确解读。

2. 实用艺术作品与美术作品

实用艺术作品要求是对工业品的设计，客体对象具有实用性。因为实用艺术品是实用性与艺术性的结合，实用艺术作品正是可以运用于工业生产中具有艺术性的作品。实用性艺术品是否属于美术作品，世界知识产权组织编写的《著作权与邻接权法律术语汇编》中认为，实用性艺术品不属于美术作品，且二者有明显的区别。美术作品仅仅是某种艺术品；实用艺术品除了必须是艺术品外，还必须是为可投入实际使用的工业品而创作的作品，不能是仅为观赏目的而不具有任何实用功能的作品。[2]

事实上，有些艺术作品作者在创作时，并没有想到会应用到实用物品（如碗、日用品、灯具、家用电器造型等）上面去，但在这些美术作品应用于实用性产品之上并取得极大的市场效益时，英国著作权法规定此时的美术作品的保护期限缩短 25 年，由著作权法保护转为设计权法保护。这一规定的目的在于，维护工业化大生产和经济的发展。对应用于实用性产品之上的美术作品，已从对体现作者独特创作风格的美术作品转变为工业化大生产中可获得经济效益的作品，理应排除著作权法保护。

作品创作的过程是从思维到表达的实现，通常情况下，作品的创作允许作者自由发挥，或采用虚构或夸张的手法表达其思想层面的构思或创意。一些国家将实用艺术品作为纯美术作品的一种提供著作权保护，如匈牙利《版权法》第 46 条及第 51 条就明确地将实用性艺术品作为美术品中的一般艺术品加以保护。但是，在不违背法律禁止性规定的前提下，美术作品创作中允许作者艺术性思想不受限制地任意发挥，而实用性艺术品的设计则首先要考虑产品的实用功能性，作品的创作需满足产品实用功能性的要求以及产品生产制造的技术指标，因此，实用性艺术品设计中创作的自由空间受限，作者

---

〔1〕 郑成思：《WTO 知识产权协议逐条讲解》，中国方正出版社 2001 年版，第 42 页。
〔2〕 参见郑成思：《版权法》，中国人民大学出版社 2009 年版，第 118 页。

创作自由度相对较低。[1]实用性艺术品设计的创作者只能在有限的艺术创作机会和个性化表达方式中，寻找可以体现其思想的表达。从创作过程角度看，实用性艺术品与纯美术作品不同。

什么是纯美术作品？对于美的理解，不同人会有不同的看法。以美术作品中的美感判断是否构成美术作品，明显很难清晰定义美术作品。美感是每个人的主观感受，对一些人富有美感的作品对其他人而言未必具有美感。既然美感不容易被判断，美术作品无法给出明确定义，为何仍需认定美术作品中的美感，为何创作者期望其作品被称为"艺术"？答案应是"艺术品"的社会价值，创作出"艺术品"的艺术家会获得更高的社会地位、知名度和认可度。不可否认，"艺术品"这一称谓意味着尊重、关注度、崇拜和敬仰。更重要的是，艺术品可以获得著作权保护而非艺术品却不能。

实用艺术品受到著作权保护的原因在于其包含的艺术性，属于应用于实用性产品之上的艺术设计。那么，是否意味着实用性艺术品的艺术设计需达到美术作品的美学高度才可获得著作权法的保护？英国法院在判断实用性产品是艺术品还是仅是纯粹实用性产品时的衡量标准是社会公众是否把该作品视为艺术品，或者考虑作品创作者的社会地位，引入专家证人的证言来认定作品的创作者在公众眼中是否被视为艺术家。[2]上述方法对艺术品仍未给出清晰、客观的定义，都是关注于作品在大多数人眼中是否可以被视为艺术品。美国在处理该问题时，主要参考作者的创作过程判断是否构成艺术品。创作者在创作作品时的目的通常可以分为两种：创作纯粹的艺术品或创作实用功能性产品。但是，问题是现今社会中流通的产品通常具有双重目的，在外观上具有美学性吸引力的同时也包含实用功能性。不可避免，创作者在创作的过程中可能同时追求产品的美学性与实用功能性。不管法院采取何种方式，均是在认定作品中是否含有美学性成分。换言之，问题的关键在于实用性产品中是否含有充足的艺术性成分使其可以获得著作权法的保护。实用性艺术品均含有实用功能性，但正是因为其包含的艺术性成分使实用性艺术品不同于纯粹机械或功能性产品。

正是由于实用性艺术品在创作过程中，作者的创作自由受限于产品的实

---

〔1〕 参见丁丽瑛：《略论实用艺术品独创性的认定》，载《法学评论》2005 年第 3 期。

〔2〕 1974/W. L. R. 700, [1974] 2 All E. R. 420.

用性，需保证其采用的艺术性表达不影响实用功能的实现，即不促进也不阻碍。然而，著作权法所要求的独创性是以客观上存在创作可能性为前提，实用性艺术品的设计在产品的实用性的限制和影响下，在独创性标准要求上应低于纯美术作品，但是，仍应具有一定的美学性成分，在一般公众眼中可以被视为艺术品。

著作权立法目的在于促进艺术家的创作，鼓励更多艺术作品的产生。依据经济刺激理论，产品的多样性可以增加社会利益。为了保证艺术家在实用性产品的设计中，在有限创作空间里的艺术性思想的表达，应当采用低于纯美术作品的艺术创作高度。以使更多满足"分离标准"的实用性艺术品可以获得著作权法的保护，在现行市场经济条件下，规范和促进实用性艺术品市场的发展。

（二）混合原则视角下的非功能性判断

著作权法对实用性产品设计提供保护的原因在于实用性产品的设计不同于传统观念中其他类型的著作权客体，实用性产品的设计是受限于实用性产品本身的功能性与大规模生产所需而存在的多种可行性设计。实用性产品的设计与其他著作权法客体的不同之处在于，由于实用性产品设计的特殊性，在缺乏著作权保护时，实用性产品的设计可以受到其他类型知识产权提供的保护，通过其他激励机制鼓励设计师的创新；实用性产品设计处于著作权保护的边缘，以混合原则为基础，设计与实用性产品本身的实用性功能混合时则不能获得保护。

实用性产品的设计是表达，而实用性产品本身的功能或使用方式则是抽象的思想。思想与表达二分法使著作权仅保护实用性产品的设计，而实用性产品功能性抽象思想应由专利法保护。著作权法中的混合原则使著作权排除对设计表达的保护延伸至思想，以防止著作权法对于思想的垄断。例如，设计是实现实用性产品功能的唯一或少数设计时，该设计不能获得著作权法的保护。实用性产品设计的著作权法保护受限于思想与表达混合原则，除此之外，还受限于实用性产品的功能与大规模批量生产。实用性产品设计保护的政策基础，需是衡量上述限制的结果。如果对实用性产品设计的保护导致片面保护产品的实用性特性从而阻碍大规模生产效率时，该设计则不能作为绘画、图画或雕塑作品获得著作权法的保护。

上述分离标准满足了实用性产品设计著作权保护的立法目的，也未与著作权法的基本原则发生冲突，并且避免区分物理性和概念性分离标准带来的不确定性。从立法目的出发，结合实用性产品设计的特殊性，衡量授予其保护是否会阻碍社会化大生产的效率，从而认定能否授予该设计著作权保护。虽然实用性产品设计的著作权保护之路充满荆棘，但是仍不可否认其著作权的客体地位。分离原则的出现为实用性产品设计的著作权保护找到了出路，仅从字面含义解读分离原则会产生片面性，导致过于追求文字意义上的设计与实用性产品的分离。因此，应从该原则的立法本意出发，探究分离原则的立法目的。

分离原则的应有含义是指实用性产品的设计对产品实用功能性特征不存在影响生产效率及功能实现的影响力，换言之，艺术性的设计不是实用性产品实现大规模生产或产品功能所需的设计。

我国对工业品设计知识产权保护中 非功能性原则的引入及其适用

一、工业品设计非功能性原则之立法现状审视

（一）商标法中非功能性形状的认定

《中华人民共和国商标法》（以下简称《商标法》）并没有商业外观（Trade dress）的明确规定，但《中华人民共和国反不正当竞争法》（以下简称《反不正当竞争法》）为知名商品特有的名称、包装、装潢提供立法保护。[1]"包装"是指为识别商品以及方便携带、储运而使用在商品上的辅助物和容器；"装潢"则指为识别与美化商品而在商品或者其包装上附加的文字、图案、色彩及其排列组合。[2]这里的"包装、装潢既包括商品的整体形象，也包括商品的外观特征如形状、外形、样式和商品的外包装以及附着在商品或其外包装上的装饰文字、颜色、图形及其组合等，既可以是平面的，又可以是立体的。"[3]《商标法》将三维标志或立体商标正式写入可注册的商标范围，立体商标是指由三维标志或者含有其他标志的三维标志构成的商标。立体商标可以是商品本身的形状、商品的包装物或者其他三维标志。[4]由此可知，我国是通过保护知名商品特有包装、装潢和立体商标实现对商业外观的

---

〔1〕 参见 1993 年《反不正当竞争法》第 5 条第 2 项规定："擅自使用知名商品特有的名称、包装、装潢，或者使用与知名商品相近似的名称、包装、装潢，造成和他人的知名商品相混淆，使购买者误认为是该知名商品。"

〔2〕 参见《国家工商行政管理局关于禁止仿冒知名商品特有的名称、包装、装潢的不正当竞争行为的若干规定》第 3 条第 4 款规定。

〔3〕 罗传伟：《商业外观保护的法律制度研究》，知识产权出版社 2011 年版，第 3 页。

〔4〕 《商标审查标准》第四部分立体商标的审查。

保护。

关于商业外观非功能性要件的规定有两种模式，一种是美国模式，构成商业外观的商品包装、装潢，立体商标和颜色组合商标均适用非功能性标准判断其是否是非功能性的设计；另一种是欧盟模式，仅有立体商标需要判断是否具有非功能性[1]，如新西兰和日本等国家。我国《商标法》第12条规定："以三维标志申请注册商标的，仅由商品自身的性质产生的形状、为获得技术效果而需有的商品形状或者使商品具有实质性价值的形状，不得注册。"《反不正当竞争法》（1993年）第5条第2项规定："擅自使用知名商品特有的名称、包装、装潢，或者使用与知名商品近似的名称、包装、装潢，造成和他人的知名商品相混淆，使购买者误认为是该知名商品"。从此规定看，我国规定与欧盟模式一致，仅有立体商标适用非功能性判断，其他类型的商业外观仅认定是否具有显著性。

从我国《商标法》几次修改历程来看，《商标法》客体的保护范围不断扩大。第三次修改时，将声音纳入了保护范围。对比欧盟和美国商标客体范围，欧盟对于颜色组合和声音商标均未规定，我国商标客体的保护范围更接近于美国，将颜色组合、声音等商品特征作为商标保护客体。然而，当立体商标、颜色组合是商品或商品包装、装潢的一部分时，若商品或商品包装、装潢在设计之初是为了实用性目的，此时商品包装、装潢应当适用专利法审查其是否满足专利授权要件。《商标法》和《反不正当竞争法》排除对具有实用性商品设计提供保护正是出于防止未经专利法审查垄断实用性特征，限制公众自由模仿之利益的考虑。美国通过"非功能性"要件限制对具有功能性的商品特征提供保护，商品包装、装潢、立体商标和颜色商标等产品特征作为商标获得保护时需要判断其是否是非功能性的设计。

然而，我国《商标法》第12条虽然排除商品自身形状、技术效果必需之形状和具有实质性价值之形状的商标法保护，但是，该款在我国仅适用于立体商标的非功能性判定，而对知名商品特有包装、装潢和颜色商标的非功能性判定未作相关规定。在 California Crushed Fruit Corp. v. Taylor Beverage & Candy Co. 一案中，法院指出，黑色用于饮料瓶装具有功能性，因为黑色可以

---

[1]《欧盟商标指令》7（1）（e）条仅仅有商品本身性质决定的形状、为获得技术效果所必须的形状、为商品带来实质性价值的形状被视为具有非功能性而不能获得注册。

完全避光，由此来保持瓶子里东西新鲜，同时，黑色使消费者肉眼看不见瓶子里的饮料中果汁和果肉之间的分离状态。因为消费者一旦看到这种分离状态容易降低购买饮料的欲望，由于黑色在该商品包装上所发挥的功能，原告不能禁止包括被告在内的其他竞争者使用黑色。[1]因此，颜色作为产品整体外观时，需要"非功能性"判定来防止对颜色的垄断。商品包装能否受到《反不正当竞争法》的保护不仅需要考虑商品是否知名，还应认定该包装整体设计是否具有功能性。颜色组合作为商品包装的使用具有显著性，申请商标时，同样需要适用非功能性要件。如仅是描述糖果口味的彩虹条纹包装，如果给其商标权，其他糖果厂商就不能使用彩色的包装，会造成垄断，适用竞争必需性标准否定对该颜色组合的商标法保护。[2]

　　同样地，装潢类商业外观非功能性的判定应该适用美学功能性标准，来判断某项特征是否具有竞争必要性[3]。上文中提到在"家乡风味烹调"[4]案中，原告主张的包括 Taj Mahal 形象和尖塔状提供印度烹饪的餐馆和以提供"家乡风味烹调"的风味厨房为主题特征的商业外观具有非功能性。[5]联邦法院认为原告的商业外观不受保护，因为原告的商业外观只是"家乡风味烹调"主题的一部分，并且只是商业经营手段和风格的反映。原告不能禁止其他竞争者在主题餐厅市场中使用这种以"家乡风味烹调"为主题的装潢。

　　由此可以得出，知名商品特有包装、装潢和颜色商标同样需要适用"非功能性"判断。在认定知名商品特有包装、装潢是否可以获得保护时，应考虑该包装、装潢的设计是否具有非功能性，对于具有功能性的包装、装潢和颜色组合，《商标法》与《反不正当竞争法》不能提供保护。

　　（二）外观设计专利中"富有美感"的规定

　　我国《专利法》对外观设计专利的"非功能性"亦欠缺明确规定，《专利法》和《中华人民共和国专利法实施细则》（以下简称《专利法实施细

---

[1]　See California Crushed Fruit Corp. v. Taylor Beverage & Candy Co. , 38F. 2d 885, （1930）.

[2]　See Anne Gilson La Londe, *Gilson on Trademarks*, Mattew Bender and Company, 2015, p. 315.

[3]　See Best Cellars, Inc. v. Wine Made Simple, Inc. , 320 F. Supp. 2d 60 （2003）.

[4]　Prufrock Ltd Inc. v. Lasater, 781 F. 2d 129 （8th Cir. 1986）.

[5]　本案中的装潢包括多种多样的古玩和乡村风味陈设。包括古色古香的吧台，室外设计的厨房，宽敞开阔的用餐区域，教堂式靠背长凳隔间，古老的活板桌，古老的照明设备，打印出的小小的墙纸和小小的农场和厨房用具悬挂在墙面。原告的主题餐厅营造出的印度风味和文化，由此使其商业外观产生与印度相关的形象和印象。

则》）中外观设计的定义是指对产品的形状、图案或者其结合以及色彩与形状、图案的结合所做出的富有美感并适于工业应用的新设计。外观设计专利权不保护技术性、功能性设计，也不保护技术性、功能性的创新。

2010 年《专利审查指南》中解释"富有美感"，是指在判断是否属于外观设计专利权的保护客体时，关注产品的外观给人的视觉感受，而不是产品的功能特性或者技术效果。鉴于美感的判断太过主观，不适宜用这个词来界定法律规定的外观设计的对象域。在审查实践中，"美感"这一条件实际上处于弃置不用的状态。[1]因为美是一种主观感受，"一千人眼中有一千个哈姆雷特"，不同人对某项设计是否"富有美感"有不同的见解。但是，这里的美感不应该是指"美"与"丑"，而是某项设计是否是以装饰性为目的。如果外观设计定义中"富有美感"按照其字面通常含义来理解，那么目前专利审查与司法审判实践中，对于"富有美感"的要求实际上没有审查。换言之，因为难以认定一项申请专利的产品外观是"不美的"，从而导致到目前为止，没有一项外观设计专利申请是因为不"富有美感"而被拒绝授予专利权。[2]因此，"富有美感"的规定并没有承担起将由功能决定的产品外观排除于外观设计专利保护范围之外的任务。

《专利法》明确规定了外观设计专利授权要件为新颖性和明显区别性。2010 年《专利审查指南》第一部分第三章外观设计专利申请的初步审查的7.4 节中规定了"不授予外观设计专利权的情形"，该列举规定中亦没有将由功能或者主要由功能决定的产品外观排除在外观设计专利保护客体之外。而在第四部分第五章则规定，"由产品的功能唯一限定的特定形状对整体视觉效果通常不具有显著的影响"，由于专利法没有能够承担起将该种产品外观排除在外观设计专利客体范围之外的任务，由此可能出现具有功能性的设计得到外观设计保护的问题，如申请专利的产品外观的主要部分是由功能性决定，而对比的现有设计的主要部分亦是由功能性决定，则对比的装饰性次要部分不相同或不相近似，这样的结论就会使申请专利的产品外观与现有外观设计不相同或者不相近似，从而可能被认为符合授权条件，进而授予专利权。[3]因

---

[1]　参见应振芳：《外观设计研究》，知识产权出版社 2008 年版，第 168 页。

[2]　参见陈毅："关于外观设计'富有美感'要求的探讨"，载《中国发明与专利》2015 年第 8 期。

[3]　参见张晓都："专利法外观设计定义中'富有美感'含义的修正及具体适用的建议"，载国家知识产权局条法司编：《专利法研究（2012）》，知识产权出版社 2013 年版，第 126 页。

此，在专利法中，外观设计定义中"富有美感"应修订为"装饰性"的设计，正如美国"装饰性"法定要件，以非功能性为目的，完全由功能性决定的设计应该排除于外观设计保护范围之外。而是否由功能性决定的判断方法可以参照美国的做法，寻找工业生产中是否存在可替代的设计。

（三）实用艺术作品保护的缺失

1. "实用艺术作品"抑或"实用艺术品"

"实用艺术作品"指代的客体对象不同于"实用艺术品"指代的客体对象，"实用艺术品"是指由实用性产品与应用于其上的"实用性艺术作品"构成的整体，"实用性艺术作品"是"实用性产品"中可以获得《著作权法》保护的部分。但在我国，对于二者并没有明确的区分。如王迁教授在《知识产权法教程》一书中使用了"实用艺术作品"作为文章标题，内容中却用"实用艺术品"。再如，在"中国知网"中查询，以探讨应用于实用性产品之上作品能否获得著作权保护或获权要件为主题的相关期刊论文中，文章主题或关键词中既有使用"实用艺术品"，也有使用"实用艺术作品"。在我国，称谓使用的不统一表明学界并未清晰地认识到"实用艺术品"与"实用性艺术作品"的不同。

事实上，在1990年《著作权法》的立法背景资料中，对"工艺美术"的定义可以看到"实用艺术作品"的雏形。"工艺美术"作为美术作品包括陈设工艺，即专供陈设欣赏用的工艺美术品，如象牙雕刻、泥塑等；以及日用工艺，即经过装饰加工可供人们日常生活用的实用艺术品，如家具工艺、陶瓷工艺中的碗、杯等。但是，《著作权法》所保护的工艺美术，是指工艺美术品中具有独创性的设计或美术图案，并不包括生产过程中的工艺流程；类似的，《著作权法》只保护实用艺术品中具有独创性的艺术美学设计，不保护日常生活中使用的实用功能。"实用艺术作品"一词表明作品应用于实用物品，又表明其符合《著作权法》作品独创性的要求，不会产生《著作权法》保护实用艺术品中实用功能的歧义。

2. 实用艺术作品的客体地位

实用艺术作品的保护在我国著作权立法保护道路上布满荆棘。1990年施行的《著作权法》没有规定实用艺术作品的客体地位，2001年修正之后的《著作权法》对实用艺术作品的版权保护问题，仍然未置一词。虽然，1992年国务院的《实施国际著作权条约的规定》中出现了"实用艺术作品"一词，"对外国实用艺术作品的保护期，为自该作品完成起二十五年。美术作品（包括动画形象设计）用于工业制品的，不适用前款规定"。根据上述规定，外国实用艺术作品受我国《著作权法》保护，该保护并不延及国内实用艺术作品。时至今日，我国对实用艺术作品的立法保护仍未有明确规定。

长久以来，学界一直呼吁将实用艺术作品纳入著作权保护对象。终于，国家版权局公布的《〈中华人民共和国著作权法〉（修改草案送审稿）》第 5 条规定作品类型中单列了 "实用艺术作品，是指玩具、家具、饰品等具有实用功能并有审美意义的平面或者立体的造型艺术作品"。根据国家版权局的解释，增加关于实用艺术作品的规定是由于 "我国现行《著作权法》中未规定对实用艺术作品提供保护，但在《实施国际著作权条约的规定》中却对外国实用艺术作品提供 25 年的保护。由于我国国民的实用艺术作品是否以美术作品保护未形成统一的认识，这种超国民待遇的规定长期以来受到学术界和实务界的质疑。因此，草案将实用艺术作品单列为一类作品进行保护，其保护期规定为 25 年"〔1〕。

但是，根据现行《著作权法》第 3 条规定，"本法所称的作品，是指文学、艺术和科学领域内具有独创性并能以一定形式表现的智力成果，包括：（一）文字作品；（二）口述作品；（三）音乐、戏剧、曲艺、舞蹈、杂技艺术作品；（四）美术、建筑作品；（五）摄影作品；（六）视听作品；（七）工程设计图、产品设计图、地图、示意图等图形作品和模型作品；（八）计算机软件；（九）符合作品特征的其他智力成果"。曾经出现于《著作权法》第三次修改草案中的 "实用艺术作品" 类型最终未予通过，现行《著作权法》将该内容删掉，因此，实用艺术作品在我国并不是一种独立受保护的作品类型。

然而，由于实用艺术作品本身的特殊性，其著作权客体地位在我国一直备受争议。承认其客体地位的认为，应遵循《伯尔尼公约》的规定，摆脱超国民待遇的现状。而不支持实用艺术作品客体地位的则认为，只要满足《著作权法》作品独创性要件，我国国民的实用艺术作品与外国的实用艺术作品一

---

〔1〕 国家版权局：《关于〈中华人民共和国著作权法〉（修改草案第二稿）公开征求意见的通知》，载 https://www.ncac.gov.cn/chinacopyright/contents/12228/346278.shtml，最后访问日期：2022 年 1 月 20 日。

样可以作为美术作品获得《著作权法》保护。[1]并且，由于现实中艺术性与非功能性"概念性分离"的判断方法难以把握，多年来，实用性艺术作品仅在《著作权法》修改草案中出现，从未被明确纳入著作权客体保护对象的范围。

二、工业品设计非功能性之司法现状审视

(一) 立体商标非功能性形状的认定

依据全国人大常委会法制工作委员会组织编写的《中华人民共和国商标法释义》中对《商标法》第 12 条的解释，"仅由商品自身的性质产生的形状"是指为实现商品固有的功能和用途所必须采用的或者通常采用的形状；释义认为该种形状由于缺乏显著性，消费者通常不能使用该商标同其他经营者的商品区别开来。然而，如果该形状可以证明获得第二含义而具有显著性，是否便可作为商标获得保护？实现商品固有的功能和用途必需的形状是具有实用功能性的形状，不管该形状是否具有显著性，均不能提供保护。如前文所述，非功能性要件正是为了防止将获得显著性理论适用于具有实用性的商品形状造成垄断。

在艾默生电气公司（EmersonElectricCo.）与原国家工商行政管理总局的商标诉讼[2]中，北京市高级人民法院回答了具有显著性的立体形状在被认定是功能性的设计时，是否可以获得商标注册的问题。此案中，艾默生电气公司向商标局提出"三叶草"立体图形的商标注册，商标局依据《商标法》第 11 条第 1 款第 3 项和第 28 条的规定对申请商标予以驳回。理由在于：申请商标是为获得技术效果而需有的商品形状，缺乏显著特征，不具备商标识别作用。艾默生电气公司不服，向商标评审委员会提出复审申请，其主要理由：申请商标源于"三叶草"商标图形，是艾默生电气公司独创的商标，并非商品自身性质产生的形状，也非仅为获得技术效果而需有的商品形状，易与他人商标相区分，应获准注册。商标评审委员会决定认为：申请商标由具有立体感的图形构成，指定使用在密封端纽（机器部件）商品上，消费者不易将

---

[1]　参见管育鹰："实用艺术品法律保护路径探析——兼论《著作权法》的修改"，载《知识产权》2012 年第 7 期。

[2]　(2009) 一中行初字第 71 号，二审：(2010) 高行终字第 131 号。

其作为商标加以识别，无法起到区分商品来源的作用，申请商标属于《商标法》规定的不具有显著特征禁止注册的标志，其注册申请依法应予驳回。依据《商标法》第11条第1款第3项和第28条的规定，驳回申请商标的注册申请。随后，艾默生电气公司向北京市中级人民法院提起了诉讼。

北京市第一中级人民法院经审理认为，根据《商标法》第11条的规定，缺乏显著特征的标志不得作为商标注册，但经过使用取得显著特征并便于识别的除外。显著性是商标的基本属性，其是指商标应当具有使相关公众将商标与商品或服务的来源联系起来，即标记商品或服务来源的属性，以及区分不同商品或服务的来源的属性，即标识性和区分性。对于由三维标志或者含有其他标志的三维标志构成的立体商标而言，由于其往往构成商品的组成部分，故对其显著性的审查除了考察该三维标志本身是否具有区分性，如能否区分于所指定使用商品的通用或者常用的形状、包装物等，更应当考虑相关公众是否会将该三维标志识别为指示商品来源的标记，而不是将其识别为产品的形状或者产品中功能性、装饰性的一部分，尤其是将产品形状或包装物作为商标申请注册时。

本案所涉申请商标作为一个整体给相关公众的视觉印象仍是其指定使用的密封端纽产品的常用形状，其中包含的三叶草装饰图案不足以使相关公众将申请商标与产品的常用形状区分开来。并且由于申请商标与产品形状密切关联，相关公众很难将申请商标认知为标识商品来源的标记。同时艾默生电气公司也未提交证据证明其对申请商标的使用已使得相关公众能够将申请商标认知为标识商品来源的标记。故申请商标缺乏商标应当具有的标记商品来源以及区分不同商品来源的属性，不应予以核准注册。

艾默生电气公司不服，提起上诉，请求二审法院撤销一审判决和商标评审委员会的决定，判令商标评审委员会重新审理申请商标的驳回复审申请。其理由是：申请商标的立体图形正面有一个突出于底部的、立体感比较强、如同三叶草的立体图案。该三叶草立体图案使得整个立体商标非常显眼、独特、有质感，是艾默生电气公司商标特有的标志，与其他同类产品有明显区别，当消费者在购买时，能与同行生产的同类产品区分开来。而且该三叶草立体图案并非本产品必有或常用的图案，在实际使用中也不能起到任何功能性效果。申请商标中的三叶草立体图案也绝非可有可无的装饰，而是起着区别于其他同类产品的功能。因此，商标评审委员会没有任何证据证明申请商标指定使用在密封端纽（机器部件）商品上不具有显著特征，会使消费者不易将其作为商标加以识别，因而无法起到区分产品来源的作用。而且三叶草图形的平面图于 1990 年 8 月 30 日已在"用于冷冻机和空调压缩机上的密封端纽"商品上在中国取得商标注册，三叶草图案虽非艾默生电气公司所独创，但经过艺术加工后将其融入申请商标中，作为艾默生电气公司商品的独特标记是十分有创意的，容易让人记忆，因此应当准许注册。

北京市高级人民法院二审认为，《商标法》第 11 条第 1 款第 3 项规定，缺乏显著特征的标志不得作为商标注册。标志的显著特征是指该标志所具有的能够使消费者通过它来识别商品或服务的提供者的特征。判断一个标志是否具有显著特征，应当根据该标志与其所标示的商品或服务的关系来判断：该标志与商品或服务本身越不相关，显著特征越强；该标志与商品或服务本身的联系越密切，显著特征则越弱。

艾默生电气公司申请注册的三维标志是其申请商标指定使用的商品本身，而以商品本身作为三维标志立体商标申请注册的，由于商标与商品完全重合，因此原则上不具有可以作为商标注册的显著特征，除非能够证明该三维标志在使用过程中使得消费者能够通过它来识别商品的提供者。艾默生电气公司关于其申请商标的三维标志上的三叶草图案具有独特创意、能够与同行业经营者的同种商品区分开的上诉理由，仅能说明该三维标志本身可能会受到《著作权法》或专利法的保护，但不能作为其申请商标具有显著特征的理由。因为显著特征要求的并非对商品的区分，而是对商品的不同提供者的区分。另外，艾默生电气公司在本案中也没有提交申请商标在中国境内经过使用获得显著特征的证据，因此艾默生电气公司关于其申请商标具有显著特征应予注册的上诉主张缺乏依据，二审法院不予支持。

通常认为，除了与商品及其包装容器无关的其他形状，要注册立体商标，在具有显著性之前还应证明其形状的非功能性。

《商标法》第 12 条规定的就是商品及其包装容器的形状作为立体商标需满足的非功能性条件，即仅由商品自身的性质产生的形状、未获得技术效果而需有的形状和使商品具有实质性价值的形状。设立非功能性限制条件由商标法和专利法的不同功能所决定，是为了将立体商标与专利的保护范围加以区分。商标法对立体商标的注册和保护并非为了保护技术创新和标志本身，而是为了保护标志与其所标示的商品提供者之间的联系。专利法对实用新型专利的保护则是对能够解决技术问题的产品形状、构造或其结合的保护。具有功能性的立体形状是为了实现产品的使用目的或质量而创造出来的，因此对这种立体形状的保护，属于专利法的内容。由于专利的保护有期限限制，在专利期限届满进入公有领域后，应当允许所有人自由地使用和模仿以促进竞争。但商标的保护可以是永久的，如果给予功能性立体形状以商标保护，将排斥竞争者为有效竞争需要而自由复制不受专利法保护的立体形状，由此会造成技术垄断，不利于科技发展和社会进步。

非功能性和显著性是两个完全不同的法律概念，应当独立审查，不应混同。在本案中，商标局依据《商标法》第11条第1款第3项缺乏显著性的规定驳回商标注册申请，其在理由中却认为申请商标是为获得技术效果而应有的商品形状从而缺乏显著性，因此混淆了非功能性条件和显著性条件。从法律规定的内容来看，非功能性的条件限制不存在例外规定，只要属于功能性的形状，即使市场上仅有该商标的申请人提供此种形状的商品或者其使用导致消费者认为商品来源于该商标的申请人，也均不能获得商标注册。因为非功能性体现的是市场经济条件下自由模仿、自由竞争的基本准则。如果承认自由模仿、自由竞争为原则，商标保护为例外的观点，显著性作为例外的商标保护要件，其位阶自然低于体现自由模仿、竞争原则的非功能性要件：在申请注册商标的三维标志属于《商标法》第12条规定的功能性形状时，不能因其具有显著性而获得商标注册；当该三维标志属于非功能性形状时，是否准许注册为商标还应审查其是否符合《商标法》第11条显著性的规定。

在飞利浦三头剃须刀外形商标案中，飞利浦公司的由三个呈等边三角形排列的旋转刀头组成的剃须刀，经过20年的独家生产、销售，导致消费者一看到三头剃须刀就立即会想到飞利浦公司。欧共体法院也承认无论是长期的商业使用还是事实上的垄断地位都可能使一种为达到技术效果或使商品具有实质性价值所必需的形状产生第二含义并获得显著性。但欧共体法院最终认为，只要商品的外形是为了实现某种技术效果或使商品具有实质性价值所必需的，无论其是否具有显著性，都不能注册为商标。

另外，从《商标法》第12条规定的表述来看，非功能性条件似乎仅限于商品的功能性形状，不包括商品包装容器的功能性形状。但前述商标法与专利法在保护范围上的区别以及自由模仿、自由竞争为原则，商标保护为例外的观点，同样可适用于商品包装容器形状的非功能性限制条件；而且《商标审查及审理标准》在关于"仅有为获得技术效果而需有的商品形状"的说明中也提供了一种仅有为获得技术效果而需有的容器形状的例子。[1]

"为获得技术效果而需有的形状"指为使商品具备特定的功能，或者使商品固有的功能更容易实现所必须使用的形状。"所必须""通常采用"与"必需的"表明几乎不存在其他的可供选择的替代设计，其间的政策考量与上述实用功能性目的相同，均为防止对实用功能的垄断。[2]但是，替代性设计存在证明某形状并非设计"所必须""通常采用""必需的"的形状时，是否可获得保护？判断实用功能性时替代性设计仅是证据链中的一环，并不起决定性作用。以此与外观设计非功能性判断形成区分，将含有局部功能性的设计排除于《商标法》或《反不正当竞争法》的保护范围，交由外观设计专利进行保护。

所谓"使商品具有实质性价值的形状"，是指为使商品的外观和造型影响商品价值所使用的形状。历经数年的味事达"方形瓶"立体商标案中，北京市高级人民法院认为，"使商品具有实质性价值的形状是指从美学角度考虑，有可能影响或刺激消费者消费需求的该商品形状。而结合相关公众的一般认知得出，对食用调味品一类的商品，并不会因为其采用的包装本身而决定是否购买。换言之，消费者通常不会仅仅基于喜爱该类商品的包装而购买该商品"。因此，"方形瓶"并不具有美学功能性。[3]

在本案中，原被告争议的商标为习惯以棕色方形瓶作为常用包装、容器的"食品香料"的立体形状，被告认为争议商标作为调味品的常用包装，其整体形状的美学功能远远大于识别功能，已成为代表中高端调味品的包装形状，属于使商品具有实质性价值的形状，根据《商标法》第12条的规定，争议商标应予以撤销。雀巢公司的主要答辩理由：（1）争议商标早于1886年由JuliusMaggi先生创设并持续使用至今，已具备商标的显著性，并且在使用中已经强化了显著特征，已成为调味品商品中在中国和世界具有很高知名度的

---

〔1〕　（美国）艾默生电气公司（Emerson Electric Co.）与原国家工商行政管理总局商标评审委员会驳回商标复审决定纠纷上诉案——用商品及其包装容器形状申请注册立体商标的审查，（2010）高行终字第131号。

〔2〕　参见凌宗亮："论立体商标的非功能性——兼谈我国《商标法》第12条的完善"，载《电子知识产权》2010年第3期。

〔3〕　北京市高级人民法院（2012）高行终字第1750号行政判决书。

商标，应予以维持注册，如图 5-1。（2）争议商标已在多个国家获准注册，这一事实证明争议商标被多国商标主管机关认为具备商标的显著特征。而且，在世界其他国家没有任何企业以"通用包装"的理由提出撤销，可见，世界各国的调味品市场认可争议商标的显著性和区分力。（3）首先，争议商标所代表的瓶型经过特殊设计，已经能够与其他品牌相区分。其次，味事达公司称争议商标整体形状的美学功能远远大于识别功能，已成为代表中高端调味品的包装形状，属于使商品具有实质性价值的形状，与客观事实不符。再次，味事达公司称争议商标在使用中与其他文字标志结合使用，因而单独不具有显著性的观点与事实相悖。最后，味事达公司在本案中提交的其前身企业及其他企业的证据不能够成为撤销争议商标注册的理由。（4）味事达公司依据《商标法》第 41 条第 1 款对争议商标提起争议，雀巢公司认为，该条款不适用于本案，味事达公司称雀巢公司恶意申请注册争议商标，以图不正当地垄断市场是与事实不符的错误结论。（5）味事达公司提出的争议商标注册后会产生的后果及不良社会影响完全是没有事实和法律依据的主观臆断，不应予以支持。

图 5-1

商标评审委员会裁定认为：（1）争议商标瓶型是方形瓶身和细长瓶颈的结合，瓶身为褐色，瓶盖为黄色，该组合作为雀巢公司食用调味品产品的包装装潢已使用了一百多年的时间，争议商标瓶型经过雀巢公司长期宣传和使用，已为一般消费者所知晓，起到了识别商品来源的作用，争议商标指定使用在食用调味品商品上已具备商标应有的显著特征，争议商标应予以维持注册。（2）《商标法》第 12 条"使商品具有实质性价值的形状"，是指如果从美学角度考虑，有可能影响或刺激消费者消费需求的商品形状。如果申请注册的商标仅由这些形状构成的，不予核准。而味事达公司提交的证据不能证明争议商标仅由使商品具有实质性价值的形状构成，因此味事达公司依据《商标法》第 12 条规定撤销争议商标的请求商标评审委员会不予支持。（3）味事达公司提交的证据不足以证明雀巢公司申请注册争议商标使用了欺骗手段或其他不正当手段，因此商标评审委员会无法认定争议商标构成《商标法》第 41 条第 1 款所指"以欺骗手段或者其他不正当手段取得注册的"情形。（4）《商标法》第 10 条第 1 款第 8 项中所指的其他不良影响，是指商标的文字、图形或者其他构成要素对我国政治、经济、文化、宗教、民族等社会公共利益和公共秩序产生消极的、负面的影响。争议商标为三维标志，从构成要素上看，该标志本身并不会对社会公共利益和公共秩序产生消极的、负面的影响。因此，味事达公司认为应适用《商标法》第 10 条第 1 款第 8 项规定，撤销争议商标的主张，商标评审委员会不予支持。综上，依据《商标法》第 43 条的规定，裁定争议商标予以维持。

味事达公司不服此裁定向北京市中级人民法院提起诉讼，北京市中级人民法院主要观点：

1. 与平面标志不同，对于"特定的"三维标志而言，其是否系使用者所独创或其是否为臆造标志与其所具有的固有显著性程度并无直接关系。对于平面标志而言，臆造的词或图形显然具有更高的固有显著性程度。但三维标志则不然，只要该三维标志被用作商品的包装或商品本身的形状，即便该三维标志从未在该类商品上使用过，相关公众仍会将其作为商品包装或商品本身的形状认知，至多会认为该商品包装或商品形状较为"新颖"而已，并不会因此而将其作为商标认知。之所以会存在这一情形，究其根本在于固有显著性的判断系以相关公众为判断主体，而对于三维标志，影响相关公众认知的因素为使用方式，而非标志本身，这一判断原则使得三维标志的固有显著性并不会受其是否独创或是否系臆造所影响。因此，作为食用调味品容器的三维标志，通常会使相关公众认为其属于该商品的包装物，无法起到区分商品来源的作用，故争议商标不具有商标所要求的固有显著性。同时，鉴于三维标志的固有显著性程度主要受其使用方式影响，而与该标志是否系独创或是否系臆造并无关联，故无论争议商标是否由味事达公司最先在中国使用，亦无论争议商标是否由雀巢公司所独创，均不会影响争议商标固有显著性的判断。据此，味事达公司认为争议商标不具有固有显著性的主张于法有据，依法应予支持。

2. 实践中，获得显著性的判断关键在于知名程度的认定。如果使用者可以证明全国范围的相关公众对使用在特定商品或服务上的某一标志已广为知晓，且能够将其与使用者之间建立起唯一对应关系，则可以认定该标志在这一商品或服务上具有显著性。因这一知名度标准与驰名商标的知名度标准基本相同，故对于获得显著性的举证要求可以参照驰名商标的相关规定。通常情况下，如果相关公众对某一标志的固有含义的认知程度越高，则对其知名程度的举证要求亦越高。雀巢公司提交的现有证据无法证明争议商标已通过使用获得了显著性。雀巢公司认为其具有显著性的主张不能成立。鉴于争议商标既不具有固有显著性，亦不具有获得显著性，故味事达公司认为争议商标的注册不符合《商标法》第11条的规定不应予以注册的主张成立，依法应予支持。商标评审委员会认为争议商标的注册符合上述规定，该认定有误，依法应予纠正。

3. 争议商标是否违反了《商标法》第12条的规定。《商标法》第12条规定，以三维标志申请注册商标的，仅由商品自身的性质产生的形状、为获得技术效果而需有的商品形状或者使商品具有实质性价值的形状，不得注册。对三维标志美学功能性的认定应结合考虑"美感"与"实质性价值"两个要素。虽然商标所有人在设计其商标时通常会考虑其美感要素，但具有美感的三维标志只有在同时使该商品具有了"实质性价值"时，才可以认定其具有《商标法》第12条中规定的美学功能性。因为商品的实质性价值通常由相关公众的购买行为实现，故对于"实质性价值"的判断应以购买者为判断主体。通常情况下，如果决定购买者是否购买该商品的因素在于该三维标志本身，而非该标志所指代的商品提供者，则该三维标志应被认定为对商品具有"实质性价值"。例如，对于毛绒玩具而言，购买者在购买此类商品时更多的是考虑其外观美感，而非该商品的提供者。此种情况下，对购买行为具有决定性影响的是此类商品的外观美感，至于该外观是否客观上已具有区分商品来源的作用，通常并不会影响购买者的购买行为，据此，此类商品的形状即属于对商品具有"实质性价值"的形状。

具有美学功能性的三维标志之所以不能作为商标注册，主要原因在于适用《商标法》保护此类标志具有以下障碍：

首先，这一保护缺乏《商标法》的利益基础。《商标法》保护的是商标的识别功能为商标所有人带来的利益，但对于具有美学功能性的标志而言，即便该标志同时具有了识别功能，决定购买者购买行为的仍然是该标志本身所具有的外观美感，此种情况下，如果《商标法》为此种标志提供保护必然意味着其客观上保护了该"外观美感"（而非识别功能）为所有人带来的利益，这显然超出了《商标法》的保护范围，缺乏《商标法》上的利益基础。

其次，这一保护使《著作权法》《专利法》的权利保护期限制度在相当程度上落空。因具有美学功能性的标志在很多情况下可能构成受《著作权法》保护的作品以及受《专利法》保护的外观设计专利，故在考虑其是否可以注册为商标时，亦要考虑不同法律之间具体法律制度的协调，权利保护期限制度之间的协调即为应考虑的问题之一。《著作权法》《专利法》和《商标法》在保护期限这一制度设置上具有根本不同。《著作权法》与《专利法》均明确规定了权利的保护期，《商标法》虽亦规定了注册商标专用权期限，但因其同时还规定了续展制度，故这意味着只要商标权人进行续展，注册商标专用权实际上可以无限期地得到保护。在此情况下，如果《商标法》为具有"美学功能性"的三维标志提供保护，则不仅意味着客观上保护了《商标法》保护范围之外的"外观美感"，亦同时意味着该三维标志即便在已超过作品著作权或外观设计专利权保护期的情况下，亦可依据《商标法》的规定进行保护。这实际上使得《著作权法》《专利法》中有关权利期限的制度在相当程度上落空，这显然是立法者不愿意看到的。

最后，这一保护使同业经营者处于不合理的竞争劣势。对于具有美学功能性的三维立体标志，考虑到该外观美感对购买行为的决定性影响，同业经营者很可能会希望在其商品上使用该外观以加强其竞争能力。因为外观美感并非《商标法》的保护对象，故如果具有美学功能性的三维立体标志已过了《著作权法》及《专利法》规定的保护期，则同业经营者理应有权利使用该标志。但如果《商标法》为其提供了注册商标的保护，则将意味着此种情况下同业经营者的使用行为可能会构成侵犯注册商标专用权的行为，这显然不合理地占用了公有资源，并使得同业经营者处于不合理的竞争劣势。

争议商标为指定颜色的方形瓶，指定使用商品为食用调味品。因美学功能性应以购买者作为判断主体，故如果购买者在决定购买哪种食用调味品时，主要考虑的是该商品的包装，则可以认定争议商标这一方形瓶设计具有美学功能性。但结合相关公众的一般认知可以看出，对于食用调味品这一类商品，购买者所关注的通常是其商品本身的质量、生产厂商等要素，至于其采用的包装本身虽然可能在一定程度上影响购买者的购买行为，但显然并非决定性因素。也就是说，整体而言此类商品的购买者通常不会仅仅基于喜爱该类商品的包装而购买该商品。鉴于此，争议商标并不具有美学功能性，未违反《商标法》第12条的规定。味事达公司认为争议商标违反《商标法》第12条规定的主张不能成立。

　　笔者认为虽然该判决的结论是正确的，但是对美学功能性的理解显有偏差。从经济学角度看，现代社会随着商业广告的兴起以及品牌塑造运动的发展，使商标保护扩大到对产品包装、设计、外形等产品特征的保护。最初，商人通过对商标的广告宣传，将其生产的产品同其他同质产品区分开来，由此产生的产品区分导致其他竞争者进入该市场时的难度增加，商人便可基于消费者对其商标的认知度或忠实度索取更高的价格。在大规模广告宣传兴起之后，产品区分成为众多商人追求的目标。[1]而产品包装、设计、外形甚至色彩或者气味等，作为产品区分的手段，目的是与同质产品形成区分，满足消费者不同的喜好，从而以独特的产品特征为吸引力创建品牌效应。因此，仅因产品独特的设计"有可能影响或刺激消费者消费需求的该商品形状"而否定对该项设计的保护不利于产品多样化，由此可能带来产品同质，阻碍市场竞争。

　　(二) 外观设计专利非功能性认定

　　1. 外观设计专利授权审查

　　我国外观设计专利无效案件中，合议组指出，外观设计是否属于非功能性设计特征应该以该设计是否存在替代性设计作为判断标准，而不是因为该设计包含功能性特征而直接排除保护。外观设计专利保护的是能适用于工业应用产品的设计，因此，其设计应当符合工业产品实用功能性要求，不可避免地包含一定非功能性设计的考量。[2]由此，外观设计审查实践已经肯定了局部功能性的设计可以受外观设计法的保护。完全由产品功能决定的形状可排除外观设计专利的保护，而包含部分功能性即整体设计并非完全由产品功

---

　　〔1〕　参见黄海峰：《知识产权的话语与现实——版权、专利与商标史论》，华中科技大学出版社2011年版，第237~238页。

　　〔2〕　参见国家知识产权局专利复审委员会编著：《外观设计专利无效宣告典型案例评析》，知识产权出版社2013年版，第97~98页。

能决定的设计可获得外观设计专利的保护。

在专利授权审查中，合议组通常会比较申请设计与对比设计中一般消费者的视觉关注点是否相同、相近似。视觉关注点是指一般消费者在评价外观设计的产品时会重点考虑的部位或要素，其并不是简单地基于产品的静态外观认定，而是综合考虑消费者对该产品的使用体验。如在"快餐盒"案中，涉案专利超薄密封快餐盒（饭盒）倒圆台的主体形状是该类产品的惯常设计，但是在盖体设计、盒体底部及边缘过渡的不同造成了明显不同的视觉效果。对于一般消费者而言，二者的区别对于该产品外观设计的整体视觉效果具有显著的影响，而认定涉案专利与对比专利不相同且不相近似，专利权有效。[1] 而合议组在评价视觉关注点时认为主要用于盛放食物的快餐盒类产品，一般消费者在使用时不仅关注其盛放食物的用途，在堆放、携带等使用过程中的状态也是其视觉的关注点。而涉案专利盖体中央凸起的圆台与盒底中央凹的圆台存在对应关系，可以防止多个快餐盒摞放时横向滑落，消费者在使用中容易注意到该部分设计的不同，对整体视觉效果有显著的影响。

外观设计专利应是实用性产品整体设计的比较，视觉关注点虽是为说明该部分的不同对外观设计整体设计效果的影响力，但是不免同欧盟外观设计功能性认定陷入了元素对元素的比较。且虽然一般消费者会注意到视觉关注点设计的不同，但并不意味着视觉关注点的设计元素不可能是实用功能性特征。如上诉"堆放、携带方便""防止多个快餐盒摞放时横向滑落"说明此设计正是出于实用功能性目的，便于堆放时不横向滑落，此时，需证明存在替代性设计同样可实现这一功能。然而，合议组未考量视觉关注点是否具有实用功能性直接认定其对整体视觉效果有显著性影响的做法不妥。

另外，与欧盟相似，司法实践中设计空间也作为认定外观设计相同、相近似的参考因素。在手提饭盒案中，合议组认为饭盒的整体形状、装饰图案、组成构造、提手设计存在较大的变化空间，在使用过程中，饭盒的组成构造、扣合方式、提手设计都会引起一般消费者的关注，这些方面的外观设计变化都会对饭盒的外观设计的整体视觉效果产生显著的影响。[2] 然而，设计空间的考量在欧盟被认为可以间接反映外观设计是否具有个性特征，对于受产品

---

〔1〕　参见专利复审委员会第 15579 号无效宣告请求审查决定。
〔2〕　参见专利复审委员会第 15820 号无效宣告请求审查决定。

功能性限制必有之设计，即使微小的变化也可证明申请设计具有个性特征。该产品功能并不限于产品的基本功能，还包括产品的衍生功能。

在个性特征是由提升产品实用性决定时，即使超出产品基本实用功能范围亦不能获得保护。而我国在适用设计空间认定设计是否相同、相近似时，通常仅考虑受产品基本功能限制的设计空间，而对两个设计中的不同部分却不考虑是否是为提升产品的实用性所决定的。如在工具车案中，合议组认为载物用手推车需由支架、可伸缩拉杆、载物架和轮子基本结构组成，这种基本结构由载物用手推车的功能决定，设计空间较小。因此，这部分结构不容易给一般消费者留下深刻印象。而连接横杆形状的不同、细横杆上有无卡扣的不同，在折叠手推车时容易为消费者注意，对整体视觉效果产生显著影响。[1]如上述，设计空间受限时，即使细微的差别也可认定为产品设计不相同、相近似，而不是认为该部分特征对整体视觉效果不产生影响。同样，即使不相同部分是由产品实用功能性决定时，设计亦不能获得保护。

2. 权利要求解释中功能性的排除

对于由功能性与装饰性共同构成的工业品外观，在外观设计专利授权文件中只有整个产品的图片，并不区分产品的功能性外观和装饰性外观。[2]此时，需要法院通过对外观设计权利要求进行解释，将功能性特征排除于外观设计保护范围之外。

《最高人民法院关于审理侵犯专利权纠纷案件应用法律若干问题的解释》第11条第1款规定："人民法院认定外观设计是否相同或者近似时，应当根据授权外观设计、被诉侵权设计的设计特征，以外观设计的整体视觉效果进行综合判断；对于主要由技术功能决定的设计特征以及对整体视觉效果不产生影响的产品的材料、内部结构等特征，应当不予考虑。"

对于如何区分为功能性特征和装饰性特征，最高人民法院在张某军与国家知识产权局专利复审委员会、慈溪市鑫隆电子有限公司外观设计专利无效案[3]中指出：功能性特征基于对产品功能、性能、经济性、便利性、安全性等方面的技术性要求而设计；装饰性特征则基于产品的视觉效果美观而设计。

---

〔1〕 参见专利复审委员会第 14759 号无效宣告请求审查决定。

〔2〕 参见王鹏等："功能性外观应排除在外观设计专利保护范围之外"，载《人民司法》2009 年第 16 期。

〔3〕 （2012）行提字第 14 号。

功能性特征所达到的效果是客观的，不受主体的审美取向、社会文化感受影响；装饰性特征实现的效果是审美的，不同主体因不同的审美取向、社会文化等因素得到不同的主观感受。功能性特征则受到产品功能或技术条件的限制，不具有可选择性或者选择性受到功能需求或技术规格的限定；装饰性特征不受功能或技术的制约，由于审美的不确定性而具有可选择性。这就涉及功能性设计特征和装饰性设计特征是否可分及其区分标准和意义等问题。

最高人民法院进一步详细分析了美学性设计与功能性设计区分的关键[1]。

首先，关于功能性设计特征与装饰性设计特征的区分。任何产品的外观设计通常都需要考虑两个基本要素：功能因素和美学因素。即产品必须首先要实现其功能，然后还要在视觉上具有美感。可以说，大多数产品都是功能性和装饰性的结合。就某一外观设计产品的具体某一设计特征而言，同样需要考虑功能性和美感的双重需求，是技术性与装饰性妥协和平衡的产物。因此，产品的设计特征的功能性或者装饰性通常是相对而言的，绝对地区分功能性设计特征和装饰性设计特征在大多数情况下是不现实的。只有在特殊的情形下，某种产品的某项设计特征才可能完全由装饰性或者功能性所决定。因此，至少存在三种不同类型的设计特征：功能性设计特征、装饰性设计特征以及功能性与装饰性兼具的设计特征。

其次，关于功能性设计特征的区分标准。功能性设计特征是指那些在该外观设计产品的一般消费者看来，由所要实现的特定功能所唯一决定而并不考虑美学因素的设计特征。功能性设计特征与该设计特征的可选择性存在一定的关联性。如果某种设计特征是由某种特定功能所决定的唯一设计，则该种设计特征不存在考虑美学因素的空间，显然属于功能性设计特征。如果某种设计特征是实现特定功能的有限的设计方式之一，则这一事实是证明该设计特征属于功能性特征的有力证据。不过，即使某种设计特征仅仅是实现某种特定功能的多种设计方式之一，只要该设计特征仅仅由所要实现的特定功能所决定而与美学因素的考虑无关，仍可认定其属于功能性设计特征。如果把功能性设计特征仅仅理解为实现某种功能的唯一设计，则会过分限制功能性设计特征的范围，把具有两种或者两种以上替代设计的设计特征排除在外，进而使得外观设计申请人可以通过对有限的替代设计分别申请外观设计专利

---

〔1〕　以下内容节选自判决书。

的方式实现对特定功能的垄断，这不符合外观设计专利保护具有美感的创新性设计方案的立法目的。从这个角度而言，功能性设计特征的判断标准并不在于该设计特征是否因功能或技术条件的限制而不具有可选择性，而在于在一般消费者看来，该设计特征是否仅仅由特定功能所决定，从而不需要考虑该设计特征是否具有美感。

最后，关于区分不同类型设计特征的意义。不同类型设计特征对于外观设计产品整体视觉效果的影响存在差异。功能性设计特征对于外观设计的整体视觉效果通常不具有显著影响；装饰性特征对于外观设计的整体视觉效果一般具有影响；功能性与装饰性兼具的设计特征对整体视觉效果的影响则需要考虑其装饰性的强弱，其装饰性越强，对整体视觉效果的影响可能相对较大一些，反之则相对较小。当然，以上所述仅仅是一般原则，一种设计特征对于外观设计产品整体视觉效果的影响最终需要结合案件具体情况进行综合评判。

在营口宝迪专用汽车制造有限公司运输半挂车外观设计专利案[1]中，辽宁省沈阳市中级人民法院认为：被控侵权产品与原告专利保护的外观设计产品属于同类产品。人民法院在审理产品外观设计专利侵权纠纷案件中，应当依照《专利法》以及《专利法实施细则》的规定确定专利权的保护范围。

专利法所保护的产品外观设计专利的内容是表示在图片或者照片中该外观设计专利产品的外表的形状、图案或者其结合，以及色彩与形状、图案的结合所作出的富有美感的新设计部分，即关于产品外表的装饰性或艺术性的创作设计。从原告在庭审中的陈述看，原告对涉案专利形状的设计，是出于最大限度地利用空间，方便装卸物料的目的。第一，将物料箱设计成圆柱体，是因为这种形状具有高于其他形状的抗压强度并最有效地利用空间；第二，圆柱体下部成圆锥体，是因为此种形状可以方便、彻底地卸载物料；第三，圆柱体竖直放置，是因为根据《道路车辆外廓尺寸、轴荷及质量限值》（GB1589-2004）的规定，半挂车的长、宽、高都有最高限值，在最高限值范围内竖直放置与其他方式放置（如横置）相比，可以实现最大容积并便于卸料；第四，设置了六个圆柱体，是因为根据《道路车辆外廓尺寸、轴荷及质量限值》（GB1589-2004）的规定，三轴半挂车车长最多为13米，宽2.5米，

---

[1] （2007）辽民四终字第161号。

去掉 1 米左右的气压卸料系统，可有效利用的挂车车长为 12 米，宽为 2.5 米。在这种比例的长方形上，设计 6 个直径相等的圆，面积可以达到最大值，从而实现最大容积。多于或少于 6 个，均不能达到最大面积而且加工难度增加；第五，最前端的圆柱体高度较其他圆柱体低，是因为最前部需要加挂到牵引车上，占用一部分空间，无法设计成与其他圆柱体同高；第六，半挂车后部下方有三组车轮，是由该车的核载重量所决定的。综合上述六点因素，涉案专利设计并不是为了装饰美化运输半挂车，而是由该种形状的车体是否经济、方便，即容积最大、卸料最净、抗压最强、成本最低地完成装载、运输物料任务来决定的，这既包括了运输半挂车设计的经济性功能，也包括了运输半挂车的技术性功能、作用和效果。从另外一个角度看，相同功能的产品完全可能采用不同的设计实施方案实现，产品的装饰效果和美感要求可以和产品的功用相脱离的，具有可选择性，而功能性的设计往往不具备可选择性。本案原告不能说明涉案专利设计所体现的美感和装饰效果，相反该运输半挂车的特定功能性特点恰恰决定了运输半挂车的不可选择性和唯一性。

鉴于被控侵权产品的外观形状要部是由功能性而产生的特点，不是装饰性的特点，而与外观设计不同的部分同样也与装饰性无关，因此对由功能决定的形状不应当确定在该外观设计专利的保护范围内，否则将不利于公众对一件产品进行具体的创新和使用。因此，被控侵权产品没有落入涉案专利的保护范围，被告的功能性抗辩成立。

原告不服一审判决，向辽宁省高级人民法院提起上诉。二审法院经审理，判决驳回上诉，维持原判。

本案的审理法官在对案件进行的评析中主要讨论了两个问题[1]：

1. 确定专利保护范围时排除功能性外观的学理基础。

功能性外观与装饰性外观共同构成产品的外表，但是在外观设计专利授权文件中只有整个产品的图片，并不区分产品的功能性外观和装饰性外观。这就要求人民法院审理外观设计专利侵权案件进行侵权判定时，应当首先排除不属于外观设计专利保护范围的功能性外观，其重要意义在于促进技术创新，维护社会公共利益。

现代专利制度的根本职能之一是通过信息公开，使技术人员从一个较高

---

〔1〕　以下部分内容节选自判决书。

的立足点审时度势，减少重复开发，同时，公示专有技术领域，避免侵权行为。根据信息性质、内容和表现形式的不同，专利法规定了不同的公开方式。对于技术领域的创新，即发明和实用新型，通过权利要求书和说明书、附图公开信息，确定保护范围；对于艺术领域的创新，即外观设计，通过图片和照片公开信息，确定保护范围。如果将本属技术领域的功能性外观纳入外观设计专利保护范围，就会违背专利制度之初衷，损害社会公共利益。其一，扩大了专利保护范围，造成技术垄断。对于不具备内部构造的实心产品，功能性外观单独构成完整的技术方案，若包含在外观设计专利保护范围内，因外观设计专利以外观相同或相近似作为侵权判定标准，将使必要技术特征与该技术方案不相同也不等同而外观相似的产品也落入专利保护范围。对具有内部构造的产品，功能性外观与内部构造共同构成一个完整技术方案，外观仅是技术方案中的技术特征。对功能性外观单独予以保护，实质上就是将一个完整技术方案中的某个或某几个技术特征给予专利保护，无论他人对产品的内部构造如何创新，由于功能性外观具有唯一性和不可选择性，难以改变，新技术方案都可能落入外观设计专利保护范围。以上两种情形均会形成技术垄断，阻碍创新。其二，公开不充分，有损后继创新。图片或照片不能以文字形式全面、清楚地记载技术细节，也无法说明新技术与现有技术的区别以及创新的目的、功能和效果，使社会公众难以准确把握技术信息，不利于进行改进发明。

正是基于以上原因，进行外观设计专利侵权判定时，应当在保护范围中排除功能性外观，这已被有关国际组织和世界各国专利立法所确认。世界知识产权组织编写的《知识产权法教程》指出："工业品外观设计属于美学领域，但是同时是作为工业或手工业制造产品的式样的。一般说来，工业品外观设计是有用物品的装饰的或美学的外表。"由欧洲议会和外观设计法律保护委员会共同制定、适用于欧洲大部分国家和地区的EC（欧洲共同体）指示统一文本草案规定："对惟一由其技术功能支配的产品的外观特征，不应该授予外观设计专利权"；"不应该因为对只由技术功能所支配的特征授予外观设计保护而妨碍技术革新"。《发展中国家工业品外观设计示范法》规定："完全是为了获得技术效果的设计，不能得到外观设计保护。"美国专利法规定外观设计要具有装饰性，并以判例法形式确立了功能性外观排除规则。美国联邦巡回上诉法院于1988年在Avia Group Internation Inc. v. Gear California Inc. 一案中重申："外观设计专利的目的是促进装饰性艺术，如果一件授权的外观设计主要是由功能决定的，而不是装饰的，该专利应该被宣告无效，因为保护该外观设计不会促进装饰性艺术。"

我国《专利法实施细则》规定，外观设计是指对产品的形状、图案或者其结合以及色彩与形状、图案的结合所作出的富有美感的新设计。这一规定表明外观设计的保护范围是关于产品外表的装饰性或艺术性的美术创作，不包括功能性外观。

2. 确定专利保护范围时排除功能性外观的标准。

（1）有利作用决定性。虽然功能性外观也有视觉效果，但它不能脱离产品对生产、生活的有利作用而存在，与产品的有利作用不可分离。这些有利作用主要包括良好的性能、齐全的功用、低廉的成本、使用方便性、经济实用性、可靠性与安全性等，而装饰性外观则与此无关，其作用是改进产品的视觉效果，吸引消费者对产品的注意。例如，液化石油气钢瓶外观的视觉要部为圆柱体，顶部、底部为半球体，其有利作用为：在长、宽、高确定并具有较好抗压强度的前提下实现最大容积，这种外观保证了液化石油气钢瓶的经济性和使用安全性，并非改进产品的视觉效果或装饰产品，因此是一种功能性外观。

（2）不可选择性与唯一性。产品的装饰效果和美感要求可以与产品的有利作用脱离，具有可选择性，而功能性设计往往不具备可选择性，一旦改变，就不可能实现原来的有利作用。例如，若将液化石油气钢瓶的外观改成球体，虽然也具有较好的抗压强度，但是容积小于圆柱体，不具经济性；若改成长方体，虽然容积比圆柱体大，却不具有较好的抗压强度，不具安全性；若改成其他形状，则容积和抗压强度都低于现有形状，经济性和安全性均不具备。因此，较好的经济性和安全性决定了液化石油气钢瓶的圆柱体外观具有不可选择性和唯一性。应当着重说明的是，功能性外观的不可选择性和唯一性是针对某一种产品的功能，即其有利作用来讲的，而与这种产品的用途无关。不同技术方案形成的不同产品，其功能可能不同，但用途可以完全相同，因此，某种产品的功能性外观对这种产品的用途来讲，往往并不是唯一的。例如，液化石油气钢瓶的用途是装载、存储液化石油气，对这一用途来讲，圆柱体外观就不唯一，因为球体等其他形状的液化石油气钢瓶也可以用来装载、存储液化石油气；但如果要实现较好经济性和安全性的功能，则只有圆柱体外观。

（3）效果客观性。技术方案决定了产品的功能性外观，功能性外观一定可以达到只有技术因素才能产生的结果，这种结果必须通过推理证实，或者利用技术方法检测，是客观存在的，不以人的意志为转移。而装饰性外观不具有技术效果，它所产生的美学效果只能是消费者的主观认识，这种认识因人而异，不同文化修养、性别年龄、社会背景、国家地区的人，其感受会明显不同。例如，前述液化石油气钢瓶外观较好的经济性和安全性决定其技术效果是在长、宽、高确定的前提下可以装入更多的气体并且不易破裂，这种效果是客观存在的，不会因人的主观感受不同而不同。本案中，半挂运输车外观设计的效果同样能够用技术指标衡量，并不以人的主观偏好为转移。

营口宝迪专用汽车制造有限公司一案中适用的司法解释的规定，与2010年《专利审查指南》中"由产品的功能唯一限定的特定形状对整体视觉效果通常不具有显著的影响"的规定基本一致，由于本案是基于"被诉外观与外观设计不同的部分同样也与装饰性无关"得出的结论，如果被诉专利与外观设计不同的部分具有装饰性且与外观设计不同，是否依旧得出同样的结论？按照法院的逻辑，未必得出相同的结论。由此可见，"显著影响"判断方法容易产生歧义而可操作性低。无论是在外观设计授权审查时，还是在侵权认定时，均应从外观设计整体出发，考量设计是否由产品功能性决定，此时的产品功能不仅包括基本功能还应包括衍生功能。在侵权认定确定权利保护范围时，由产品功能决定必需之基本结构可以不进行比较，而仅比较该结构上装饰性设计。

（三）实用艺术作品的美术作品保护

我国《著作权法》中并未明确规定实用艺术作品，对于国内实用美术作品，法院在认定实用艺术作品的著作权保护时，通常采用美术作品的规定，认定作品是否达到较高的创作高度。然而，法院在认定艺术创作高度时没有统一的标准，且缺乏实用艺术作品中艺术性与实用关系的分析，致使实用艺术作品不能充分得到《著作权法》的保护。

司法实践中，法院通常适用美术作品或图形作品来保护实用艺术作品。诸多案例中，法院多会要求实用艺术作品中美学元素的艺术高度需达到美术作品的要求。基于美术作品对美感的艺术性要求比较高，何为艺术高度又未有明确，这种主观审美标准带来了司法裁判的不稳定性。同时，致使同样线条、设计简单的实用艺术作品的设计能否获得《著作权法》保护不具有确定性。

在"唐韵衣帽间家具"案[1]中，最高人民法院依据《中华人民共和国著作权法实施条例》第2条："著作权法所称作品，是指文学、艺术和科学领域内具有独创性并能以某种有形形式复制的智力成果"和第4条第8项"美术作品，是指绘画、书法、雕塑等以线条、色彩或者其他方式构成的有审美意义的平面或者立体的造型艺术作品"的规定，指出构成著作权法保护作品的三要件：一是必须属于文学、艺术和科学领域内的智力创作；二是具有独创性；三是能以有形的形式复制。

除此之外，最高人民法院进一步指出受我国《著作权法》保护的美术作品，还应满足其实用性与艺术性可以相互分离的条件："两者物理上可以相互分离，即具备实用功能的实用性与体现艺术美感的艺术性可以物理上相互拆分并单独存在；两者观念上可以相互分离，即改动实用艺术品中的艺术性，不会导致其实用功能的实质丧失。在实用艺术品的实用性与艺术性不能分离的情况下，不能成为受著作权法保护的美术作品。"

该案中，左尚明舍家居用品（上海）有限公司"唐韵衣帽间家具"的板材花色系其自行设计完成，并非采用木材本身的纹路，而是提取传统中式家具的颜色与元素用抽象手法重新设计，将传统中式与现代风格融合，在颜色的选择、搭配、纹理走向及深浅变化上均体现了其独特的艺术造型或艺术图案；从配件设计方面看，"唐韵衣帽间家具"使用纯手工黄铜配件，包括正面柜门及抽屉把手及抽屉四周镶有黄铜角花，波浪的斜边及镂空的设计。在家具上是否使用角花镶边，角花选用的图案，镶边的具体位置，均体现了左尚明舍家居用品（上海）有限公司的取舍、选择、设计、布局等创造性劳动；从中式家具风格看，"唐韵衣帽间家具"右边采用了中式——对称设计，给人以和谐的美感。因此，"唐韵衣帽间家具"具有审美意义，具备美术作品的艺术创作高度。

最高人民法院在肯定了"唐韵衣帽间家具"具有审美意义，符合美术作品的构成要件的基础上，对该家具的实用性与艺术美感的可分离性进行了论证。"唐韵衣帽间家具"的实用功能主要在于柜体内部置物空间设计，使其具

---

[1] 左尚明舍家居用品（上海）有限公司诉北京中融恒盛木业有限公司、南京梦阳家具销售中心侵害著作权纠纷案，最高人民法院再审裁定书（2018）最高法民申6061号。

备放置、陈列衣物等功能,该功能属于实用物品自身应具有的实用性。而柜体 L 形拐角设计,使其能够匹配具体家居环境进行使用。该家具的艺术美感主要体现在板材花色纹路、金属配件搭配、中式对称等设计上,通过在中式风格的基础上加入现代元素,产生古典与现代双重审美效果。改动"唐韵衣帽间家具"的板材花色纹路、金属配件搭配、中式对称等造型设计,其作为衣帽间家具放置、陈列衣物的实用功能并不会受到影响。因此,"唐韵衣帽间家具"的实用功能与艺术美感能够进行分离并独立存在。由此可见,最高人民法院采用了艺术美感是否对实用性产生影响的标准,在剥离了实用品艺术美感的设计之后,实用品的功能不会受到任何影响,则可认为该设计可以与实用工业品的实用功能相分离,美学性的设计可以作为美术作品获得保护。同样的思路在"小兔坐便器"案中亦有体现,意大利欧可宝贝有限公司设计的儿童用品"小兔坐便器"中的艺术成分(小兔造型)与其实用功能(供儿童坐便)在概念上可以分离。坐便器即使不使用小兔的造型,仍然可以实现其坐便功能,实用功能性不会受到损害。[1]

然而,北京市第一中级人民法院在英特莱格公司与可高(天津)玩具有限公司、北京市复兴商业城侵害实用艺术作品著作权纠纷一案中,认定 53 件请求保护的玩具积木块中的 50 件具有独创性,并作为实用艺术作品给予著作权保护。北京市高级人民法院维持了一审法院的判决。[2]2007 年乐高公司根据前述判决,选择与前述判决中认定具有著作权的玩具积木块相同或极其相似、类似的乐高玩具积木块,起诉广东小白龙动漫玩具实业有限公司侵犯其著作权。涉案玩具积木却被认为忠实于日常生活中门的通常设计,门杆、门框、门把手等相关设计与日常生活中的门并无区别,未达到足够的美学方面的独特性而不能获得《著作权法》美术作品的保护。[3]乐高积木相似的设计2002 年时被认定符合美术作品的独创性可获得保护,2013 年却被认定为不满足美术作品的美学高度而不能获得保护。

---

〔1〕 欧可宝贝有限公司与慈溪市佳宝儿童用品有限公司、北京乐友达康科技有限公司侵犯著作权纠纷案。参见北京市第二中级人民法院民事判决书(2008)二中民初字第 12293 号。
〔2〕 瑞士英特莱格公司与可高(天津)玩具有限公司、北京市复兴商业城侵犯著作权纠纷案,参见北京市高级人民法院民事判决书(2002)高民终字第 279 号。
〔3〕 乐高公司与广东小白龙动漫玩具实业有限公司等侵害著作权纠纷申请案,参见最高人民法院民事裁定书(2013)民申字第 1361 号。

　　同样，在放置沐浴用品的器皿案中，广西壮族自治区高级人民法院认为实用性艺术品的艺术方面，只有满足美术作品独创性高度时才可获得保护，案中讼争的 1607-1 号器皿整体为椭圆形，饰以梅花花环及弹簧圈口，颜色为金、银两色；1544 号器皿为外观似一把椅子的长方体，正面前低后高，侧面上端为圆弧状，饰以弹簧圈口，颜色为金、银两色；1604 号器皿为长方体，开口处饰以环状梅花带连体，颜色为金、银两色，上述器皿的艺术性方面不构成作品而否定对其适用《著作权法》的保护。[1]法国香水瓶案中，设计师 Jean Paul Gaultier 设计了男性身体模型的香水瓶和女性身体模型的香水瓶，香水瓶实用性特征与男性或女性身体模型的设计在概念上可以分离，即使不使用男性、女性身体模型作为香水瓶的外观，竞争者可采取其他形状实现同样的实用性功能。法院不仅认为人体模型香水瓶可以作为实用艺术作品受到保护，而且认为"圆桶状外包装盒"虽然线条并不复杂，但负有一定的美感和独特设计的立体造型，使该包装盒也应作为实用艺术作品受著作权法的保护。在本案中的香水瓶与圆桶状包装盒与上述案例中小兔造型坐便器均属于线条简单并不复杂的设计，人体结构的轮廓与小兔子造型均属于现实生活中的实物。服装店中陈列的人体模特造型与香水瓶的形状无差，儿童玩偶经常使用的兔子形状与坐便器使用的形状无差，却不因其与日常生活中的设计无差别，而被否定其具有的美感高度。乐高积木和放置沐浴器皿的设计却因为设计简单，未达到美术作品独创性要求而不受保护。

　　因难以达到美术作品的艺术高度而不能被认定构成美术作品的案例数不胜数，其涉及多个领域的实用物品，如家具、商品包装容器、玩具等。法院多以造型设计较为简单，而不认为其可以获得美术作品的保护。但是，也有法院在裁判文书中指出，要妥善处理作品独创性与独创高度的关系[2]，审美意义上的作品与艺术价值的高低并无任何关系。[3]在上海是你商贸有限公司与深圳影儿时尚集团有限公司、上海第一八佰伴有限公司、深圳市溢恩服饰

---

　　〔1〕　广西博白新毅工艺品有限公司等与庞隆友著作权侵权纠纷上诉案，参见广西壮族自治区高级人民法院民事判决书（2007）桂民三终字第 62 号。

　　〔2〕　上海是你商贸有限公司与上海第一八佰伴有限公司等著作权侵权及不正当竞争纠纷案，参见上海知识产权法院二审民事判决书（2021）沪 73 民终 880 号。

　　〔3〕　北京金羽杰服装有限公司等与北京市波司登贸易有限公司等不正当竞争纠纷上诉案，北京知识产权法院（2020）京 73 民终 87 号。

有限公司著作权侵权及不正当竞争纠纷案中，涉案权利服装拼色西装为无袖连体裤，其设计要点："在衣服的整体版型设计上，选择上身无袖、下身长裤的设计，并对上下身服装的露肤度进行个性化选择，使得整体服装露肤度均衡，既免于沉闷又不失稳重。在衣服的整体轮廓上，选择修身廓形。使用上身收腰、下身喇叭裤的设计，使得服装上身后贴合、凸显身体曲线，同时在视觉上拉长腿部比例。在颜色上沿用 CM 品牌长期使用的配色方案，选择深藏青色撞白色，并选择点线结合而非大面积撞色的方案，以深藏青色为主色，使用高色彩对比度的白色进行撞色装饰，白色撞色比例低、主要起点睛作用，与服装整体版型和廓形效果呼应。在上衣设计上，选择不对称搭片式个性化设计，即将服装的右片从后身延伸至前身，增加整款服装的立体空间感。右侧裤子 1/3 腰头处直接用织带把裤子和衣片进行固定，避免右侧叠门和裤子重叠处的厚重感，视觉上更为利落。服装的右侧裁片为根据上身露肤度、上下身比例、整体美感等选择的大三角形裁片，与左片配合形成 V 领设计。右侧下摆利用一定大小的三角裁片自然垂落，塑造出立体不规则几何感造型。服装后身与前身相呼应，采用不对称设计，左侧正常缝接，右侧对应前身做裁片垂落设计，在后身同样形成不对称、立体感的设计效果。在靠近门襟和下摆边缘特定位置用白色辑明线装饰，白色辑线勾勒裁片形状，走线平行于裁片边缘，在前身形成折角线条，增强视觉对比的同时突出了裁片设计独特的三角形特征。在腰部收窄较细位置设置一颗浅色大圆扣，并布置在辑明线上，在前身形成个性化的点线结合的整体图案，不仅使得大圆扣不显得突兀，而且进一步突出了上身的整体设计，更和整体深藏青色形成视觉反差，产生了独特的美感。"

一审法院就该服装设计是否可以构成《著作权法》保护的作品提出："要妥善处理作品的独创性与独创高度的关系，既维护给予作品著作权保护的基本标准的统一性，又注意把握各类作品的特点和适应相关保护领域的特殊需求，使保护强度与独创高度相协调。"服装设计通常需要考虑服装的实用性与艺术性，而服装成衣一般也会体现实用性和艺术性这两方面的设计元素，因此，从整体角度看，具有一定艺术性和美学性的服装成衣是一种实用艺术品。我国《著作权法》并未将实用艺术品列入受《著作权法》保护的作品之中，这意味着服装成衣作为一个整体不属于规范意义上的"作品"，但是服装成衣所体现的具有艺术性的部分可以被认定为美术作品，进而受到《著作权法》

的保护。美术作品，是指绘画、书法、雕塑等以线条、色彩或者其他方式构成的有审美意义的平面或者立体的造型艺术作品。服装成品一般而言是工业生产的产物，随着服装行业的发展，服装不再仅仅是为了满足人们日常的保暖蔽体功能，更是为了满足人们不同场合、不同身份需求而融入不同的设计元素和裁剪风格，以形成对应的消费群体。除为舞台表演、服装设计大赛等特殊场合专门设计的艺术性突出、几乎不考虑普通服装功能属性的服装外，普通服装均是为了满足人们的日常穿着、审美风格的需求而进行设计和生产，如果将普通服装成品均纳入著作权法保护的范围，则既不利于服装行业的发展，又不利于社会公共利益。服装成品能否成为美术作品适用《著作权法》予以保护，应当从如下两方面进行考量：一是服装成衣是否具有可分离、独立存在的艺术性部分。服装成衣的实用性部分不受著作权法保护，可独立于服装成衣实用性部分的艺术性部分方受《著作权法》保护。二是服装成衣的艺术性部分是否具有独创性。服装成衣可独立存在的艺术性部分并不必然成为美术作品，还要看是否具有独创性，也即服装成衣的造型、结构和色彩组合而成的整体外型是否体现了作者具有个性的安排和选择，具有艺术美感。需要指出的是，该艺术美感与艺术高低无关。在对服装的艺术性的独创性进行判断时，如果服装的艺术性部分和实用性部分可以物理分离，则可就服装体现艺术性的部分是否具有独创性进行判断。在服装的实用性和艺术性不能物理区分的情况下，在判断独创性时还应考虑其艺术性部分是否超越了实用性部分，进而使得公众认为该服装系艺术品。因为《著作权法》调整的系"文学、艺术和科学领域内"具有独创性的表达，如相关公众无法将某一服装归入"艺术"的领域，则其仅系实用品而归入专利、商标等工业产权的保护范畴。一审法院再指出，符合分离标准的艺术性设计并不必然构成著作权法保护的美术作品，需要分析该艺术性设计是否满足美术作品的独创性，而这里的独创性虽然要求具有艺术美感，但该艺术美感与艺术高低无关，即不能以艺术性的高或低来评价服装设计的美感。

　　服装设计通常需要考虑服装的实用性与艺术性，而服装成衣一般也会体现实用性和艺术性这两方面的设计元素，因此，从整体角度看，具有一定艺术性和美学性的服装成衣是一种实用艺术品。服装成衣所体现的具有艺术性的部分可以被认定为美术作品，进而受到《著作权法》的保护。美术作品，是指绘画、书法、雕塑等以线条、色彩或者其他方式构成的有审美意义的平面或者立体的造型艺术作品。服装成品一般而言是工业生产的产物，随着服装行业的发展，服装功能发生了转变，其不再仅是遮体保暖的实用性物品，更是彰显消费者个性、品味、消费能力、社会地位的社会属性。不同的消费者为满足不同场合的穿衣需求，对服装设计的美学元素和裁剪风格会有不同的追求，设计师在迎合消费品口味的基础上形成了不同的设计风格，导致多样化消费群体的产生。

但是，服务设计的版权保护应对不同的设计有所区分。除为舞台表演、服装设计大赛等特殊场合专门设计的艺术性突出、几乎不考虑普通服装功能属性的服装外，普通服装均是为了满足人们的日常穿着、审美风格的需求而进行设计和生产。[1]日常穿着的普通成衣通常设计较为简单，以满足服装的功能性需求为主，

如果将普通服装成品均纳入著作权法保护的范围，则既不利于服装行业的发展，又不利于社会公共利益。

服装成品能否成为美术作品适用《著作权法》予以保护，应当从如下两方面进行考量：一是服装成衣是否具有可分离、独立存在的艺术性部分。服装成衣的实用性部分不受著作权法保护，可独立于服装成衣实用性部分的艺术性部分方受《著作权法》保护。二是服装成衣的艺术性部分是否具有独创性。服装成衣可独立存在的艺术性部分并不必然成为美术作品，还要看是否具有独创性，也即服装成衣的造型、结构和色彩组合而成的整体外型是否体现了作者具有个性的安排和选择，具有艺术美感。需要指出的是，该艺术美感与艺术高低无关。在对服装的艺术性的独创性进行判断时，如果服装的艺术性部分和实用性部分可以物理分离，则可就服装的体现艺术性的部分是否具有独创性进行判断。在服装的实用性和艺术性不能物理区分的情况下，在判断独创性时还应考虑其艺术性部分是否超越了实用性部分，进而使得公众认为该服装系艺术品。因为《著作权法》调整的系"文学、艺术和科学领域内"具有独创性的表达，如相关公众无法将某一服装归入"艺术"的领域，则其仅系实用品而归入专利、商标等工业产权的保护范畴。

在此基础上，一审法院对涉案服装设计的独创性进行了评析。首先，是

---

〔1〕 深圳市云创服装设计有限公司、广州轩歌服饰厂侵害作品复制权纠纷案，参见广州知识产权法院二审民事判决书（2021）粤 73 民终 4861 号。

你商贸有限公司主张的涉案权利服装无袖连体裤和拼色西装的艺术性部分与功能性部分无法进行物理上的区分，即其不具有不依附于涉案权利服装本身即可独立存在的装饰。因此，在判断该类服装是否具有独创性时，如前所述，应放在审美意义即艺术性是否超越了实用性进而使得公众认为其系"艺术品"前提下进行考量。不可否认涉案权利服装具有一定美感，但正如上文所述，当今服装行业的发展之中，服装具有美感是取得竞争力的重要因素，而此种美感的存在并非服装获得著作权法保护的充分条件。本案中，涉案权利服装艺术美感无法与其功能性进行物理上的分离。结合其提交的批量生产信息、自述该款产品为"刘雯同款女士休闲通勤无袖连体裤"且已经停止生产的事实可知，公众并未将上述服装成品视为艺术品加以购买或珍藏，故而原告公司主张权利的两款服装仅系实用品，不能作为"文学、艺术和科学领域内"的美术作品受到《著作权法》的保护。此外，一审法院亦认为，不论是涉案权利服装无袖连体裤的藏青色撞白色的撞色设计、不对称搭片设计、大三角裁片设计、白色辑明线设计、辑明线上的大圆扣设计等，涉案拼色西装的藏青色撞白色的撞色方案设计、腰带设计、衣领设计等为服装常用的常规设计或在先设计或其组合，如果给予《著作权法》上的保护，可能会造成个体利益、行业利益和公共利益的失衡。二审法院对一审法院的裁判结果予以认可，同样认为涉诉的服务设计是惯常设计元素予以简单的组合，尚未达到一定水准的艺术创作高度，并不符合作品"独创性"的要求，而不能获得著作权保护。

　　非常遗憾的是，虽然法院在案件审理过程中，已声明艺术美感与艺术设计的高低无关，但在裁判过程中又指出设计师的连体裤属于惯常设计元素的组合虽具美感但高度不够，如此的说理未免自相矛盾。依据法院的思路，日常普通类的服装，需满足日常穿着的需要，并不能设计的过于超前、醒目、天马行空，多是惯常设计元素的组合，这样的组合方式需满足日常穿着合适、得体这一功能性的需求，对于设计师而言，其设计空间非常有限。基于保护公共利益的考量，对于这种日常穿着的普通服装的设计提供《著作权法》保护可能会产生垄断公有领域设计元素之嫌，但是，若不保护普通成衣的设计，设计师的成果将会被抄袭，久而久之，普通成衣类商品将同质化，最终还是会影响消费者的福祉，使其再也买不到可以彰显其个性、特点的普通成衣。相对于舞台表演、服装设计比赛而言，更多的服装设计是普通社会公众日常穿着的成衣，这一市场远大于特殊情形下形成的服装设计，更多的设计师也是为满足消费者日常需求而为的设计，如果这些设计师的成果不能被《著作权法》保护，势必打击其创作的热情，不利于服装行业的发展。

当然，也有法院在裁判过程中，并没有过度强调美学的高度，认为具有美感、可实现艺术性与功能性相分离的作品便可获得《著作权法》的保护。在云创设计（深圳）集团有限公司（简称"云创公司"）与重庆卡诗兰服饰有限公司著作权权属、侵权纠纷案中，2019 年 8 月 5 日，原告创作完成《圆梦舞曲》，并于 2020 年 3 月 16 日向广州市版权协会备案登记（图 5-2）。该作品为女装太阳裙的三个图片，包含设计手稿图、效果图、成衣图；创作灵感说明为，太阳裙版型活泼俏皮，黑白波点图案，时尚又讨人喜欢，采用隐形拉链，方便穿

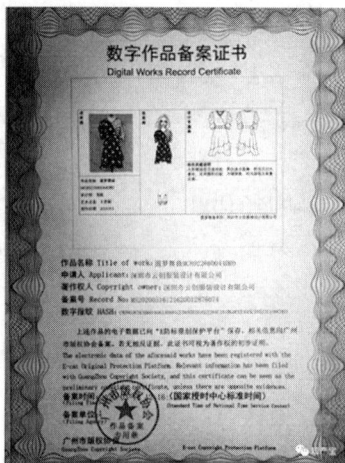

图 5-2 [1]

脱，时尚美观又有复古感。4 月 2 日，原告在其天猫网店发布《圆梦舞曲》服装销售信息。5 月 30 日，被告在其淘宝网店开始销售其生产的涉案侵权服装。7 月 1 日，原告在该网店购买了 1 件涉案侵权服装。原告认为被告生产、销售涉案侵权服装的行为侵害其《圆梦舞曲》服装美术作品著作权，特诉至法院。

重庆自由贸易试验区人民法院经审理认为：《圆梦舞曲》服装（如图 5-3）系云创公司独立完成，该服装采用太阳裙版型结合黑白波点图案及独特的拼排组合，均体现出作者个性化的选择、设计、布局等创造性劳动，体现了一定的设计理念和美感，该服装具有审美意义，具备美术作品的艺术创作高度。改动该服装的黑白波点图案、太阳裙版型等设计，其保护身体、调节体温、适应身体活动的实用功能并不受影响，该服装的实用功能与艺术美感能够分离并独立存在。因此，该服装作为兼具实用功能和审美意义的立体造型艺术作品，属于受《著作权法》保护的美术作品。被告影儿公司的服装晚于原告公司发布，在原告将其作品公开销售后，被告可从公开途径了解原告的设计信息，继而进行模仿。"将被告生产的服装（如图 5-4）与被诉侵权服装进行比对，二者相似之处在于均为短袖连衣裙，左袖及正面上身左半部分为

---

〔1〕 图片来源为知产宝。

白底黑色波点图案，其余为黑底白色波点图案，整体风格近似，相似部分体现在艺术方面。不同之处在于波点图案、腰带扣、领口花边、衣袖局部细节上有差别，对整体视觉效果并无影响，不会使二者产生明显差异。这种实质性相似的表达部分系《圆梦舞曲》服装的独创性部分且并不来源于公有领域。因此，被诉侵权服装与《圆梦舞曲》服装构成实质性近似，被告侵害了云创公司涉案作品的著作权。

图 5-3

图 5-4

该案中法官指出服装产业对我国经济发展的重要性，"我国是服装生产大国，目前服装设计抄袭现象盛行影响服装产业健康发展，加强服装设计著作权保护势在必行"。2021 年 10 月 9 日，国务院印发了《"十四五"国家知识产权保护和运用规划》，其中明确提出完善服装设计等时尚产业知识产权保护，《圆梦舞曲》案系该规则实施以来全国首例服装设计时尚产业著作权保护案例。在该案的评析中法官指出：该判决明确了服装设计作为实用艺术作品受《著作权法》保护的构成要件，厘清了服装设计艺术性与实用性可分离标准，明确了《著作权法》保护服装设计的具有艺术美感的独创性表达。该案所确立的裁判规则对同类案件具有示范意义，充分体现了人民法院加大服装设计著作权司法保护力度，促进服装设计等时尚产业健康发展的使命担当。[1]这一态度与前例设计师连体裤案形成鲜明的对比，同样是基础元素的组合，在《圆梦舞曲》案中，可以被认定具有美术作品美感的高度，受到《著作权法》的保护，在设计师连体裤案中却因仅是惯常设计元素的组合而被认为设计简单没有达到美术作品的美感高度。相对之下，《圆梦舞曲》的服装设计更是基础元素的组合，黑色、白色属于最基础的颜色，波点亦是服装设计中最常见的元素，极具复古的色彩，同样是日常普通穿着的服装，同样是基础设计元素的组合，认定的结果却相距甚远。

在设计师寻求对服装设计成衣进行版权保护无果的前提下，北京金羽杰服装有限公司（简称"北京金羽杰公司"）开始探索对服装设计图、服装样板图的版权保护。在北京金羽杰服装有限公司等与北京市波司登贸易有限公司（简称"波司登公司"）等不正当竞争纠纷案[2]中，对于原告主张的羽绒服成衣是否构成美术作品，一审法院认为：其一，服装成衣的造型、结构和色彩组合而成的整体外型是否体现了作者具有个性的安排和选择，而具有审美意义，此种审美意义与艺术价值高低并无任何关联；其二，其具有的艺术美感能够在物理上或者观念上与其实用性进行分离。具体到本案，无论是594723款（如图5-5）中的帽子设计、口袋拉链设计、口袋倾斜且右口袋下配以图形和标识等，还是644402款（如图5-5）中的燕尾设计、拉链设计、口袋设计，均为服装常用的惯常设计和组合，并非原告所独创。另一方面，从审美意义的角度而言，不可否认上述服装具有一定美感，但正如上文所述，当今服装行业的发展之中，服装具有美感是取得竞争力的重要因素，而此种美感的存在并非服装获得《著作权法》保护的充分条件。本案中，北京金羽杰公司主张权利的服装成衣上的设计多是为实现方便穿脱、轻便保暖、便于使用等服装的基本功能而存在，服装成衣之上的艺术美感无法与其功能性进行分离。结合其提交的批量生产信息、自述该款产品为当季款已经停止生产的事实可知，公众很难将上述服装成品视为艺术品加以购买或珍藏，故而金羽杰公司主张权利的两款服装仅系实用品，不能作为美术作品受到《著作权

---

〔1〕 云创设计（深圳）集团有限公司与重庆卡诗兰服饰有限公司著作权权属、侵权纠纷案，重庆自由贸易试验区人民法院（2021）渝0192民初994号。

〔2〕 北京金羽杰服装有限公司等与北京市波司登贸易有限公司等不正当竞争纠纷上诉案，北京知识产权法院（2020）京73民终87号。

法》的保护。

关于原告主张权利的两款服装设计图是否构成美术作品，服装样板图是否属于图形作品，一审法院认为：服装设计图是设计师为制作成衣而绘制。服装样板图是制版者按照服装设计图，对服装结构从平面角度进行拆解而完成的图形。服装设计图、制版图其中的点、线、面的选择和排列组合，均体现出作者个性化的选择和安排，具有独创性，属于作品。图形作品，是指为施工、生产绘制的工程设计图、产品设计图，以及反映地理现象、说明事物原理或者结构的地图、示意图等作品。图形作品与美术作品相比而言，图形作品属于科学领域，用途在于生产、建造具有实用功能的工程或产品，主要服务于实用功能，而美术作品属于艺术领域，主要用途在于给人艺术上美的享受。具体到本案，北京金羽杰公司主张权利的两款服装设计图、样板图均是为了进行服装生产而绘制，主要功能不在于通过图形本身带给人美的享受，故均属于图形作品而不属于美术作品。

金羽杰 波司登

原告款号为594723及被告被诉侵权的羽绒服

金羽杰 波司登

原告款号为644402及被告被诉侵权的羽绒服

图 5-5

虽然一审法院认定了服装设计图、服装样板图构成图形作品，可获得《著作权法》的保护，但是在侵权认定中，图形作品与服装成衣之间的相似性比较需构成复制行为，即被告的服装成衣侵害原告服装设计图、服装样板图的复制权。复制行为包括：（1）平面图形到平面图形的复制；（2）平面图形到立体成衣的复制。对于第一种复制，被告提交了其服装成衣的服装设计图和工艺尺寸要求书等材料。"虽然波司登公司证明的服装加工时间，晚于北京金羽杰公司举证的加工时间，但并不能当然以此得出波司登公司的服装设计图、制版图创作时间晚于北京金羽杰公司创作时间的结论，同时，亦无证据证明波司登公司能够接触到北京金羽杰公司该款服装的设计图、服装样板图"，故波司登公司不构成对北京金羽杰公司服装设计图、服装样板图的平面复制。对于第二种复制，"服装设计图和服装样板图均属图形作品，尽管有证据证明波司登公司生产了与图形类似的成衣，但按照工程设计图或者产品设计图施工或者生产不受《著作权法》保护的工程或者产品，不属于我国《著作权法》意义上的复制，因此，波司登公司生产成衣的行为亦不属于侵犯该两款服装对应设计图、服装样板图复制权的行为。此外，关于波司登公司和北京波司登公司的行为是否侵犯北京金羽杰公司服装设计图、服装样板图的发表权问题，一审法院认为，并无证据表明波司登公司和北京波司登公司将北京金羽杰公司的服装设计图、服装样板图公之于众，故北京金羽杰公司关于波司登公司和北京波司登公司侵犯其该两款服装设计图、服装样板图发表权的主张难以成立"。因此，一审法院虽认为原告的服装设计图纸可以作为图形作品获得保护，但是基于图纸的特殊性，在认定侵权行为时，很难构成《著作权法》保护的复制权的范畴。二审法院对一审的裁判结果予以支持，原告最终败诉。

事实上，法院在作出实用性艺术作品的设计与实用性产品的实用功能可以分离的结论后，在艺术性设计的美学成分的认定上并没有适用需达到美术作品独创性的要求。但是，在放置沐浴用品器皿和乐高积木案中，法院并没有考虑实用艺术作品的设计能否与实用性产品的实用性相分离，而直接分析这些作品中的美学性成分。由于实用性艺术作品创作受限于产品的实用性，不及美术作品创作的自由度高，未认识到美术作品与实用艺术作品的不同，直接适用美术作品独创性要求评判实用艺术作品的独创性，使多数的实用艺术作品不能获得《著作权法》的保护。

三、工业品设计非功能性要件之重新定位

（一）商标法中非功能性条款之地位重塑

1."非功能性"判断的适用对象

依据《兰哈姆法》的规定，未注册的商业外观只有证明系非功能性时才可获得保护，而注册的商业外观在诉讼中证明具有功能性时，注册失去效力。一般情况下，商品包装、装潢的整体组成元素在具有显著性时可获得反不正当竞争法的保护，商品包装、装潢的立体形状或颜色组合可以申请商标，但是，对于商业外观无论是商标法或者反不正当竞争法的保护，"功能性"是阻止商业外观获得保护的绝对禁止条件。换言之，非功能性要件适用于所有类型的商业外观。如前文所述，虽然我国未有商业外观这一概念，但是通过商品特有包装、装潢，立体商标与颜色组合商标为商品的商业外观提供保护。但是，我国商标法中仅规定了不能获得保护的立体形状，对于其他类型的商业外观未有规定。

我国《商标法》中立体商标禁止注册条款的规定与《欧盟商标指令》7(1)(e)条的规定一致，目前，欧盟法院逐渐意识到7(1)(e)条规定的诸多不足。在实用性认定标准方面，欧盟法院指出"产品功能必不可少的形状"之规定的范围过窄，这一规定仅将产品自然形成的形状（不存在替代形状）和标准形状（符合法律规定的标准形状）排除于授权范围之外。然而，"由产品自身特性产生的形状应该被理解为包含产品基本功能或衍生功能所需必要特征的形状"，排除对这些形状的注册。为了避免"授予这些特征于某一经济实体所独有将使其他竞争者不能使用产品功能实现所需的形状特征"所带来的不利影响，法院作出如上的解释。此外，法院提到的必要特征是指"消费者在其他竞争者的产品中寻找可以提供一致或相似功能"的特征。[1]在本案中，欧洲法院对7(1)(e)条的解释直接回应了《欧盟商标指令》3(1)(e)中拒绝注册条款的适用范围，该款也可适用于包含一个或多个产品基本功能或消费者在其他竞争者中寻找相似功能所需必要特征的形状，从而扩大了该条款的适用范围，将包含非功能性特征的形状也排除在授权范围之外。与美国一致，欧盟趋向于适用严格的"非功能性"标准，排除对实现产品基本功能或衍生

---

〔1〕　CJEU Case C-205/13-Hauck v. Stokke.

功能形状的保护。

关于技术效果必需的形状，欧洲法院在 Philips 案中作出解答。该案中受诉的形状受专利权保护，专利权人在专利权过期之后试图通过商标法维持对专利技术独有的市场垄断地位。[1]欧洲法院指出《欧盟商标指令》7(1)(e)条目的在于排除包含提供技术功能必要特征的产品形状，否则商标专有权将会限制竞争者提供包含这种特征产品的可能性，至少会降低竞争者在选择是否采用可以实现此项产品功能所需的技术效果特征时的自由度。然而，是否可以通过证明某非功能性设计特征存在多种可以替代的不同形状，就没有理由排除对该形状的保护。竞争者可以很容易地通过其他替代形状实行相同或相似的功能。欧盟法院强调虽然存在可以实现同样功能的替代性形状，但是并不足以阻止法律限制对功能性形状的保护。欧盟法院这一判决结果，使之前许多成员国包括欧盟内部协调局（OHIM）在内的适用替代性设计的存在作为注册具有高度非功能性形状的标准无效。

马克思·普朗克研究所的研究报告指出应该将7(1)(e)条适用范围扩大至与立体形状无关的颜色、声音或触觉等其他非传统商标。7(1)(e)条的立法目的是保证正当竞争和公众自由模仿之权利，当其他标识产生同样的问题时，应该适用此款排除对其的保护。[2]商标的竞争性就决定了是否授予某项标识商标权，需要考虑其对竞争的影响，解决技术难题和非功能性的特征是竞争必需之特征，商标法应排除对其的保护。欧盟法院开始认识到现有规定的不足，限制商标法对于产品外观特征的保护，并且倡导将商业外观"非功能性"要件适用于与立体商标类似的其他商业外观之中。

"商标法的修改史几乎完全是商标所有人权利的扩张史"[3]，这种扩张趋势在商标保护客体方面表现为从对传统商标的保护扩张到对非传统商标的保护，从平面商标到立体商标，从可视商标到味觉、听觉、视觉商标，从对标识的保护到对产品特征的保护。与此相伴的是对商标权扩张的限制，但是

---

〔1〕 CJEU Cases C-299/99-Philips v. Remington and C-48/09 P-Lego Juris v. OHIM.

〔2〕 See Roland Knaak, Annette Kur, Alexander von Mühlendahl, "The Study on the Functioning of the European Trade Mark System", *Max Planck Institute for Intellectual Property and Competition Law Research Paper*, No. 12-13., pp. 8-9.

〔3〕 Robert P. Merges, Peter S. Menel, Mark A. Lemley, *Intellectual Property in the New Technological Age*, Second Edition, Aspen Law & Business, p. 558.

不同国家、地区对商标权的限制程度不一。相比而言，发达国家比较重视对商标权扩张的限制，形成比较完善的商标权限制体系。[1]"商标保护制度具有竞争性功能，它是规制市场经济秩序的重要法律机制。"[2]因此，在对具有显著性可以指示商品来源的产品特征提供商标法或反不正当竞争法保护的同时，需要排除对具有实用功能性或竞争必需的产品特征提供保护，以维护正当有序的竞争秩序。

2."非功能性"要件的立法地位

商业外观获得商标法或反不正当竞争法保护的前提条件：非功能性和显著性。非功能性的设计只有在可以指示来源时，不管是因为其具有固有显著性还是通过第二含义获得显著性，才能作为商业外观受到保护。非功能性和显著性是两个不同的前提条件，非功能性要件的存在正是为了防止功能性特征通过证明具有显著性而获得保护。

显著性要件促进商标指示来源作用的实现，目的是确保受保护的商业外观可以明显地同其他竞争者的形成区别。依据 Abercrombie 标准，商业外观根据显著性的强弱分为通用名称的、描述性、暗示性或者任意的。暗示性的和任意的商业外观具有固有显著性，在投入商业使用后便可获得保护。描述性的商业外观如果原告证明其标记在消费者中建立了获得显著性也可以受到保护，通用外观不能受到《兰哈姆法》的保护。[3]与通用名称一样，通用外观不具有固有的显著性，即使经过长期使用也不能获得满足注册条件的显著性。因为如果允许通用外观注册为商标，将会产生明显不利于竞争的后果。某类商品的通用设计类型非常有限，如果授予如此有限的通用设计以专有权则会对其他竞争者产生非常不利的影响。

固有显著性或第二含义作为可相互替代的条件，是商业外观获得《兰哈姆法》保护的必然前提，可以由商标所有人产品或服务的市场营销规划中的多方面因素证明。包括营销区域、地理营销范围、营销的时期、广告和促销

---

〔1〕　参见潘晓宁："商标权限制制度比较研究——以美国法和欧盟法为中心"，华东政法大学2010年博士论文学位。

〔2〕　冯晓青：《知识产权法利益平衡理论》，中国政法大学出版社2006年版，第129~130页。

〔3〕　See Abercrombie & Fitch Co. v. Hunting World, Inc., 537 F. 2d 4, 9 (2d Cir. 1976).

活动的影响等。[1]考察这些因素的渗入是否使商业外观所有人的商业外观在消费者群体中产生识别作用，能否可以与其他竞争者产生区分。然而，非功能性判断的核心是针对实用性非文字标记，或者非实用性竞争所必需的设计的垄断，不管其使用范围有多广泛，是否可以指示来源，均不能为其提供保护。

"非功能性"要件引入的目的是强调具有非功能性的标记，即使在市场中获得了显著性和有证据证明其具有第二含义，亦不能得到商标法及反不正当竞争法的保护。正是非功能性条款写入《兰哈姆法》[2]，解决了法院对能够证明获得显著性能的证据是否可以使非功能性的商业外观获得商标法及反不正当竞争法保护的疑虑。"非功能性"禁止要件作为一项强有力的公共政策，胜于所有证明消费者基于特定的商业外观产生指示来源关联的证据和所有因模仿者而导致消费者实际混淆的证据。一项具有功能性的特征，因违反商标法或反不正当竞争法授权要件有效性的问题，不能获得保护。并且在缺乏知识产权权利保护的情况下，允许竞争者自由和任意模仿。再之，任何证明获得第二含义或者实际混淆的证据亦不能使其豁免。正如最高法院所述，一旦一项特征被认定为具有"功能性"，第二含义就是不相干的证据，因为具有"功能性"的商业外观在任何情况下均不能获得《商标法》及《反不正当竞争法》的保护。[3]

（二）外观专利法中"装饰性"与"功能性"条款之选择

TRIPs协议第25条明确规定，对本质上是由技术或者功能决定的外观设计，可以规定不给予工业品外观设计权保护。《美国专利法》第171条第1款规定：新颖的、非显而易见性与装饰性的产品外观设计的设计者，可根据本法规定的条件与要求获得专利法保护。在美国，一般认为，设计可以分为装饰性与功能性两类，具有装饰性的设计就意味着其是非功能性，而在法条中规定装饰性正是为了强调外观设计应具有非功能性且是以装饰性为目的而为的设计。《欧盟设计指令》第8条中明确规定了排除保护的非功能性设计的类

---

〔1〕 See Charles E. McKenney and George F. Long III, Federal Unfair Competition: Lanham Act 43（a）§ 5: 8, 2015 Thomson Reuters.

〔2〕 Lanham Act section 2（f）.

〔3〕 See J. Thomas McCanthy, *McCarthy on Trademarks and Unfair Competition*, Clark Boardman Callaghan, 1996.

型，除完全由非功能性决定的设计不得获得保护外，又规定实现产品功能的接口或配件设计亦不能获得保护。之所以将接口或配件设计单独规定，是出于规范配件市场正当竞争的考量。日本《外观设计法》第 5 条第 3 款规定："从确保物品的机能而不可或缺的形状中得出的外观设计，不能取得外观设计注册。"排除对非功能性特征的保护已经成为外观设计专利保护范围的基本原则，我国作为 TRIPs 协议的成员国，应该遵守条约的规定，禁止授予非功能性设计以外观设计专利权。

我国《专利法》第三次修改过程中，曾提出增加外观设计专利排除对由产品功能决定设计的保护的"非功能性"条款。但最终，由于多数意见认为外观设计定义中"富有美感"已经表达出同样含义，无须增加"非功能性"条款。[1]由上文所述，我国现有"富有美感"之规定并没有承担将完全由功能性决定之设计排除外观设计专利保护之作用。最终导致"富有美感"之规定形如虚设，未曾有设计因不具有美感不予授权。

实用功能性设计一般与产品的实际效用联系，其是由产品功能实现决定的。例如，足球、篮球的圆形形状，便是由球类运动特质决定圆形形状易于投掷与传递，此时"圆形"是由产品功能性决定的形状不能获得外观设计专利的保护。为了防止与发明、实用新型专利法的冲突，使未获得发明、实用新型专利授权的实用功能性设计获得专有权保护，阻碍正当竞争，外观设计专利应明确规定排除对实用功能性设计的保护。通常，可以通过判断是否存在替代性设计认定是否是外观设计专利法排除的非功能性设计。外观设计保护装饰性设计，尽管产品的实用功能相同，但仍可以呈现出不同的外观，换言之，替代性设计的存在可以证明设计并非完全由产品功能性决定。

追根溯源，无论"装饰性"还是"富有美感"规定的应有含义均是排除对完全由实用功能决定的设计的保护，但我国专利法中规定外观设计专利授权要件为新颖性与创新性，缺失"非功能性"要件。在司法实务中虽然排除对功能性设计的保护，但又囿于非功能性规定的缺失造成非功能性判断标准不一。因此，应在外观设计专利法中明确规定"非功能性"条款，排除对完全由产品功能决定之设计的保护。

---

〔1〕 参见张晓都："专利法外观设计定义中'富有美感'含义的修正及具体适用的建议"，载国家知识产权局条法司编：《专利法研究（2012）》，知识产权出版社 2013 年版，第 126 页。

（三） 实用性艺术作品的独立保护

实用性艺术作品并不能完全等同于美术作品，适用美术作品保护实用性艺术品意味着实用性艺术作品与纯美术作品无异。虽然实用性艺术作品著作权保护并不保护其实用性，但是，不可否认，应用于实用性艺术作品之上的美学性设计不能妨碍实用性产品功能的实现。美术作品保护的目的在于促进艺术创作的发展，而实用性艺术作品是为了促进装饰艺术的发展。美术作品作者创作时，可以不受任何限制，无拘无束地发挥其艺术思想，而实用性艺术作品受实用性产品功能实现的限制，主要体现装饰美感。一件设计精美的实用性产品不具有实用性，即使其外观再美轮美奂都不能获得实用性艺术作品的保护。如设计中追求残缺美的椅子，折断其中一只椅腿，这样的椅子不管其外观设计表达的艺术境界有多高，均不能作为实用性艺术作品获得保护。

除此之外，应用于实用性产品之上的设计应该是可以满足批量生产之设计，适于社会化大生产之设计。一般来说，美术作品具有稀缺性，并不是所有的美术作品都可适用于批量生产。一幅色彩讲究的油画，将其适用于家用电器的外观，由于油画颜料的特殊性不适宜用作批量生产。为了促进工业品的生产与发展，实用性艺术品的保护期限应低于纯美术作品。

虽然实用性艺术作品不能等同于美术作品，但是，实用性艺术作品要求一定的美感。这种美感应低于美术作品的高度，高于某种实用性产品普遍适用的设计即通用设计之高度。美术作品的创作过程通常不受限制，而实用性产品的设计是满足实现产品功能之需求和适用批量生产，但该设计不能是产品功能实现必需的设计或影响批量生产的设计，换言之，实用性产品的设计与产品的实用功能相分离，此时，实用性产品设计的创作空间及创作自由度远远地低于美术作品，又为了确保促进装饰艺术的发展，实用性产品的设计不应是产品通用设计，即该设计需可以反映作者的个性及风格。显然，适用美术作品保护实用性艺术作品会使实用性艺术作品水土不服。

实用性产品设计与产品功能之间相互独立，且可分离时，该设计才可获得保护。通常所理解的分离标准过于注重"分离"的字面含义，事实上，不管是物理性分离或概念上分离，分离标准的目的是排除保护决定实用性产品功能的实现或产品批量生产的设计。换言之，授予该设计以专有权保护将不利于竞争者竞争，阻碍产品的批量生产。从《著作权法》保护实用性艺术作品的目的及思想与表达混合原则视角下分析分离标准，分离标准的实质是在探讨实用性产品的设计是否由产品功能实现所决定或优化批量生产所需，并不复杂和难以界定。因此，实用性艺术作品应作为著作权客体受到《著作权法》的保护。

因此，对于实用艺术作品应通过立法明确其客体地位，原国务院法制办的《著作权法》第三次修改草案送审稿中肯定了实用艺术作品这一称谓，并将其定义为指玩具、家具、饰品等具有实用功能并有审美意义的平面或者立体的造型艺术作品。该款的规定肯定了实用艺术作品独立的客体地位，但未明确实用艺术作品仅是适用于具有实用性功能产品的设计，对产品的实用性功能并不保护。建议该款修改为："实用艺术作品，是指应用于玩具、家具、饰品等实用功能性产品之上具有审美意义或者立体的造型艺术作品。"在保护期限上，因为实用艺术作品是应用于工业品设计之上的作品，过长的期限不利于工业技术的发展，应采用国外实用艺术作品 25 年的保护期限。

四、工业品设计非功能性认定标准的司法适用

（一）商业外观非功能性司法认定标准

美国联邦最高法院在前述 TrafFix 案中缩减了商业外观的保护范围后，依旧保持这种趋势。传统标准或美学标准，不同类型的商业外观适用不同的判断标准。美国法院经过长期的"挣扎"，对于传统非功能性标准与美学功能性基本上形成了相对统一的考量因素。实用功能性标准中四因素的考量没有任一因素是决定性的，需整体衡量各因素。而我国对商业外观非功能性判断如上述不仅混淆了实用性标准与美学性标准，而且该规定只针对立体商标存在原则性的规定，未有考量因素用以指导司法实践。因此，商标法中应该引入非功能性条款作为原则性规定限制具有功能性的包装、装潢和立体商标的商标法或反不正当竞争法的保护。原则性的条款需要有参考因素予以分析证明，法院在司法实务中证明实用功能性时可以参考美国的四因素逐渐形成统一的考量因素。并且为与外观设计非功能性判断形成区分，应明确指出证明实用功能性时，替代性设计的存在不能否定设计的实用功能性。而美学功能性判断可适用竞争必要性标准，通过判断是否是竞争必需的设计来认定是否具有功能性。

对于商业外观的实用功能性，可参照四因素：（1）产品设计是否产生出实用性的优势；（2）是否有可利用的替代性设计；（3）广告宣传是否兜售设

计的实用性优势；（4）特殊的设计是否起因于比较简单或者便宜的生产制造方法。上述任一个因素是非决定性的，所有因素均需考虑。实用性优势的判断的关键不是针对产品本身的实用性，而是诉称受保护的商业外观或商标中具有特定特征或者特征组合的实用性。并且可用的替代性的制造方法不应仅是理论性的或者推测的，而是具有可行性的替代性设计存在使给予这一商业外观保护不会阻碍竞争。[1]四因素标准提供了实用功能性判断的证据链，替代性设计仅是该证据链中的一环，不起决定性作用。换言之，仅提供存在替代性设计的证据并不能证明设计的非功能性。

当美学功能性成为问题的关键时，法院须查明，如果给予商标权人排他性保护是否会使竞争者处于与商誉无关的竞争劣势。美学功能性以竞争必需性为理论基础，竞争者存在可行的替代设计时说明某特征不是竞争所必需的，而不认为具有功能性。但是，在设计已认定为具有实用功能性时，即使替代设计的存在也不能否定设计具有功能性的判定。可见，美学功能性的实质在于认定某项特征是否是竞争必需之特征，在于授予该特征以专有权对竞争影响的考量。

然而，认定美学功能性时应非常谨慎，不能因为产品设计中的美学特征取得了商业成功而自然地否定商标所有者的利益，毕竟美学功能性判断的终极目的是防止"相关市场竞争必需的"设计获得商标法的保护，导致竞争者陷入与商誉无关的竞争劣势，产生不利于自由竞争，制约市场经济发展的后果。

现行《商标法》第12条的规定形式上区分了实用功能性和美学功能性，实际上却混淆了实用功能性与美学功能性的判断标准。在证明是否具有美学功能性时，只有授予某设计特征以商标权保护会使竞争对手陷入与商誉无关的竞争劣势，说明某项设计是竞争必要的设计而不能获得商标权保护，此时替代性设计的存在可证明该项特征不是竞争必要的设计。而证明是否具有实用功能性时，可以参考美国实用功能性的4个考量因素，替代性设计仅是证据链中的一环，需要结合其他因素综合判断。

（二）外观设计专利侵权认定中非功能性特征的判断

我国受欧盟外观设计功能判定标准的影响，引入"视觉关注点"与"设

---

〔1〕 See Disc Golf Ass'n v. Champion Discs, 158 F. 3d 1002 (9th Cir, 1998).

计空间"的考量，在认定是否对整体设计产生"显著影响"时，通常需结合上述因素认定。然而，"视觉关注点"需先认定一般消费者对产品外观设计的视觉关注点，对于消费者经常、容易关注的部位间的区别通常被认定为整体设计效果的影响显著，而相对不经常关注的部位则对整体设计效果的影响并不显著。由此，将外观设计整体设计之比较演变为元素对元素的比较。产品基本功能实现惯用之设计对整体设计的视觉效果不具有显著影响，而剩余部分的区别才决定设计间的不同，却对剩余部分是否与产品衍生功能相关未以分析，此时若剩余部分落入一般消费者视觉关注点时，因剩余部分设计的不同对整体设计具有显著影响而认定设计的不相同、相近似，无疑将导致非功能性的设计受到外观设计专利的保护。

　　设计空间的考量也未能解决元素与元素比较及"显著影响"判断方法的弊端，虽然，受产品功能限制必需之特征的设计空间小，此时即使差别微小时亦可获得外观设计专利法的保护。但是，从我国司法实践来看，设计空间的因素的考量存在诸多问题。设计空间的考察未形成统一的适用对象及适用条件，如工具车案，因受手推车基本功能限制，设计空间有限，设计中细微的差别认定对整体设计视觉效果具有显著影响。但在风轮案中，受风车风力方向的限制，导致扇叶设计空间有限，法院未分析因受设计空间限制的扇叶间是否存在区别，而直接认定受非功能性限制的扇叶方向的不同对整体设计视觉效果不具有显著影响。[1]由此，增加了设计空间因素适用的结果不确定性。

　　对比美国的司法实践，"法院判断非功能性时应采取的步骤：（1）把产品分解至最小的独立单元，在进行单元和单元结合时可以看出变换的设计能否和相邻单元进行结合。（2）考察每一个独立单元所具有的实用（技术）功能，重点考察是否有实现该技术功能的替代设计。（3）把所有的单元结合起来，从整体上分析该设计是功能性的还是装饰性的"[2]。非功能性的分析应该建立在对产品整体外观的判断的基础上，不能仅仅因为一个或多个微小的设计是出于功能性目的而否定设计的有效性。但是，如果个别特征是主要由功能性决定，并且该特征对整体设计的新颖性、原创性、装饰性和创造性起

----

〔1〕　W X 13585 号无效决议。

〔2〕　吴大章主编：《外观设计专利实质审查标准新讲》，知识产权出版社 2013 年版，第 26 页。

决定作用，则此设计不能授予外观设计专利。

由于产品设计不仅可以获得商标法的保护还可获得外观设计专利法的保护，对比各权利保护期限可知商标权可以无限延续，因此商标法上如何适用"非功能性"标准确定商标法的保护范围就显得至关重要。由此可避免将具有实用功能性或者美学功能性的产品设计纳入保护范围，造成永久的垄断。对比外观设计专利非功能性标准与商标法与反不正当竞争法非功能性判断标准可知，前者非功能性定义的范围应该窄于后者。换言之，存在其他可以实现同样或类似功能的外形设计，不构成外观专利保护的障碍，但该外形可能构成商标法和反不正当竞争法意义上的非功能性外观。商业外观非功能性判断标准，应秉承商标法仅对提供"指示来源"功能的标志提供保护的立法目的，非功能性与装饰性共存的设计，应该交由外观设计专利法提供保护。由此达到划清各自的保护范围的目的，避免商标保护与外观设计专利保护的交叉重叠。

（三）实用艺术作品中分离标准的适用

如果授予某项设计以著作权保护将阻碍不使用该设计时产品的生产效率，意味着该设计是产品功能性实现所需要之设计，此便不能获得《著作权法》的保护。从另一方面讲，实用艺术作品的艺术性与实用性无法分离导致思想与表达混合而不能获得《著作权法》的保护。通常，思想与表达混合原则排除《著作权法》对思想的保护，产品的实用功能性作为思想的一种，同样地可适用此原则排除对其的保护。

尽管分离标准可以通过不同的方法判断，但是每种判断方法的本质是衡量实用性产品的设计是否落入思想的范畴。《著作权法》拒绝授予传达思想或提供实用功能性目的的表达以著作权保护，以防著作权的授予使权利人对思想或实用性功能的垄断。思想与表达混合原则作为《著作权法》的"守门将"，保护公众对思想和未获专利保护实用性产品的自由使用。[1]在思想仅有一种或少有的几种表达方式时，发生了思想与表达的混合，此时该表达不能获得《著作权法》的保护。

在判断产品的设计与实用功能性分离时，《著作权法》的态度与《商标

---

〔1〕 See Susan Scafidi, "The Global Contours of IP Protection for Trade Dress, Industrial Design, Applied Art, and Product Configuration", *20 Fordham Intell. Prop. Media & Ent. L. J.*, Vol. 795, 2010, p. 808.

法》一致，对产品功能实现必需之设计均排除保护。此时，替代性设计仅是判断实用性与非功能性证据链中的一环，并不能起决定性作用。在认定产品具有实用功能性后，即使存在替代性设计可实现同样的功能亦不能获得《著作权法》的保护。因为对该设计的垄断等同于对产品实用功能的垄断，《著作权法》以保护艺术性表达为立法基础，拒绝对任何实用功能性的保护。

因此，实用性艺术作品获得著作权保护需满足三个条件。

第一，实用性艺术作品的对象需是实用性产品；具有实用功能性是指实用性艺术产品的实用性可以为社会公共提供价值或带来便利，仅是满足思想层面的愉悦感并不能被认定为具有实用性，如简单的布偶。

第二，实用性产品的设计与产品的实用性功能可以在物理性或概念上可以分离；换言之，产品设计的目的不是实现产品的实用性，而是为了增加产品的装饰性艺术。产品功能实现之设计属于专利法保护的思想范畴，《著作权法》仅保护美学性表达，在表达与思想混合时，《著作权法》亦不能提供保护。也就是在不使用产品某项设计时，阻碍产品的有效生产或功能的实现，对该项设计的垄断等同于对产品功能的垄断，此时，著作权排除对该设计的保护。《著作权法》所保护的设计是在保证产品功能正当实现的情况下，创作者所做出的不追求产品功能优化或提高生产效率的任意性选择之设计。

第三，对于非实用性美学之设计，实用性艺术作品获得《著作权法》保护时需达到一定的美学高度。《著作权法》虽然没有明确规定排除对于竞争必需之设计提供《著作权法》保护，实用性艺术作品获得著作权保护需符合独创性的要求，虽然并不要求实用性艺术作品要达到美术作品独创性之高度，但是实用性艺术作品需达到一定的美学高度。一定美学高度可以用是否与该产品惯常设计一致进行判断，不同于产品惯常采用的设计即可认为实用性艺术作品符合《著作权法》独创性要求。如纯粹从美学角度考虑，往往会产生美学标准不一，造成实用美术作品不能得到充分保护的后果。而竞争必需性设计可能与惯常设计发生重合，此时竞争必需性设计亦不能获得《著作权法》保护。因此，《著作权法》无需明确规定对竞争必需性设计保护的排除，实用性作品独创性之要求即可防止竞争必需性设计的著作权保护。商标法之所以需要明确禁止对竞争必需性设计的保护是因为商业标识在满足指示来源具有显著性后便可获得保护，需要通过非功能性禁止要件的明确规定排除对竞争必需性设计的保护。

　　工业品设计非功能性理论不仅涉及事实认定，更体现法律的价值判断。现实中具有功能性的工业品设计未必不可获得知识产权法的保护，为了实现产品功能的技术发明在满足发明、实用新型专利实用性要件时可获得保护。而有些情况下，即使具有显著性，或包含装饰性，或与产品实用性特征相分离亦不能获得知识产权法的保护。由于在特定情形下，工业品功能的实现依赖于特定的外形或结构，此时，需要从法律层面保证此种外形或结构未得到发明、实用新型专利授权时，留在公有领域供社会公众自由使用。

　　知识产权视野下工业品设计非功能性理论，一方面为了确保功能性设计是发明、实用新型专属保护领域，另一方面维护创新者、竞争者与公共利益之间的利益平衡。知识产权作为一项民事权利，不可避免地具有私权属性，即受权利主体追求自身利益最大化的心理驱使，势必将不断寻求权利保护范围的扩大。然而，由于知识产权的客体具有无形性，很难形成清晰的权利边界，因此需要法律规定予以明确。依据工业品设计非功能性理论，明确知识产权各部门法不能提供保护的非功能性设计从而避免与发明、实用新型专利的冲突，维持知识产权法的平衡。

　　由于工业品设计的特殊性，可以适用不同部门法交叉保护。但是，工业品设计是对工业品外观以美学装饰性为目的的设计，其获得知识产权保护的前提条件是需为非功能性工业品设计。TRIPs 协议中规定了对工业品设计的最低保护标准及权利保护的限制。其中，工业品设计授权要件规定"成员国对工业品设计的保护不得给予由技术或非功能性因素决定的设计"。而设立"非功能性"授权要件的目的一方面是防止与发明、实用新型专利冲突，另一方面是维持权利保护与自由竞争之间的平衡。从工业品设计的保护体系来看，工业品设计功能理论正是要求各部门法以非功能性为禁止授权要件，从而维持工业品不同部门法之间的利益平衡。

　　然而，知识产权不同部门法之立法目的不同，在适用工业品设计非功能性理论时，作为授权要件的非功能性，在不同部门法中具体类型及判断标准却不尽相同。本书采用历史研究、实证分析与比较研究的方法，从工业品设计作为设计学科出现，到设计美学发展史为背景，分析工业品设计非功能性理论发生改变的原因，以及在不同部门法中如何适用，对比各国对工业品设计采取的不同保护方式与不同保护方式下非功能性判断方法的不同，以期在完善我国工业品设计立法保护的基础上，进一步完善各部门法中工业品设计非功能性理论的适用。

　　本书在工业品设计非功能性理论视角下，分析了知识产权不同部门法对非功能性理论的理解与适用，并提出完善意见。商标法与反不正当竞争法中应增加非功能性条款，适用于商品包装、装潢，立体商标，颜色组合商标，声音商标等非文字商标，审查其是否具有非功能性特征。商标法与反不正当竞争法中的非功能性可分为实用功能性与美学功能性两类。其中，实用功能性的认定需适用四因素整体、综合判断，替代性设计的存在并不能证明设计具有非实用功能性。而美学功能性实质上是分析是否为竞争必需之设计，从而替代性设计存在即可证明非功能性。由于商标权利的取得以是否可以指示来源为要件，非功能性条款作为禁止显著性标识获得商标法或反不正当竞争法保护之要件，防止商标权的无限扩张。而《著作权法》以排除对思想保护为基本原则，在表达与实用性抽象思想混合时，该表达亦不能获得保护，在工业品的设计影响产品功能实现或批量生产时不能获得保护，换言之，设计需是与产品功能实现无关的任意性设计。然而，以促进装饰性工业品设计发展为立法目的的外观设计专利，仅排除完全由产品功能性决定之设计，即存在替代性设计即可证明设计并非完全由产品功能决定。对于非功能性与美学性同时存在的设计，外观设计专利可提供保护。

　　限于阅读范围和研究能力，本书对工业品设计非功能性理论仍存在一些不足。由于对国外有关资料的搜集还不够充分，对一些具体问题没有深入的分析。例如，欧盟对工业品适用单独的设计法保护，在一些成员国排斥《著作权法》与设计法的交叉保护，而不排除著作权与设计法交叉保护的国家，采用分离标准判断工业品设计是否可获得《著作权法》的保护。由于对涉及的相关判例引证不够充分，在一定程度上造成了比较研究的障碍，未能很好地进行比较研究，未能对该制度形成准确的理解和清晰的认识，不利于我国工业品设计保护的借鉴和完善。本书在理论探索的广度和深度上，在对司法实践的实证研究方面都还有拓展空间。希望本书从工业品设计非功能性理论视角对不同语境下工业品设计功能理论适用的研究，成为构建工业品设计非功能性理论体系的有益尝试。

一、著作及译著类

1. 郑成思:《版权法》,中国人民大学出版社 2009 年版。

2. 吴汉东主编:《知识产权制度基础理论研究》,知识产权出版社 2009 年版。

3. 吴汉东:《知识产权多维度学理解读》,中国人民大学出版社 2014 年版。

4. 吴汉东、胡开忠:《无形财产权制度研究》,法律出版社 2005 年版。

5. 冯晓青:《知识产权法利益平衡理论》,中国政法大学 2006 年版。

6. 孔祥俊:《知识产权法律适用的基本问题——司法哲学、司法政策与裁判方法》,中国法制出版社 2013 年版。

7. 孔祥俊:《商标与不正当竞争法原理和判例》,法律出版社 2009 年版。

8. 何敏:《知识产权基本理论》,法律出版社 2011 年版。

9. 王迁:《知识产权法教程》,中国人民大学出版社 2014 年版。

10. 王迁:《知识产权法教程》,中国人民大学出版社 2011 年版。

11. 黄武双、刘维等著译:《商标共存:原理与判例》,法律出版社 2013 年版。

12. 王莲峰:《商业标识立法体系化研究》,北京大学出版社 2009 年版。

13. 陶鑫良、袁真富:《知识产权法总论》,知识产权出版社 2005 年版。

14. 黄晖:《商标法》,法律出版社 2004 年版。

15. 肖志远:《知识产权权利属性研究——一个政策维度的分析》,北京大学出版社 2009 年版。

16. 罗传伟:《商业外观保护的法律制度研究》,知识产权出版社 2011 年版。

17. 胡充寒:《外观设计专利侵权判定理论与实务研究》,法律出版社 2010 年版。

18. 杜颖:《社会进步与商标观念:商标法律制度的过去、现在和未来》,北京大学出版社 2012 年版。

19. 丁丽瑛:《知识产权法》,厦门大学出版社 2007 年版。

20. 黄海峰:《知识产权的话语与现实——版权、专利与商标史论》,华中科技大学出版社

2011 年版。

21. 张广良主编：《外观设计的司法保护》，法律出版社 2008 年版。

22. 李明德：《美国知识产权法》，法律出版社 2014 年版。

23. 罗晓霞：《竞争政策视野下商标法理论研究——关系、协调及制度构建》，中国政法大学出版社 2013 年版。

24. 尹新天：《中国专利法详解》，知识产权出版社 2011 年版。

25. 彭学龙：《商标法的符号学分析》，法律出版社 2007 年版。

26. ［德］迪特尔·梅迪库斯编：《德国民法总论》，邵建东译，法律出版社 2000 年版。

27. 国家知识产权局条法司编著：《〈专利法〉第三次修改导读》，知识产权出版社 2009 年版。

28. 杜颖、易继明译：《日本专利法》，法律出版社 2001 年版。

29. 叶若思：《商业外观权研究》，法律出版社 2010 年版。

30. 张玉敏主编：《知识产权理论与实务》，法律出版社 2003 年版。

31. 邓宏光：《商标法的理论基础：以商标显著性为中心》，法律出版社 2008 年版。

32. 冯晓青：《知识产权权属专题判解与学理研究（第 2 分册）》，中国大百科全书出版社 2010 年版。

33. 黄茂荣：《法学方法与现代民法》，中国政法大学出版社 2001 年版。

34. 许中缘：《体系化的民法与法学方法》，法律出版社 2007 年版。

35. 应振芳：《外观设计研究》，知识产权出版社 2008 年版。

36. 郑其斌：《论商标权的本质》，人民法院出版社 2009 年版。

37. 许颖辉：《备受争议的知识产权》，世界知识出版社 2010 年版。

38. 余明阳主编：《品牌学》，安徽人民出版社 2002 年版。

39. 崔立红：《商标权及其私益之扩张》，山东大学出版社 2003 年版。

40. 蒋志培编著：《知识产权法律适用与司法解释》，中国法制出版社 2002 年版。

41. 张锐、张燚：《品牌学——理论基础与学科发展》，中国经济出版社 2007 年版。

42. 周云主编：《品牌学——原理与实务》，清华大学出版社、北京交通大学出版社 2008 年版。

43. ［澳］彼得·德霍斯：《知识财产法哲学》，周林译，商务印书馆 2008 年版。

44. ［美］威廉·M. 兰德斯、理查德·A. 波斯纳：《知识产权法的经济结构》，金海军译，北京大学出版社 2005 年版。

45. ［澳］布拉德·谢尔曼、［英］莱昂内尔·本特利：《现代知识产权法的演进：英国的历程 1760——1911》，金海军译，北京大学出版社 2012 年版。

46. ［日］富田彻男：《市场竞争中的知识产权》，廖正衡等译，商务印书馆 2000 年版。

47. ［奥地利］博登浩森：《保护工业产权巴黎公约指南》，汤宗舜、段瑞林译，中国人民大学出版 2003 年版。

二、中文学术论文

1. 凌宗亮："论立体商标的非功能性——兼谈我国《商标法》第 12 条的完善"，载《电子知识产权》2010 年第 3 期。

2. 袁博："论立体商标的注册条件——非功能性和显著性"，载《中华商标》2013 年第 3 期。

3. 李秀娟："外观设计中的功能特征分析兼评最高人民法院'风轮'案"，载《电子知识产权》2012 年第 7 期。

4. 王鹏等："功能性外观应排除在外观设计专利保护范围之外"，载《人民司法》2009 年第 16 期。

5. 张晓都："专利法外观设计定义中'富有美感'含义的修正及具体适用的建议"，载国家知识产权局条法司编：《专利法研究（2012）》，知识产权出版社 2013 年版。

6. 丁丽瑛："略论实用艺术品独创性的认定"，载《法学评论》2005 年第 3 期。

7. 管育鹰："实用艺术品法律保护路径探析——兼论《著作权法》的修改"，载《知识产权》2012 年第 7 期。

8. 杨凤云："谈外观设计中功能与装饰的关系"，载《知识产权》2012 年第 12 期。

9. 杨凤云、官墨蓝："非功能性外观设计特征的判定原则管窥"，载《科技与法律》2012 年第 2 期。

10. 徐恒醇："现代产品设计的美学视野——从机器美学到技术美学和设计美学"，载《装饰》2010 年第 4 期。

11. 胡鸿高："论公共利益的法律界定——从要素解释的路径"，载《中国法学》2008 年第 4 期。

12. 冯晓青："知识产权法与公共利益探微"，载《行政法学研究》2005 年第 1 期。

13. 白志昀、徐瑾、高雁："失效的外观设计是否可自由使用——当外观设计遇到实用艺术品"，载《专利代理》2015 年第 1 期。

14. 任寰："论知识产权法的利益平衡原则"，载《知识产权》2005 年第 3 期。

15. 孔祥俊："商标权属性及其与商标权保护的关系"，载《人民司法》2009 年第 17 期。

16. 孔祥俊："论我国商标司法的八个关系——纪念《商标法》颁布 30 周年"，载《知识产权》2012 年第 7 期。

17. 孔祥俊："知识产权审判践行司法公正"，载《人民司法》2013 年第 15 期。

18. 刘维："外观设计专利失效后的司法保护研究——以美国案例法为中心"，载《台湾法学杂志》第 206 期。

19. 徐晓雁、张鹏："外观设计专利权的扩张与限缩——以外观设计专利权与其他知识产权的边界为视角",载《科技与法律》2014 年第 4 期。

20. 王迁:"论著作权法保护工业设计图的界限——以英国《版权法》的变迁为视角",载《知识产权》2013 年第 1 期。

21. 流云:"立体商标、颜色商标欧洲考察实录(一)",载《中华商标》2003 年第 1 期。

22. 流云:"立体商标、颜色商标欧洲考察实录(二)",载《中华商标》2003 年第 2 期。

23. 流云:"立体商标、颜色商标欧洲考察实录(三)",载《中华商标》2003 年第 3 期。

24. 流云:"立体商标、颜色商标欧洲考察实录(四)",载《中华商标》2003 年第 4 期。

25. 张玉敏、凌宗亮:"商标权效力范围的边界与限制",载《人民司法》2012 年第 17 期。

26. 张玉敏:"诚实信用原则之于商标法",载《知识产权》2012 年第 7 期。

27. 张玉敏:"维护公平竞争是商标法的根本宗旨——以《商标法》修改为视角",载《法学论坛》2008 年第 2 期。

28. 刘宇晖、梁平:"外观设计的多重保护——兼谈我国知识产权各法的修订",载《电子知识产权》2008 年第 1 期。

29. 李顺德:"立体商标和颜色组合商标的注册保护",载《中华商标》2002 年第 4 期。

30. 李顺德:"立体商标的来源和发展",载《中华商标》2002 年第 4 期。

31. 杜颖:"单一颜色商标注册问题研究——以美国法为中心的比较分析",载《法学评论》2009 年第 1 期。

32. 吴伟光:"商业外观的法律保护——以保护来源标识功能为原则",载《清华法学》2009 年第 6 期。

33. 芮松艳:"三维标志的显著性及美学功能性的判断",载《工商行政管理》2015 年第 19 期。

34. 冯术杰:"论立体商标的显著性认定",载《法学》2014 年第 6 期。

35. 黄晖:"三维立体保护——商品及包装外形功能性对商标保护的影响",载《国际贸易》2001 年第 7 期。

36. 杨红军:"欧美限制商标权利新动向",载《中国商标》2006 年第 2 期。

三、中文学位论文

1. 叶赟葆:"抗辩视角下商标权限制体系研究",华东政法大学 2014 年博士学位论文。

2. 潘晓宁:"商标权限制制度比较研究——以美国法和欧盟法为中心",华东政法大学 2010 年博士学位论文。

3. 刘维:"商标财产论",华东政法大学 2014 年博士学位论文。

4. 黄晖:"商标权利范围的比较研究——从混淆的可能到联想的可能",中国社会科学院 2000 年博士学位论文。

5. 徐聪颖:"论商标的符号表彰功能",西南政法大学 2011 年博士学位论文。

6. 鲍懿喜："工业设计的视觉文化研究——以产品的视觉性和文化实践为视域"，华东师范大学 2013 年博士学位论文。

7. 李东海："商标权边界研究"，西南政法大学 2014 年博士学位论文。

8. 湛茜："非传统商标国际注册问题研究"，复旦大学 2012 年博士学位论文。

9. 张惠彬："商标财产化研究"，西南政法大学 2014 年博士学位论文。

10. 费安玲："著作权的权利体系研究——以原始性利益人为主线的理论探讨"，中国政法大学 2004 年博士学位论文。

四、中文判决类

1. 北京市高级人民法院（2012）高行终字第 1750 号行政判决书。

2. 专利复审委员会第 15579 号无效宣告请求审查决定。

3. 专利复审委员会第 15820 号无效宣告请求审查决定。

4. 专利复审委员会第 14759 号无效宣告请求审查决定。

5. 辽宁省高级人民法院（2007）辽民四终字第 161 号民事判决书。

6. 北京市高级人民法院（2002）高民终字第 279 号民事判决书。

7. 最高人民法院（2013）民申字第 1361 号民事裁定书。

8. 广西壮族自治区高级人民法院（2007）桂民三终字第 62 号民事判决书。

9. 北京市第二中级人民法院（2008）二中民初字第 12293 号民事判决书。

10. 北京市高级人民法院（2002）高民终字第 279 号民事判决书。

11. 北京市第二中级人民法院（2006）二中民初字第 7070 号民事判决书。

12. 北京市第二中级人民法院（2008）二中民初字第 12293 号民事判决书。

13. 北京市第一中级人民法院（2010）一中民初字第 16813 号民事判决书。

14. 北京市第一中级人民法院（2009）一中民初字第 05642 号民事判决书。

15. 北京市第二中级人民法院（2008）沪二中民五（知）初字第 187 号民事判决书。

16. 重庆市高级人民法院（2005）渝高法民终字第 194 号民事判决书。

17. 上海市高级人民法院（2005）沪高民三（知）终字第 151 号民事判决书。

18. 上海市高级人民法院（2004）沪高民三（知）终字第 27 号民事判决书。

19. 湖南省高级人民法院（2011）湘高法民三终字第 40 号民事判决书。

20. 山东省烟台市中级人民法院（2006）烟民三初字第 4 号民事判决书。

21. 山东省东营市中级人民法院（2006）东民三初字第 22 号民事判决书。

22. 广东省广州市中级人民法院（2011）穗中法民三初字第 589 号民事判决书。

23. 广东省高级人民法院（2012）粤高法民三终字第 399 号民事判决书。

24. 江苏省常州市中级人民法院（2012）常知民初字第 31 号民事判决书。

25. 西安市中级人民法院（2007）西民四初字第 213 号民事判决书。

26. 福建省高级人民法院 (2007) 闽民终字第 459 号民事判决书。

五、外文网站类

1. Charles E Bruzga、Debolina Kowshik："Design Patent Infringement Standards"，载 http://aboutiplaw. com/noteworthy/patent-noteworthy/468/.

2. George Cox, The Cox Review of Creativity in Business："Buildingon the UK's Strengths"，London：HM TREASURY (2005)，载 https://ifacca. org/news/2005/12/01/cox-review-of-creativityin-business/.

3. Ravi Sawhney、Deepa Prahalad："The Role of Design in Business，Businessweek"，载 http://www. businessweek. com/innovate/content/jan2010/id2O100127_ 743970. htm.

4. Tony Dutra："Apple ＄548M Patent Win Against Samsung Survives Appeal，But No Trade Dress Award"，载 http://www. bna. com/apple-548m-patent-n17179926962/.

六、外文判决类

1. In re Morton-Norwich Products Inc. 671 F. 2d 1332 (1982).

2. Traf FIx Devices, Inc. v. Mktg. Displays, Inc., 532 U. S. 23, 34, 2001.

3. L. A. Gear Inc. v. Thom McAn Shoe Co., 988 F. 2d 1117, 1123, 25 USPQ2d 1913, 1917 (Fed. Cir. 1993).

4. Baker v. Selden, 101 U. S. 99 (1879).

5. Nichols v. Universal Pictures Corp., 45 F. 2d 119 (2d Cir. 1930).

6. Morrissey v. Procter& Gamble Co., 379 F. 2d 675 (1st Cir. 1967).

7. In re Fisher, 421 F. 3d 1365, 1371, 76 USPQ2d 1225, 1230 (Fed. Cir. 2005).

8. Brenner v. Manson, 383 U. S. 519, 534-35, 148 USPQ 689, 695 (1966).

9. Qualitex Co. v. Jacobson Prods. Co., 514U. S. 159, 164-65 (1995).

10. Two Pesos, Inc. v. Taco Cabana, Inc., 505 U. S. 763, 774 120L. Ed. 2d 615, 112 S. Ct. 2753 (1992).

11. Masquerade Novelty, Inc. v. Unique Indus., 912 F. 2d 663, 669 (3d Cir. 1990).

12. Wal-Mart Stores, Inc. v. Samara Bros., 529 U. S. 205, 54USPQ2d 1065 (2000).

13. Talking Rain Beverage Co. v. South Beach Beverage Co., 349 F. 3d 601. 605 n. 2. 68 U. S. P. Q. 2d 1764 (9th Cir. 2003).

14. Marvel Co. v. Pearl, 133 F. 160 (2d Cir. 1904).

15. Pope Automatic Merchandising Co. v. McCrum-Howell Co, 191 F. 979, 982 (7th. 1911).

16. Inwood Labs. v. Ives Labs., 456 U. S. 844 (1982).

17. Warner Bros. , Inc. v. Gay Toys, Inc. , 724 F. 2d at 331.

18. In Zippo Manufacturing Co. v. Zippo Dot Lom, Inc. , 952 F. Supp. 1119（W. D. Pa. 1997）.

19. ASICS Corp. V. Target Corp. , 282 F. Supp. 2d 1020, 67 U. S. P. Q. 2d 1835（D. Minn. 2003）.

20. In re Babies Beat, Inc. , 13 U. S. P. Q.

21. In re Witco Corp. , 14 U. S. P. Q. 2d 1557（T. T. A. B. 1989）.

22. In re Howard Leight Indus. LLC, 80 U. S. P. Q. 2d（BNA）1507, 1518（T. T. A. B 2006）.

23. Kistner Concrete Products, Inc. v. Contech Arch Technologies, Inc. , 97 U. S. P. Q. 2d 1912, 1930, 2011 WL481339（T. T. A. B. 2011）.

24. Motorola Inc. v. Alexander Mfg. Co. , 786 F. Supp. 808, 21 USPQ2d 1573（N. D. Iowa 1991）.

25. Hupp v. Siroflex, 122 F. 3d 1456, 43 USPQ2d 1887（Fed. Cir. 1997）.

26. Power Controls Corp. v. Hybrinetics, Inc. , 806 F. 2d 234, 238, 231 USPQ 774, 777（Fed. Cir. 1986）.

27. Rosco, Inc. v. Mirror Lite Co. , 304 F. 3d 1373, 64 USPQ2d 1676（Fed. Cir. 2002）.

28. Barofsky v. General Elec. Corp. , 396 F. 2d 340, 158 USPQ 178（9th Cir. 1968）.

29. Blisscraft of Hollywood v. United Plastic Co. , 189 F. Supp. 333, 337, 127 USPQ 452, 454（S. D. N. Y. 1960）.

30. In re carletti, 328 F. 2d 1020, 140 USPTO 653, 654（CCPA 1964）.

31. L. A. Gear Inc. v. Thom McAn Shoe Co. , 988 F. 2d 1117, 1123, 25 USPQ2d 1913, 1917（Fed. Cir. 1993）.

32. Daka Research Inc. v. Ampel 24 Vertriebs-GmbH & Co. KG, OHIM, Third Board ofAppeal, 1 Dec. 2005, Case R 196/2006-3.

33. Jose Mallent Castello v. 3M Innovative Properties Co. , OHIM, Third Board of Appeal, 14 June 2004, ICD 40, 19.

34. Gorham Co. v. White, 81 U. S. 511, 528（1871）.

35. Egyptian Goddess, Inc. v. Swisa, Inc. , 2007 U. S. App. LEXIS 27456,（Fed. Cir. Nov. 26, 2007）.

36. Feist Publ'ns, Inc. v. Rural Tel. Serv. Co. , Inc. , 499 U. S. 340, 345（1991）.

37. Autoskill, Inc. v. Nat'l Educ. Support Sys. , Inc. , 793 F. Supp. 1557, 1564（D. N. M. 1992）.

38. Mazer v. Stein, 347 U. S. 201, 221（1954）（Douglas, J. , dissenting）.

39. Ted Arnold, Ltd. v. Silvercraft, 259 F. Supp. 733, 735（S. D. N. Y. 1966）.

40. Varsity Brands Inc v Star Athletica LLC, 2015 WL 4934282.

41. Home Legend, LLC v. Mannington Mills, Inc. , 784 F. 3d 1404, 1413（11th Cir. 2015）.

42. L. D Kichler Co. v. Davoil Inc. , 192 F 3d. 1349, 52 U. S. P. Q. 2d 1307（Fed. Cir. 1999）.

43. Jay Franco & Son, Inc. v. Frank, 615 F 3d. 855, 860, 96 U. S. P. Q. 2d 1404（7th Cir,

2010).

44. Jay Franco & Sons, Inc. v. Franek, 615 F. 3d 855. 860. 96 U. S. P. Q. 2d 1404 (7th Cir. 2010).

45. In re Royal Applicance Mfg, Co., 1996 TTAB LEXIS 64 (T. T. A. B. 1996).

46. Redlich Mfg. Co. v. John H. Rice & Co. (D. C.) 203 F. 722.

47. Ainsworth v. Gill Glass & Fixture Co., 26 F. Supp. 183, 186-87 (E. D. Pa. 1938).

48. Yankee Candle Co. v. Bridgewater Candle Co., 259 F. 3d 25, 42, 59 U. S. P. Q. 2d 1720 (1st Cir. 2001).

49. Publications Int'l, Ltd. v. Landoll, Inc., 164 F. 3d 337, 339, 49 U. S. P. Q. 2d 1139 (7th Cir. 1998).

50. Jay Franco & Son, Inc. v. Franek, 615 F. 3d 855. 860, 96 U. S. P. Q. 2d 1404 (7th cir. 2010).

51. W. T. Rogers Co., Inc. v. Keene, 778 F. 2d 334, 340, 228 U. S. P. Q. 145 (7th Cir. 1985).

52. Ashley Furniture Indus., Inc. v. Sangiacomo N. A. Ltd., 187 F. 3d 363, 376, 51 U. S. P. Q. 2d 1609 (4th Cir. 1999).

53. Knitwaves. Inc. v. Lollytogs Ltd., 71 F 3d 996, 36 U. S. P. Q. 2d 1737 (2d Cir. 1995).

54. Wallace Int'l Silversmiths, Inc. v. Godinger Silver Art Co., 916 F. 2d 76, 80, 16 U. S. P. Q. 2d 1555 (2d Cir. 1990).

55. Christian Louboutin S. A. v. Yves St. Laurent Am. Holding, Inc., 696 F. 3d 206, 103 U. S. P. Q. 2d 1937 (2d Cir. 2012).

56. Best Cellars, Inc. v. Wine Made Simple, Inc., 320 F. Supp. 2d 60 (S. D. N. Y. 2003).

57. Brandir Int'l, Inc. v. Cascade Pac. Lumber Co., 834 F. 2d 1142, 1143 (2d Cir. 1987).

58. Magnussen Furniture, Inc. v. Collezione EuropaUSA, Inc., 43 U. S. P. Q. 2d1218, 1219 (4th Cir. 1997).

59. In re Dennison Mfg. Co. 17 CCPA 987, 988, 39 F. 2d 720, 721, 5 USPQ 316, 317 (1930).

60. James Heddon's Sons v. Millsite Steel & Wire Works, Inc. 128 F. 2d 6, 13 (6th Cir. 1942).

61. Lektro-Shave Corp. v. General Shaver Corp., 19 F. Supp. 843, 843 (D. Conn, 1937).

62. In Keene Corp. v. Paraflex Industries, Inc. 653 F. 2d 822. (3th Cir, 1989).

63. Au-Tomotive Gold v. Volkswagen of America, Inc., 457 F. 3d 1062, 1072, 80 U. S. P. Q. 2d 1293 (9th Cir. 2006).

64. Valu Eng'g, Inc. v. Rexnord Corp., 278 F. 3d 1268, 1277 (Fed Cir. 2002).

65. Abercrombie & Fitch Co. v. Hunting World, Inc., 537 F. 2d 4, 9 (2d Cir. 1976).

66. Clorox Co. v. Sterling Winthrop, Inc. 117 F. 3d 50, 56 (2d Cir. 1997).

67. Berry Sterling Corp. v. Pescor Plastics, Inc., 122 F. 3d1452, at 1456 (Fed. Cir. 1997).

68. PHG Techs. , LLC v. St. JohnCos. , 469 F. 3d 1361, at 1366 (Fed. Cir. 2006).

69. High Point Design LLC v. Buyers Direct, Inc. , 730 F. 3d 1301, at 1316 (Fed. Cir. 2013).

70. California Crushed Fruit Corp. v. Taylor Beverage& Candy Co. , 38F. 2d 885, (1930).

71. CJEU Case C-205/13-Hauck v. Stokke.

72. CJEU Cases C-299/99-Philips v. Remington and C-48/09 P-Lego Juris v. OHIM.

73. Disc Golf Ass'n v. Champion Discs, 158 F. 3d 1002 (9th Cir, 1998).

74. Prufrock Ltd Inc. v Lasater, 781 F. 2d 129 (8th Cir. 1986).

七、外文论著类

1. Anne Gilson LaLonde, *Gilson on Trademarks*, Mattew Bender and Company, 2015.

2. J. Thomas McCarthy, *McCarthy on Trademarks & Unfair Competition*, Clark Boardman Callaghan, 1996.

3. Paul Goldstein, R. Reese, *Copyright, Patent, Trademark and Related State Doctrines: Cases Materials on the Law of Intellectual Porperty*, University Casebook Series Fourth Edition, Foundation Press, 2016.

4. Paul Goldstein, *Copyright 2th ed*, Aspen Law & Business, 2002.

5. Robert C. Dorr and Christopher H. Munch, *Trade Dress Law*, Aspen Law & Business, 2001.

6. William E. Levin, *Trade Dress Protection*, Thomson Reuters, 2014.

7. R. Carl Moy, *Moy's Walker on patents*, Thomson Reuters, 2015.

8. David C. Hilliard, Joseph Nye Welch Ⅱ, *Uli Widmaier: Trademarks and unfair competition 9th ed*, LexisNexis.

9. Amy L. Landers, *Understanding patent law*, LexisNexis, 2012.

10. Louis Altman, *Callmann on unfair competition*, trademarks and monopolies 4th ed Thomson Reuters, 2015.

11. G. Peter Albert, Jr. , *Intellectual Property Law in Cyberspace*, The Bureau of National Affairs, 2015.

12. Guy Tritton, *Intellectual Property in Europe, 2nd edition*, London: Sweet & Maxwell, 2002.

13. Ernest Bainbridge Lipscomb, *Patent Claims*, Thomson Reuters, 2015.

14. Jeffery L. Meikle, *Twentieth century limited: industrial design in America, 1925-1939*, Temple University Press, 1979.

15. Adrian forty, *objects of desire: design and society since 1750*, Thames & Hudson, 1992.

八、外文论文类

1. Apostolos Chronopoulos, "Trade dress rights as instruments of monopolistic competition: towards

a rejuvenation of the misappropriation doctrine in unfair competition law and a property theory of trademarks", *Marquette Intellerctual Property Law Review*, Vol. 16, No. 16., 2012.

2. Mark Alan Thurmon, "The Rise and Fall of Trademark Law's Functionality Doctrine", Florida Law Review, Vol. 56, No. 2, 2004.

3. JasonJ. DuMont', MarkD. Jani, "Functionality in design protection systems", *Journal of Intellectual Property Law*, Vol. 19, No. 2, 2012.

4. Sepehr Shahahahani, "The design of useful article exclusion: a way out of mess", *Journal of the Copyright Society of the USA*, Vol. 57, No. 4, 2010.

5. J. H. Reichman, "Design protection and the new technologies: the united states experience in a transnational perspective", *University of Baltimore Law Review*, Vol. 19, No. 1., 1989–1990.

6. Orit Fischman Afori, "The Global Contours of IP Protection for Trade Dress, Industrial Design, Applied Art, and Product Configuration", *Fordham Intellectual Property*, *Media & Entertainment Law Journal*, Vol. 20, No. 3., 2010.

7. WendyJ. Gordon: The Global Contours of IP Protection for Trade Dress, Industrial Design, Applied Art, and Product Configuration, 20 Fordham Intell. Prop. Media & Ent. L. J. 783, P800–810.

8. Laurence R. Helfer, "Adjudicating Copyright Claims Under the TRIPs Agreement: The Case for European Human Rights Analogy", *Harvard International Law Journal*, Vol. 39, No. 2., 1998.

9. Audrey A. Horton, "Industrial design law: the future for Europe", *European Intellectual Property Review*, Vol. 13, No. 12., 1991.

10. J. H. Reichman, "Design protection in domestic and foreign copyright law: from the berne revision of 1948 to the copyright act of 1976", *Duke Law School*, Vol. 32, No. 6., 1983.

11. GraemeB. Dinwoodie, "Trade Dress Protection and the Functionality Doctrine", 5 Int'l Intell. Prop. L. & Pol'y 16–1 2003.

12. Christopher V. Carani, "Design Patent Functionality A Sensible Solution", 7 Landslide 19 2014–2015.

13. Brett Ira Johnson, "Trade Dress Functionality: A doctrin in need of clarification", *Campbell Law Review*, Vol. 34, No. 1., 2011.

14. Robert C. Denicola, "Applied Art and Industrial Design: A Suggested Approach to Copyright inUseful Articles", *Minnesota Law Review*, Vol. 67, No. 4., 1983.

15. MichaelJ. Lynch, "Copyright in Utilitarian Objects: Beneath Metaphysics", *University of Dayton Law Review*, Vol. 16, No. 3., 1991.

16. Amy B. Cohen, "Following the direction of traffix: trade dress law and Functionality revisited", *IDEA: The Intellectual Property Law Review*, Vol. 50, No. 4., 2010.

17. GraemeB. Dinwoodie, "The Death of Ontology: A Teleological Approach To Trademark Law", *Lowa Law Review*, Vol. 84, No. 4., 1999.

18. Irene Calboli, "Trademark Assignment 'With Goodwill': A Concept Whose Time Has Gone", *Florida Law Review*, Vol. 57, No. 4., 2005.

19. Roland Knaak, Annette Kur, Alexander von Mühlendahl: The Study on the Functioning of the European Trade Mark System, Max Planck Institute for Intellectual Property and Competition Law Research Paper No. 12−13.

20. Frank I. Schechter, "The Rational Basis of Trademark Protection", *Harvard Law Review*, Vol. 40, No. 6., 1927.